德川家康

[英]A.L.萨德勒 著

刘生孝 译

江苏人民出版社

图书在版编目（CIP）数据

德川家康 / (英) A.L.萨德勒著；刘生孝译. --
南京：江苏人民出版社，2023.9
书名原文：Maker of Modern Japan: The Life of
Tokugawa Ieyasu
ISBN 978-7-214-28183-8

Ⅰ.①德… Ⅱ.①A… ②刘… Ⅲ.①德川家康（
1542-1616）—传记 Ⅳ.①K833.137=332

中国国家版本馆CIP数据核字(2023)第103030号

书　　　名	德川家康	
著　　　者	［英］A.L·萨德勒	
译　　　者	刘生孝	
责 任 编 辑	张延安	
装 帧 设 计	介桑	
出 版 发 行	江苏人民出版社	
地　　　址	南京市湖南路1号A楼，邮编：210009	
印　　　刷	天津市新科印刷有限公司	
开　　　本	880毫米×1230毫米　1/32	
印　　　张	11.5	
字　　　数	203千字	
版　　　次	2023年9月第1版	
印　　　次	2023年9月第1次印刷	
标 准 书 号	ISBN 978-7-214-28183-8	
定　　　价	56.00元	

（江苏人民出版社图书凡印装错误可向承印厂调换）

目　　录

德川家康

序

　　我又出版了一本有关日本的书籍，这本书让读者能够方便地从日本人的视角，了解德川家康生平和性格的重要特点。由于欧洲文献中缺乏可靠的史料，很多作者只能凭借想象来描写德川家康，这也是导致许多日本史书中有很多不准确之处的原因之一。如果我的书能改变这种状况，那么它也算有价值。事实上，很多饱学之士都知道阿克巴，却不知道同时代的德川家康，因为用欧洲语言写成的关于他的著作寥寥无几。我的书只是一个初步的尝试，并不全面，所有的史料都来自日本，没有引用任何欧洲文献。

　　如果当前有一部用日语写成且篇幅适中的德川家康传，我会很乐意把它翻译成欧洲文字，可惜遍寻之后一无所获。日本近代作家德富苏峰在他的名著《近代日本国民史》中，对德川家康有一段生动有趣的描述。这本书从德川家康出生开始，一直讲到当前社会。我非常感激这本书，它既有深厚的学识，又有独到的见解。不可否认，这类传记由于其陌生的氛围和奇怪的名字而让人望而却步。正如一位书评家最近审阅的另一部

德川家康

以日本为主题的作品一样，我的书也有太多的日本名字。但是，我建议大家最好适应这些名字，因为日本人毕竟会一直用日本名字。事实上，与我们英国人和我们的欧洲邻居不同，他们的名字几乎都是纯日本式的，只有极少数是从国外借来的，除非出于手书的需要而按照和制汉字来发音。

近年来，有两位杰出的人物让德川和松平这两个姓氏在国外更加出名。他们就是德川家正和松平恒雄。德川家正，日本驻伊斯坦布尔的大使，是德川家族第17代家主。松平恒雄，驻英国的日本大使，会津藩主侧室之子，起源于德川家康孙子保科正之（本姓松平），是一位学者、哲学家和封建领主。这二人都继承了他们家族在欧洲和美洲担任外交代表的优良传统。

所有的名字都遵照正常的日语顺序，姓在前，名在后。在这一时期，一直到1870年，农民和工匠都没有姓氏，但他们可以通过参军而获得姓氏，因为只有在德川家康时代结束之后，武士才成为一种固定的社会阶层。在16世纪，就像在20世纪一样，任何有才能的人都有机会获得指挥权和各种荣誉。写这本书时，并没有引用很多文献，因为文献对于不读日本历史文献的人来说没有意义，而对于读日本历史文献的人来说，书末的资料列表就够了。感谢文学学士吉莎·康诺利（Githa Conolly）女士对我手稿给予的帮助。

A.L·萨德勒

引　言

　　日本中世纪和近代史中，有五位军事天才被后人誉为武士之最。首先，是生活在 12 世纪的平清盛和源赖朝，后者开创了幕府政权体制（或者说世袭军事独裁制度）；其次，就是 16 世纪涌现出的织田信长、丰臣秀吉和德川家康了。本书描写的正是五人中的其中一人德川家康的生平。他进一步完善了源赖朝开创的体系，而他的后代也继承了他的遗志，直到 1868 年，德川家族才交出了日本帝国的统治权，让位于由人民选出的官员。

　　德川家康不仅建立了一个统治王朝，设计了一个政府，还在临终前美化了自己的功绩，为神化自己做了诸多安排，并且重新调整了国家的宗教制度。这样，他就在全国占据了至高无上的位置。

　　作为神道教和佛教转世的大权现，德川家康具有不可动摇的神圣地位。在日本，几乎在任何城镇都能找到他的神社。这些神社的总部位于世界著名的下野国旅游胜地日光市。在那里，柳杉掩映之下有一座布局精美、华丽无比的陵墓。已故的英国寇松勋爵（Lord

3

Curzon）曾经说过："没有任何一个君主，哪怕是埃及法老，能有比这更壮观、更珍贵的墓穴。"与此同时，一种新的建筑风格也开始在他的继任者——江户的将军们同样华美的神社中延续下来。他们的两组陵墓和他们生前宏伟的居城，仍然是现代首都东京的荣耀。

德川家康在战国乱世中一步步崛起，最终成为了日本帝国的实际统治者。他的影响力延续了近三百年，为他的继承人提供了强大的保障。在他的庇护下，后继者们统治着这个帝国。从某种意义上来说，德川家康是一个白手起家、靠奋斗成功的人。他生于乱世之中，他的家族虽然古老但领地并不大，周围环伺着野心勃勃、不择手段的竞争对手，在这样的环境中，德川家康锻炼出了卓越的战斗技能和领导才能。他与织田信长结盟后，声望大增，开始了争夺天下的征程。他冷静、能干、无所畏惧，并且善于隐忍，这些优秀品质使得他所率领的家族日渐壮大。

当织田信长被暗杀时（这在当时并不罕见），丰臣秀吉，这位被提拔为幕僚长的天才步兵，通过外交和军事手腕，登上了独裁者的位置。但是，德川家康并没有放弃自己的势力，而是不断地巩固和扩展。他为了表明自己对织田信长的忠诚，不惜杀死自己的长子；他为了消除丰臣秀吉对自己的疑虑，也能放下身段屈尊为仆。

随着天才般的丰臣秀吉在 62 岁时去世后，德川家康特意将所有的反对派集中起来，并在一场决定性的战斗中将其粉碎。然后，他登上了幕府将军的宝座，取得了他的先辈不曾取得的成就。① 随后的 15 年里，他致力于管理国家、制定法律，并按照他认为最合适的儒家伦理体系开展教育，以确保国家的稳定。同时，他派兵清剿丰臣秀吉的残余势力。他还特别抽出时间鼓励日欧贸易，加强对西方政治的了解，利用荷兰和英格兰的新教势力对抗信奉天主教的西班牙和葡萄牙。最重要的是，他花费了巨大精力来培养儿子德川秀忠。虽然他从幕府将军的职位上退休了，但德川秀忠却在他的监督下理政超过 12 年。通过英国人威廉·亚当斯，他获得了有关航海事务和政治的信息。在这段时间里，虽然他有许多政务需要处理，但他从不会忘记听他最喜欢的儒家研究的讲座，从不荒废监督收集和出版相关的书籍，对军事、历史和经济方面的书籍也十分关注。事实上，他非常热衷于出版，直到生命的最后几天，他还在关注这些工作。此外，他对金融的兴趣也不遑多让，他监管着整个大家庭的开支，事无巨细。

德川家康有众多的侧室，这些经过精心挑选的配偶为他生下了十几个的孩子，其中有九个儿子。这对他的政府所依赖的家族制度来说是非常必要的，而他的对手丰臣秀吉则因子嗣稀少成就远不如他。

---

① 幕府将军只能来自源氏家族,这已经成为一种根深蒂固的传统,就像关白,太政大臣,必须是伟大的藤原镰足的血统一样（藤原镰足是藤原家族的创始人）。

在完成了所有这些事情之后，德川家康在七十五岁的时候安详地、心满意足地去世了。直到临终，他一直忙着监督一本政治教科书的印刷，并不忘安排神化他的细节。德川家康是一个理性主义者，就像大多数的聪明人一样，但他认识到新时代需要各种神明，于是他果断地扮演了这一角色。他显然认为宗教对于劳动者和那些不够进步的人来说是一种慰藉，可以让他们为了自身的利益而践行道德规范，但是，僧侣在他看来不是生产者。这样，在世俗政府的监督下，僧侣就不会得到太多的权力。在这一点上，他和其他的统治者十分相似，因为这不仅是日本统治阶级的惯例，更代表着一个贵族的统治效率。这与亨利八世的离婚事件形成鲜明对比：亨利八世就自己的婚姻问题与教皇僵持，然后又任性地拒绝教皇。亨利八世的自负与德川家康形成了鲜明对比，很难想象这位日本独裁者会在这种国家重要事务上去咨询他人，尤其是一位佛教僧侣。

当丰臣秀吉去醍醐寺参加游园会时，不仅带着他所有的配偶（大约六七位），还邀请了许多佛教僧人，这令他们倍感荣幸。而德川家康则更能让僧侣和教士安分守己，并更有效地利用他们。他们的任务是执行他的命令，以各种方式协助他的政府，如果他们听从号令，就能享受平静安宁的生活，获得相应资助以继续他们在美学和礼仪方面的工作。

但是，任何企图挑战军事当局权力的行为都会被严厉镇压，比如对一向宗的打击。这个名为一向宗的教派在制度上经常被拿来与基督教相对比，它与基督教一样，非常依赖于一个外部的救世主，只要信众重复口念"阿弥陀佛"即可得救——这与早期佛教的"自助"教义背道而驰。一向宗十分擅长宣传，也擅长管理财政；信众不费吹灰之力就能获得救赎，这对那些太累或懒于思考的人来说很有吸引力。它毫不犹豫地模仿基督教赞美诗或其他宣传方式来增加其影响力，并轻而易举地拥有最多的寺庙。这是除敌对贵族之外，德川家康不得不面对的最危险的威胁。一向宗长期违抗织田信长的命令或意愿，只有老奸巨猾的丰臣秀吉才能虎口拔牙，并有效地利用它。德川家康通过武力镇压，分裂并削弱了它的统治体系：尽管这个教派很受欢迎，但它必须是一个贵族家族的附属物。这个非常具有日本特色的教派，本来只有一个世袭的佛教"教皇"，但在德川家康解决了它之后，信众必须听命于两人了。

德川家康有一位相当于托马斯·沃尔西（Thomas Wolsey）的天海大僧和两位相当于克伦威尔（Cromwell）的本多，他们都是德川家康最信赖的人。这三位都比德川家康活得更久，前者直到 1644 年才去世，那时德川秀忠已经建立了日光东照宫，天海是这间神社的守护者和住持，同时还兼任德川家康的家庙上野宽永寺的守护者。在德川家康的计划中，宽永寺是和京都比叡山对应的宗教中心；而天海也被赋予了足够的时间来安排所有细节，去完成他一生的使命——将德川家康完全神化。

德川家康从不因个人动机而处死任何人，所以他的朋友和侍从对他信任有加。如果他们忠心耿耿，肯定能得善终。德川家康非常精明，不会被诽谤所迷惑。同时，他平易近人，乐意听取他人建议。另一方面，如果自己的家庭成员或其他亲属有危及家庭团结和统治权力的行为时，他也绝不姑息。

总而言之，正是德川家康塑造了我们所知的日本的体制。各种资料、制度和文化都在他执政时出现，虽然它们当时并没有得到有效协调。直到 17 世纪中期，它们才相互渗透并逐渐融合。

16 世纪，世界各地都出现了伟大的独裁者。那是亨利八世和伊丽莎白、弗朗索瓦一世、阿克巴、伊凡雷帝和苏莱曼大帝的时代。在那个时代，即使教皇也是军国主义者。但在他们当中，除了阿克巴之外，应该没有人能像德川家康一样，兼具一流的军事指挥官和战略家的素质，同时又兼具政治家和行政官的素质。

德川家康生于 1542 年，这似乎也是阿克巴和苏格兰的玛丽女王出生的年份。正是这一年，第一批欧洲人到达日本。虽然早期是由德川家康的前任织田信长和丰臣秀吉来处理涉欧事宜，但最终解决欧洲人问题

德川家康

的，却是德川家康以及按照他既定原则行事的儿孙们。

葡萄牙人和西班牙人最先来到日本，他们早先发现的新世界已经按照教皇的圣谕进行瓜分。他们可能希望在日本找到一个类似于他们在印度和南美洲遇到的民族。在印度和南美洲，他们依靠着优越的装备，以及对未知世界和淘金的热情，使得一切已经尽在掌握。尽管像其他未知世界一样，日本自马可·波罗时代起就被誉为"理想中的黄金国"，但当这些传教士和征服者到达日本时，他们面对的不仅是一个在军事素质上优于他们的民族，而且在其它大多数领域也与他们旗鼓相当。因此，他们发现自己自始至终是被用来向这些岛民传递他们尚未掌握的有关技术或科学信息的，而他们灌输自己的宗教思想和习俗的企图则被巧妙地规避了。没有人比日本人更能娴熟地识破他们打着传递知识的幌子欲行不轨之事的诡计。

与其他地方相比，来到日本的西方教士就像被链子拴着的狗。锁链越短，他们越是凶恶；锁链越长，他们越是温和和自在。但锁链始终牵制着他们，使他们无法施展自己的手段，也限制了他们的精神活动。德川家康生长在禅宗哲学氛围浓厚的环境中，因此，他的思想和视野十分开阔，无论他有多么尊敬那些传教士，也不会去关注他们所强调的那些教义。

这里要特别指出作为神道教领袖的天皇与德川家族的关系。在欧洲，由于墨洛温王朝的宫相丕平的所作所为，教皇成为教皇领地的国王。教皇主动承认丕平废黜墨洛温王朝的君主的正义性，而丕平也将教皇领地作为回报赠给罗马教会的领袖。但是，幕府将军从来不会想、也不会做这种事：对他来说，天皇更像是神，而不是神在人间的代表。日本人一直反对将神塑造得高高在上，否则他在地球上的代表和使者就总是会显得十分傲慢。为此，政府专门设立了宗教专员，以保持所有非官方的信仰各自安好。在某种程度上，官方允许这些信仰成为民众的精神寄托，但绝不允许其干扰统治者。

有一幅著名的画，画面上是德川家康在享用织田信长和丰臣秀吉做的年糕。这幅画象征着人们普遍的看法，认为德川家康是一个靠别人的劳动成果发家的幸运儿。的确，他有时确实很幸运，织田信长的胜利帮他摆脱了今川氏的威胁；明智光秀的背叛又帮他逃离了织田信长的压力；武田信玄和上杉谦信把大部分精力花在了互相争斗上，并在对德川家康最有利的时候死去；丰臣秀吉虽然几经辗转才夺取了所有成果，但他寿命不长；那些可能出于对这位天才太阁的忠诚而支持丰臣秀赖的贵族也早早离世，更是为德川家康消灭丰臣家族创造了绝佳机会。

但更多时候德川家康的幸运是他自己创造出来的。没有他的帮助，织田信长和丰臣秀吉将无法迅速地战胜敌人：如果他转而与那些强大的对手并肩作战，历史肯定会有所不同。在丰臣秀吉死后，德川家康显然更适合继承这个帝国；太阁为了确保儿子丰臣秀赖的继承权，不惜一切代价，但这些注定徒劳无功；丰臣秀赖则被父亲的情感蒙蔽了双眼，没能看到这一点。即使德川家康是一个自我牺牲的圣人，也不可能把这个国家交给丰臣秀赖，因为这样一个年轻人和他的母亲很可能无法平息各种派系之间的内讧。更何况，德川家康并不是这样一位利他主义者（如果他是的话，他在那个时代就真的是独一无二的了，因为当时连佛教僧侣都贪得无厌）。

德川家康从年轻的丰臣秀赖手中夺取帝国的方式并没有给他在后世留下好名声，反而让丰臣家族被后人美化了。有人认为，就算不利用这样的方式，他的家族依然能达到顶峰，而他的不择手段则会为他的声誉带来污点。但是，那本就是一个无所顾忌的时代，他也是一个无所顾忌的人，他当然希望看到自己的家族能够在他死前稳固地成为一个和平的帝国的统治者。

在亲眼看到家族的统治得到稳固后，德川家康欣慰而满足地离世了。可能没有哪个人在逝世时比他更安详。也许，如果德川家康能像他儿子松平忠辉一样活到90岁，他就会采取完全不同的行事风格。

当时曾流行这样一种说法：若要让不愿啼鸣的杜鹃发声，织田信长会直接杀死它，丰臣秀吉会诱导它，德川家康则会耐心地等下去，直到它开始啼叫。

德川家康成功的一个重要因素是他有能力忍受任何事情，只要他相信结果是好的。尽管他以公正著称，但他具有超强的适应能力，他的这种公正是一种随时势变化而不断调整的品质。史书上几乎没有他被自己的情绪所左右的例子。他天生就是个不屈不挠的超人，当他确信某些举动将是明智之举时，他就会始终如一地顺从和屈服。他信奉"尺有所短"的箴言，清楚自己的劣势，因此即使他从不会轻易相信任何人，他也会小心翼翼地选择最合适的盟友。他依靠今川义元来对抗织田信长；反抗武田氏时，他与织田信长结盟；面对丰臣秀吉时他又会联合北条氏。他总是依赖外交技巧，而不是单纯靠武力来取得霸权。同时，他总是有着惊人的警觉性和源源不断的精力，当其他人对自己的地盘充满信心时，德川家康总是充满怀疑和保持警惕，所以当他和丰臣秀吉握手时，他也在考虑与北条氏结成更紧密的联盟。不过，他一直明白，灵活的外交总是需要一支准备充分、高效打击的军事力量的支持，而这支军队必须以最坚定、最无畏的决心为后盾。

有些日本人对德川家康持否定态度。比如尾池义雄就认为，命运选择了一个并非拥有最崇高的理想的人作为帝国的统一者，他对此表示惊讶和遗憾。他说："德川家康丧失了所有的同情和诚信，挑起了一场叛乱，从孤儿寡母手中盗取了最高权力，为自己窃取了大片领土。他不仅长命百岁，还把统治权传给了子孙后代，延续了将近三个世纪。尽管他们在统治岌岌可危时才把权力移交给了合法的君主，但他们仍然享有财富、尊严和荣誉。这与圣贤们所说的'天意只眷顾有美德的人'相悖。如果我们认为美德应该得到奖赏，狡诈应该受到惩罚，那么，对于这样一个做着人神共愤的事而且肆无忌惮地为所欲为的老贼，我们很难在历史上对他表示同情。"事实上，这样的批评并不客观。他同时代的织田信长、武田信玄、斋藤道三、福岛正则和上杉谦信等人不会去做的那些违背道义的事，德川家康也不会去做。相对于以"奸诈"闻名的松永久秀，德川家康完全可以说是站在正义一边了。对于这个军事独裁者来说，普通农民或资产阶级所需要的美德事实上没多大用处。在那个时代，中央集权的时机已经成熟，织田信长和丰臣秀吉已经做了很多工作，而德川家康只是在继续这项工作。正如这位评论家所断言的那样，如果他不那么坚韧或狡猾，那么也许他就不能在他所处的那个环境中有效地取得后来的成就了。

也许，德川家康并没有丰臣秀吉那么讨人喜欢，但环境使得他比织田信长更温和，这可能让他比同时期其他的国家独裁者更受欢迎。他没有像亨利八世和苏莱曼一世那样因迷信、恐惧和病态的自卑而杀死自己的配偶或最好的谋士，也没有像阿克巴那样因优柔寡断而饶恕谋反的孩子。他具有强大的自制力，这是他成功的关键。他不会陷入盲目的自我主义中，对人性有着敏锐的理性洞察，再加上强健的体魄和对任何看得见或看不见的东西都毫不畏惧的头脑，令他成为一位罕见的独裁者。他有异常清醒和谨慎的头脑，永远保持好奇心和批判性，并且不偏不倚，不忽视任何可能有用的东西，绝不会理所当然地认为自己绝对正确。他是一个经过千锤百炼而产生的、完全符合日本民众倾向的完美领导者。有人认为他的一些品质是对他年轻时遭受的苦难的补偿，但实际上早在二十岁之前，他就已经是一位羽翼丰满、积极主动且富有责任感的将军了。如果他不是生来就有强大的力量，即使有机会恐怕也很难抓住。毫无疑问，那时的许多人对战争已感到厌倦，希望实现统一与和平，但也有不少人渴望自己成为那位实现和平统一的人，其中有几个人的能力相当出众。

可能有些人对幕府将军在日本的地位和职能不是很了解，因此，我有必要做出简短的解释。"Shogun"意为"将军"或"军事指挥官"，"sho"意为"领导"，"gun"意为"军队"。同样含义的词也有更普通的表达，如"大将"或"大首领"，但通常来讲，"Shogun"就是"将军"那层含义，以区别于中下级领导人，比如中尉和少将。在欧洲，尽管"最高统治者"正好对应"Shogun"，但"元帅"或"大治安官"可能更确切一些：当这个官职不仅仅是指挥军队时，欧洲人就会赋予它新的含义。"Shogun"也不仅仅是普通的将军。在古代的日本，虾夷人或阿伊努人（相当于皮特人或英格兰的苏格兰人和威尔士人）曾对日本造成过巨大威胁。那时，天皇本人或他的一个儿子会经常带兵去惩罚他们。后来，他们认为还是应该派一名职业军人去做这件事，于是赐给他一把"节刀"作为天皇的象征，直到任务完成，这把刀才被交还给君王。

在这些"镇压野蛮人的大将"中，最出名的是田村麻吕。8世纪末，桓武天皇命令他去镇压陆奥的虾夷人。他像所有早期的幕府将军一样，在战争结束时放弃了他的权力，交出了他的节刀。

12世纪，武家的两个敌对派系——平氏和源氏，本应该为政府参加各种战斗，但他们却支持两个对立的帝国分支，并相互争斗。获胜氏族的首领源赖朝，着手让自己从君主那里得到一份永久的委任状。他被任命为军事长官和税务官员的首领，随后，他就把这些军事长官和税务官员分派到全国各地。他因此成了官廷长官、御前大臣和财政大臣，控制了政府的军队、立法和金融机构。除了给关白等其他官员保留监督和执行各种宗教和庆典仪式以及授予封号的职权外，他大权独揽。

尽管最高统治权和三神器都归皇室所有，但关白和左右大臣等职位很长一段时间都由藤原家族世袭，就像幕府将军在源氏家族中的地位一样。①但是，世袭制并不一定包括长子继承权，当时的日本社会对长子继承权并不盲从，因为养子或者其他配偶生下的儿子都可以获得相应的继承资格，但资历才是最重要的。

在源赖朝去世之后，发生了一件奇特的事情：因为双方的暗杀行动，他的直系亲属中没有任何男性幸存。他的妻子来自北条氏，她的家族以执权的名义进行管理，而且管理得非常出色。皇族成员被选拔为幕府将军，因为他们被认为是比源氏更高贵的领导者，因为他们是天皇的血脉，被天皇派驻到各省或边境从事行政或军事工作。公家则与他们不同，公家是贵族的后裔，他们家族的职能和地位决定了他们的军人身份。

在源赖朝时代，藤原家族的一个分支曾在北方的陆奥国崛起，他们的家族就像源氏和平氏一样坚韧和充满活力。但在源赖朝消灭了平氏家族和这支藤原家族后，他们就彻底失去了影响力，直到 16 世纪，人们因为织田信长才再次想起了这个家族——因为他曾自称是这个家族的后裔。丰臣秀吉本来不属于任何家族，他的姓氏也是从他的主君那里借来的（这是当时的一

---

① 关白是宫廷内的官员，而幕府将军是宫廷外的官员。君主必须亲自任命一位首席大臣，而且他必然是最强大的朝臣家族的首领，这是从 7 世纪的藤原家族开始的传统。天皇未成年时，这位首席大臣必然担任摄政，这就让他能够一直保持自己的地位。后来，为了强化这一点又设立了摄政关白，无论天皇是否成年，这一职位都作为摄政出现。虽然后来的幕府时代只把关白当作虚衔，但这一制度一直被保留到 1868 年。此外，太政大臣（即现在的总理大臣）也经常被作为虚衔，授予许多幕府将军。

种惯例），在中国皇帝的书信中他被称为"平秀吉"。虽然织田信长和丰臣秀吉实际控制了整个帝国，但他们都不能成为幕府将军，前者被称为副将军，后者则成为关白（可见相对于军事惯例，宫廷惯例更容易被无视，因为朝臣的愤怒产生不了什么实际后果）。

整体而言，北条家族的执政表现良好，持续了一个多世纪。然而，由于家族最后一位执政者的衰弱，北条政权终究倒台。随后，在英明神武的后醍醐天皇的领导下，皇权短暂地得到了恢复。尽管复辟仅持续了三年，但已足以使武士阶级相信，在公家、神官和其他阶层所建立的政权下为差，既无利可图，又令人不快。这次复辟由效忠后醍醐天皇的武士楠木正成和新田义贞完成，还得到了足利尊氏的协助，但后来足利尊氏意识到这对自己不利，就调转了矛头。足利氏和新田氏都是源氏家族的分支，建立下一个幕府王朝的正是无所畏惧且不择手段的阴谋家足利尊氏，而新田义贞和楠木正成却惨遭杀害。

在那时，后醍醐天皇曾对新田义贞说："我发自肺腑地赞美你的忠诚。我的愿望是用你的家族来平定这个国家，奈何天不助我。所以，我暂求和平，等待时机……"而新田义贞也在日吉神社祈祷说："不要轻视我的忠诚，请助我顺利渡过此劫，这样我就可以组建一支军队消灭叛乱分子。若无法实现，愿我的后代完成我的遗愿。"结果，在新田义贞战死的两百零六年后，新田家族在三河国诞生了一位伟大的后裔，那就是日本史上最伟大的统治者——德川家康。上天的回应虽然迟缓，但却如此有力。

足利尊氏不能像源赖朝那样在东部的镰仓开府，因为两个帝国分支之间的斗争仍在继续。后醍醐天皇逃离京都，在吉野建立了他的朝廷，因此被称为南朝；足利尊氏则把总部设在京都室町区，以便保护他所拥立的北朝天皇。在镰仓，他安排了一名守护大名来照顾他的利益。

两大朝廷之间的斗争持续了六十年，或者更确切地说，行动更具有合法性的南朝试图返回京都。在这一时期，确实存在一个由天皇和幕府将军组成的幕府政权。其中，天皇由幕府将军拥立产生。同时，也确实存在一个合乎体制的有天皇存在的朝廷。该朝廷由一位退休的天皇（上皇）来统治，还有一位像古代一样指挥军队的皇太子。

这一切都是因为足利幕府总是处于资源分散的状态。此外，因为他们家族内部长期不和，且将军通常居住在帝国最奢华的城市里，他们对藩主的控制力自然也就被削弱了。很快，这些藩主就在实际上获得了独立，而幕府将军哪怕能力再强也只不过是徒有其表罢了。

这样的表象，需要付出很大的代价来维持，而这会让所有势力都入不敷出。与此同时，家族之间不断为财产和地位争斗，首席大臣和守护大名等职位也变得世袭化。比如足利义满（1367年至1408年任第三任幕府将军）在某些方面可以与英国的查理二世相提并论，他们举止优雅，让人们休养生息，对艺术贡献很大，但在其他方面却很不负责任。他们甚至开始采取同样的依赖外国的政策，比如从中国获得经济利益。

除了第六代幕府将军足利义教的时代以外，早期足利幕府的权威几乎仅限于京都。但是，足利义教很快被一位大名暗杀。此后，足利幕府一代不如一代，因为京都就是被这些大名的家族们在彼此的竞争中争夺和摧毁的，他们完全不考虑天皇和幕府将军的意愿。在总计十五名幕府将军中，有五名被流放，有两名（足利义教和足利义辉）被暗杀。至于最后的将军足利义昭，虽然得到了织田信长的支持，但足利幕府时代也正是在织田信长手上宣告结束。

足利家族的实际管理在细节上与北条氏差不多。不过，与北条氏不同的是，那些原本只是领土监督者的官员实际上变成了世袭的占有者，因为没有人能阻止他们。与天皇共同居住在京都的将军关系相当友好，甚至十分亲密。只要有钱，他们就会互相招待对方。到了南北朝后期，两个朝廷的日常运作都依靠大型军事家族的供奉来维持，宫殿和宅邸等都已被摧毁。

虽然足利幕府存续长达两个世纪，有十五位幕府将军，但在这段时期，朝政混乱，战争频繁，诡诈与背信成为常态。所有人都已经厌倦了无政府状态，渴望一个强大的统治者可以带来秩序。我们只有了解了这些时代背景后，才能正确评估织田信长、丰臣秀吉和德川家康所做的事情。

例如，如果织田信长真的有人们所说的那么暴戾，那么被他杀死的人还会更多。他的继任者则没有必要像他一样激进，尽管德川家康的行为看似狡猾，但他这样做是为了给国家带来巨大的进步。在德川幕府的统治开始前，窃国和夺权屡见不鲜，没有人会记得"忠孝"二字，这一局面直到德川幕府建立后才得到扭转。如此看来，直到16世纪的文学作品才首次出现"武士之精神"一词也就不足为奇了。

虽然德川幕府在处理民众关系方面与从前的幕府有着很大不同，但幕府将军依旧是世界上最威严的统治者之一。事实上，幕府将军总是在德川家康打造的堡垒中过着与世隔绝的生活，周围环绕着侍女、官员和大大小小的大名。在世时，他是强大的江户城主和帝国的主人；去世后，他被冠以响亮的谥号，从此人们便以此称呼他。他被供奉在一个像德川家康神社一样精致和华丽的陵墓中，只是陵墓在大小和地位上不如德川家康神社。当然，他的名字和家徽被严格保护，禁止其他家族使用。直到今天，除了这个家族的一个特定的成员之外，没有人能够使用它们，而他们家族的旁支只能使用他们最初使用的"松平"的姓氏。

人们对创始人德川家康的崇敬之情如此之深，以至于在历史书或其他地方，德川家康名字前面的一行中会留下空格，或者用短语"敬爱的""令人敬畏的"作为前缀。人们总是用一个神圣的头衔来称呼他，包括大权现、东照神君（神祖）、神佛的荣耀化身、东方智多星或圣主等。除了在日光的神社，他还有多座重要的神社分布在日本各地。

幕府将军，尤其是第一任幕府将军所享有的神圣地位，可能会导致当局镇压任何对王朝不利的事物，同时后世为了维护他的形象，可能会夸大其美德并粉饰一些事实。这在某种程度上是事实，但这种现象并不仅仅局限于个人特征，而是涉及到幕府统治的整体霸权思想。这种思想禁锢并没有阻止文学的传播，还进一步促进了神道教的复兴，加剧了人们对皇室的敬畏，最终引发了明治维新。此后，这种情绪走向了另一个极端。虽然没有人能代表足利家族说很多好话，他们的创始人足利尊氏仍然被人诅咒为克伦威尔那样的叛徒，但评论家们开始倾向于贬低所有与德川家族有关的东西，而赞美丰臣秀吉甚至织田信长的美德。比如最近，就有很多石田三成相关的著作出版，而德川家康相关的著作自明治维新后便十分少见了。

第一部

崛起三河

第一章
竹千代

　　德川家族可以追溯到清和源氏家族的河内源氏源义家。他有个儿子源义国去了下野的足利，在那里建了一座庄园并开垦了大片土地。源义国的大儿子源义重自称新田氏，小儿子源义康则保留了足利这一姓氏。源义重的儿子采用了得川姓氏（一说采用了世良田作为姓氏）。源义重这个分支长时间未能繁荣发展，因为过分的忠诚使新田家族在南北朝时期依附于在吉野的南朝天皇，而足利氏则站在了另一边。后来，足利氏取得了成功，开创了幕府将军的另一时代；而新田与得川家族几乎灭绝，幸存者不得不隐居起来。

　　多年后，一对名为得川有亲和得川亲氏的父子出现在三河国，在大滨成为称名寺的沙弥。当时，在三河国的酒井乡住着一个有权势的人物，他只有一个女儿，为了找到合适的上门女婿而四处寻找。有教养而又武勇的得川亲氏很快便吸引了他的注意，而得川亲氏也认为这是一个好机会，于是还了俗，娶了他的女儿。虽然亲氏的这位妻子在生下一个儿子后很快就去世了，

3

但亲氏本人却交了好运，又得到了另一位富有而有影响力的地主的青睐。这位地主叫太郎左卫门尉信重，来自松平乡，他看中了亲氏，让亲氏入赘他的家族。此后，亲氏将他在酒井乡的财产给了儿子酒井广亲，这便是与德川家族紧密相连的酒井氏的起源。再次入赘的亲氏成了松平亲氏，在这里，他的另一个儿子泰亲出生了。得益于动荡的时代，这个家族迅速繁荣起来，到亲氏的儿子信光的时候，他们已经拥有了三河国三分之一的领土。信光的儿子是亲忠，亲忠的儿子长亲非常长寿，直到德川家康之父广忠当家时，他依然健在。长亲有两个儿子，信忠和信定，其中信定似乎并未为这个家族带来辉煌，反而在家族中引发了许多冲突。

松平信忠的长子、松平家第七代当主松平清康，是一名优秀的武士。伟大的武田信玄（武田晴信）之父武田信虎和更著名的织田信长的叔叔织田信光曾争相拉拢松平清康。织田信光曾秘密表示，如果松平清康袭击织田家族，他将站在松平清康这边，这样他就能驱逐他的兄长、家族首领织田信秀。松平清康听从了他的建议，却没想到叔叔松平信定看准机会，派人给织田信秀报信，说他即将攻占松平清康的大本营——安祥城。很快，松平清康得知了这个消息，还听到了军中谣言说他最忠实的家臣阿部定吉也与松平信定勾结。面对谣言，阿部定吉便写信给儿子阿部正丰写信，强调只要进行调查就能澄清谣言，但如果没有人调查，他可能会因为猜忌而死。因此，阿部正丰一定要继续忠诚侍主，就像什么都没发生过一样。

但在某一天的清晨，阿部定吉的马忽然开始狂躁起来，引起了一阵骚乱；虽然马很快就被松平清康派人制服，但阿部正丰却误以为被制服的是他的父亲。他立刻冲了出去，一刀砍死了松平清康。阿部正丰随即被处死，但这已经无法挽回局面了。25 岁的松平清康英年早逝，此时他的儿子松平广忠不过只有 10 岁。

松平清康死后，他的军队不得不立即撤退。冤屈被洗清的阿部定吉再一次得到了信任，被委派去照顾松平广忠。面对势头正盛、一心想要夺取权力的松平信定的威胁，阿部定吉决定带着松平广忠去伊势国投奔松平广忠的姑姑。可是没过多久，松平广忠的姑父、东条城主吉良持广就去世了，而他的继承者吉良义安认为东条吉良氏与织田氏结盟才更有利。于是，阿部定吉不得不带上松平广忠再次回到骏河国，寻求统治那里的强大领主今川义元的保护。正在谋求扩大势力的今川义元求之不得，很快就同意保护松平广忠，并将他送回松平氏的主城冈崎城。虽然松平信定不愿意，但在今川义元的压力下，他只能选择服从。此后，松平氏便成了今川义元控制下的附庸。

天文十年（1541 年），松平广忠和邻居三河国刈谷城主水野忠政达成盟约，并娶了水野忠政的女儿，同时也是松平广忠的继妹於大之方。次年 12 月，他们的儿子竹千代，也就是我们的主人公德川家康诞生。那时，整个日本充斥着诸侯之间的纷争，就在竹千代出生前四个月，今川义元和织田氏之间爆发了激烈的小豆坂战役：今川义元率军进入尾张国，与织田信秀、织田信光（后改姓津田）兄弟遭遇，一番苦战之后，织田兄弟击退了今川义元。到了竹千代出生前的两天，织田信秀夜袭了今川氏在上野的据点，据点指挥官内藤清长竭尽全力才将他击退。

后来，阿部定吉发现松平广忠的叔叔松平信孝势力越来越强大，便趁他代表松平氏向今川义元贺年时，派大久保忠俊等人偷袭了他的居城。信孝得知此事后，愤怒地向今川义元抱怨，但未能得到满意答复，一怒之下便投奔了织田氏。此时，恰好竹千代的外祖父水野忠政去世了，继承家业的水野信元对今川义元给予的待遇不满，也带着刈谷和小川两座城池投向了织田氏。得到助力的织田氏立刻调集兵力，对冈崎城发起进攻。

为了向今川义元表明与水野信元决裂的态度，松平广忠决定与於大之方离婚。被迫离开两岁幼子的於大之方只好带着酒井正亲派去护送她的二十名骑兵前往刈谷。在抵达刈谷前，於大之方想到自己急躁残忍的哥哥一定会攻击这些骑兵，为了避免进一步恶化家族关系，她让骑兵们返回，独自前往刈谷。骑兵们虽然理解她的想法，但还是不放心，于是找来一些水野家的百姓抬着轿子送她回去，他们则留在原地观察情况。事情果然不出於大之方所料，很快，水野信元带着几百人出现了，觉察到形势不妙的骑兵们立刻离开。

虽然被迫选择离婚，但於大之方似乎并没有因此而怨恨她的丈夫。她是一个性格温和而又身体强健的女子，在回到水野家后，她改嫁久松俊胜，和他生了六个孩子。在德川家康的性格中，我们也能看到他母亲的影子。

离婚后的松平广忠很快娶了第二任妻子，田原城主户田弹正少弼康光的女儿，还纳了妾，生了好几个孩子。后来德川家康和这些同父异母的兄弟们一直保持着良好的关系，他们一同让整个家族兴旺起来。对于被迫分离的母亲，德川家康也十分孝顺，在他的照顾下，於大之方一直活到了75岁。

在织田信孝的煽动下，投向织田氏的上和田城主松平忠伦带兵进攻冈崎城，但很快就被松平广忠派来诈降的笕重忠刺杀。织田信秀恼羞成怒，便亲自带兵进攻冈崎，迫使松平广忠向今川义元寻求帮助。今川义元当然不会错过这个控制松平氏的机会，于是提出要求：要竹千代作为人质。为了抵抗织田信秀的大军，松平广忠同意了（事后来看，哪怕不派人质，出于唇亡齿寒的考虑，今川义元也会出兵）。

竹千代当时才六岁。他的父亲为与独子分离而忧伤，经验丰富的家臣也觉得此举使他们颜面扫地，但年幼的竹千代可能并不明白远离家乡成为人质意味着什么。在五十名护卫和二十七名侍童的陪同之下，竹千代出发了。当他们经过渥美郡的田原地区时，已经暗通织田氏的户田康光在老津浜将竹千代劫走，直接开船将竹千代送到了织田氏的古渡城，随后又被转移到热田，由加藤信盛看管。随后，织田信秀写信威胁松平广忠：如果不想你的儿子被处死，就立刻交出冈崎。松平广忠则直接回信说：如果竹千代被杀，冈崎城将抵抗到底；而本该接收人质的今川义元也会立刻明白，是织田家的阴谋才让今川义元的计划落空。到时，今川义元会明白松平家是值得信赖的盟友，两家的关系反而会更紧密。

织田信秀十分钦佩松平广忠的坦诚，于是下令加藤信盛好好照顾竹千代。竹千代这一住就是三年。在这里，加藤信盛待他很好，已经改嫁的於大之方也恰好就在不远处的阿古居城。虽然她不能亲自前来，但经常派人给他送各种食物，时常问候他的情况。之前负责护送竹千代的松平氏家臣金田与三左卫门更是冒着生命危险偷偷潜入，试图救出竹千代，结果被织田氏捕获，在热田附近的三田桥上惨遭处死并曝尸。

松平广忠也在为了夺回安祥城而不懈努力。但是，面对织田信秀的大军，松平广忠两面受敌，形势十分危急；他的家臣本多忠丰明力保他从战场中撤出，自己则陷入包围中战死。据说，为了纪念本多忠丰，松平广忠将他的扇形马印引为自己的马印；后来德川家康那极富个性的"金扇"马印即源于此战。

此时松平氏内部危机四伏。瞎了一只眼的家臣岩松八弥受人收买想要暗杀松平广忠，于是溜到他的卧榻旁边，一刀刺去，却只是擦破了松平广忠的腿。松平广忠一跃而起，岩松八弥见势不妙立刻逃跑，却撞上正在回家的植村新六郎，二人扭打在一起，双双掉进了护城河中。结果当松平信孝拿着长矛追来时，新六郎已经顺利地将他的对手解决了。

面对危急的形势，今川义元也出手了。首先，他为了报复竹千代被绑架一事，率领大军包围了户田康光的田原城。在压倒性的人数劣势下，户田康光和他的长子一起战死，户田氏就此灭亡。然后，今川义元又派他的智囊、"黑衣宰相"太原雪斋联合松平氏击溃了织田信秀（松平信孝在这次战役中被杀）。可是就在松平家能够暂时松一口气的时候，松平广忠英年早逝了，年仅24岁。虽然他体弱多病，在连年征战后身体更是每况愈下，但对于松平家来说，他治理有方，能够善待部下，是个有勇有谋的好主君。

第二年，太原雪斋再一次发动了攻势。这一次，他终于攻占了织田家在三河国的桥头堡安祥城，捕获了织田信秀的庶长子织田信广。在太原雪斋的威胁下，织田信秀只好同意用竹千代换回织田信广。此时，瘟疫席卷织田家，织田信秀也在此役中猝然逝世，享年42岁。他的继承人，正是即将改变整个时代的织田信长。

八岁的竹千代终于得到了返回松平家世代居住的冈崎城的机会。不过，今川义元只给他留了一个月的时间，让他为已故的父亲举行追悼会、与家臣会见，随后便马不停蹄地前往今川氏的主城骏府城。为了监视竹千代，以便长久地控制松平家，今川义元将竹千代留在了自己的身边，让今川氏的官员轮流监管。

在骏府，竹千代也得到了善待，能够在得当且体面的环境中成长。关于他的随从有很多种说法，其中一种说法是：他有两位较为年长的护卫酒井正亲和内藤正成，当时分别是27岁和20岁。此外，他身边还有几位年纪与他相仿的侍从，包括13岁的天野康景、9岁的榊原忠政、13岁的鸟居元忠等人。他们后来都成为德川家族最为倚仗的官员和领袖。其中，鸟居元忠是竹千代最好的朋友，他是松平家老臣鸟居忠吉的儿子，他的父亲不仅派他去陪伴竹千代，还兢兢业业地管理着冈崎城，即使在大部分收入都要上交给今川氏的情况下，他还是为松平家攒下了许多积蓄。

竹千代住在骏府城的宫崎町，在这里他还有一位邻居：与他一同在今川家做人质的北条氏家主北条氏康的第四子北条氏规。也许是同病相怜，二人的关系相当不错。但是，竹千代和另一位邻居，今川氏家臣孕石元泰的关系就差多了。那时，竹千代养了很多鹰，而这些鹰经常把鸟粪和猎物丢到孕石元泰的家里，把他的家搞得乱七八糟。孕石元泰大声抱怨："我受够了那个冈崎的小子。"并因此对竹千代十分无礼。

在骏府城居住期间，竹千代一直住在外祖母家里。外祖母是三河国寺津城主大河内元纲的女儿，出家后号华阳院。此外，据说竹千代还拜太原雪斋为师，在这位一手缔造今川氏全盛期的智囊的教育下学习作为君主的各种知识。但是，对于年幼贪玩的竹千代来说，比起学习，带上心爱的鹰去打猎显然更有趣。

在这一时期，被记录下来的竹千代的生活细节并不多，其中最有名的故事当属他如何被一个家臣扛在肩上去看一场投石比赛。在安倍川的河岸两边，孩子们被分为两队，一队有足足三百人，另一队则只有一百多人。人们都认为，人多的一方会获胜，但竹千代却不以为然。他说："人多的队伍，会因为优势大而出现疏忽；人少的队伍，反而会因为提心吊胆而格外谨慎。"对此，德富苏峰评论道，虽然这并不能说明竹千代如何早熟或有大智慧，但已经足够证明他在这个年纪就已经能做到独立思考了。

还有一件事也能体现出竹千代的与众不同。九岁那年，他出席了今川家举行的新年招待会。当时，许多诸侯都来向今川义元道贺。有一个人注意到了坐在一边的竹千代，便对他身旁的人说："这是松平清康的孙子。"身旁之人却表示怀疑。听到他们谈话的竹

11

千代则径直起身，从满脸惊异的贵族中间穿过，旁若无人地脱下裤子，像著名的"布鲁塞尔第一公民"一样开始撒尿。然后，他很淡定地回到自己的座位上。那些面面相觑、哑口无言的贵族们过了很久才挤出了一句话："是的，你说对了，他就是松平清康的孙子。"

在漫长的一生中，竹千代总是保持着一种异乎寻常的沉稳。他从不做作，只是按照自己的方式去做想做的事情。在上述事件发生后不久，又发生了另外一件事：鸟居元忠模仿着竹千代的样子，拿一只伯劳鸟当作猎鹰打算猎一些麻雀，结果麻雀没猎到反而生了不少事端。竹千代因此大发雷霆，还狠狠地推了元忠一把。侍从们纷纷过来劝谏，提醒他元忠的父亲鸟居忠吉掌管着整个松平家的财政。可是，当这件事传到鸟居忠吉耳中时，他却高兴地说："不能严厉管束下属的人做不好主君。这次的事情，已经彰显了他勇敢的性格，一旦他完全掌握了父亲的权力，必会成为一位无所畏惧的领袖。可惜我无法活着见到那一天喽！"

还有一次，竹千代在大圣寺的禅院散步，发现院子里有二十来只鸡。他请求方丈送他一只，方丈却说愿意把这些鸡全都给他。方丈解释说："你看，它们和我们一起长大，所以我们养着它们，但它们对菜园造成了很大的破坏。"竹千代则笑着说："这是一位多么了不起的和尚啊！他好像不知道怎么能吃到鸡蛋。"

第二章
桶狭间之战

竹千代在骏府城一直生活到十五岁。1555 年，竹千代成年了，今川义元为他举行了元服仪式，并将自己的名字中的"元"字送给他，赐名为松平元信。此后，他就不再是那个贪玩的孩童竹千代，而是松平家的主人了。不久之后，今川义元的妹夫关口刑部少辅亲永将自己的女儿嫁给了松平元信。

作为足利幕府家族的亲族，今川家的结构简直就是足利幕府的缩影。在今川家，今川义元按照公家的庄严优雅之风来管理家族。他的妻子是统治甲斐的大名武田信虎的女儿，出身高贵的她有许多上流社会的亲朋好友，这更进一步树立了今川家的上流社会风尚。当然，追求这种风尚所带来的财政负担全都要由今川义元来承担，而这又加重了今川家的财政负担，导致民不聊生。在今川家，诗歌、绘画、茶道和赏花都是重要的活动，骏府附近的景点还以京城周围的著名景点命名。

今川义元有几十万石的收入，名声显赫，品味高雅。因此，虽然他跛足、身长腿短且个子不高，还像京都朝臣一样蓄起长发、染黑牙齿，他仍然是东海道地区最有权势的大名。在言行举止方面，他是松平元信的称职导师。他勇敢、有才能，但并非像织田信长和黑田如水那样的天生军人——尽管他跟黑田如水在身材和残疾方面略有相似。当军队归太原雪斋指挥时，一切都很顺利；可是当太原雪斋在1555年去世，今川义元必须亲自接管军队后，一切就都大不相同了。

不久之后，松平元信向今川义元提出请求并得到其许可，回冈崎拜谒他父亲的坟墓，并检阅家族中的高级将领。在这里，松平元信表现出了自己的机智。当今川义元的手下提议让出居城时，松平元信表示："年轻人应该主动为长辈让路。"对于这一消息，今川义元感慨说："这个年轻人的确与众不同。如果他的父亲还活着，必会感到欣慰。"

此时已经八十岁的总奉行鸟居忠吉将松平元信带到居城的储藏库，让他看自己这些年来积攒下的钱粮，并告诉他，有了这些资源，可以招揽许多良才，进而扩大自己的领土。"我把这些金币一包一包地堆起来，每包十贯，这样就足够安全了。如果你把它们全都平摊在地板上，它们就会很快散落并丢失。"松平元信一生都铭记着这番教诲，并在以后的生活中不时提起。在松平元信所属的阶层中，只有他会经常亲自检查金库，查看它们是否有被异常移动的痕迹。

如果说这十年里松平元信历尽艰辛，那么他的家臣们则更加难受，因为他们几乎完全听命于今川义元，而今川义元是一位严苛的统治者。他们的所有收入都被今川义元拿走并花掉了。除去少部分拥有土地的人外，大多数人都无以维生。曾经最富裕的家臣也过得十分艰苦，而较为穷困的家臣甚至需要像农民一样在农场辛勤劳作来维持生计。

有一段松平元信的回忆可以说明他们的艰苦。在回到冈崎后，有一天，松平元信在外面放鹰。当时正好是水稻插秧的季节，一位名叫近藤的家臣正和其他农夫一起干活。近藤远远地望见自己的主君，便立刻把稻田里的泥浆涂到自己的脸上——但他还是被认出来了。于是，他洗去泥浆，站了起来，然后把放在田埂的剑插回腰带里。他只穿了一件衣服，然后用绳子充当腰带。从外表上看，这个浑身不自在地爬出泥泞的田地的男子一点都不像个武士，反倒像是个平民。

松平元信对他说："如果我不是这片土地的主人，我本应对你表示同情。但我明白，如果不是真的热爱自己的武士身份，你就不会为如此微薄的薪俸而从事这样的工作。这看起来很可悲，但人必须识时务。现在，我们所有人都必须无一例外地接受这艰苦而令人不快的任务。这没什么可令人羞愧的，但是你应该记住这样一句话：'生于忧患，死于安乐'。当你感到愤懑时，它可能会给你力量。"① 在说这些话时，松平元信眼里满是泪水，这触动了近藤和在场的所有人。

除了艰苦的工作外，他们还被要求必须尽可能地礼待甚至奉承今川氏将士，忍受他们的轻蔑和无礼，以免少主受到伤害。此外，他们在和织田氏的战斗中必须充当主力，因为今川义元不仅想要保存实力，而且还要故意削弱三河国松平氏，这样他就可以更彻底地掌控这个家族。在今川义元的策略下，松平家有很多人战死或受伤。但他们并未因此气馁，相反，他们停止了长久以来的内讧，在艰苦的环境下，他们反而变得更加团结，更愿意团结在首领的周围，将自己锻炼成经验丰富的勇士，使三河国这个名字在日本流芳百世。

他们认为，尽管今川义元这样的盟友颇为严苛，但在其统治下仍然能保持一定的独立性，这总比完全并入织田家族要好得多。因此，他们热情地欢迎朝气蓬勃的少主归来，同时对未来也充满了信心。然而，松平元信并没有在冈崎待太久，次年春天他就回到了骏府。在那里，他娶了关口亲永（今川义元的妹夫、有两万七千石俸禄的持船城主）的女儿。这是一桩典型的政治婚姻，是个为了家族长久发展而缔结的联盟。对于今川家来说，这样的结盟是相当有利的。

---

① 德川家康建议他在三河国的家臣娶会织棉布的女人为妻。这样，当男人们外出作战而女人们又缺少粮食时，她们就可以把棉布卖掉，从而坚持到男人们回来。

结婚后，松平元信又一次改了名字，因为他的地位已经得到了提升。他从自己所崇拜的祖父松平清康的名字中采用了一个"康"字，将自己的名字改为松平元康。此外，三河国的一位家臣送给他一匹名叫"岚鹿毛"的宝马作为结婚礼物，而他转手就将这匹宝马献给了幕府将军足利义辉，以此在幕府高层建立声望。很快，他收到了回报：足利义辉的一封亲笔信和一把薙刀。

翌年，也就是1558年，17岁的松平元康参加了第一次战斗。今川义元像往常那样煽风点火，说："三河国西部一直是你的领土，现在寺部城主铃木重辰背信弃义，投靠了织田信长。太可恶了！"于是，松平元康回到冈崎，召集旧部，出兵攻打寺部城。很快，他就证明了自己是一位冷静而勇敢的指挥官。他亲自指挥进攻，在烧毁了要塞的外围防御工事之后，他把注意力转向了附近的几个附属哨所。他发现，主城很难在短时间内攻破，而如果侧翼的堡垒还在敌军手里，敌人就可能在他们攻城时绕到后面夹击。于是，他设法在主城下放了一把火，随后果断撤退。当织田信长派出的救援部队出城追击时，早已做好准备的松平元康便调集人马杀了一个回马枪，将敌军击退，导致对方损失惨重。看到松平元康凯旋而归，今川义元十分高兴，将随身佩剑赠给了松平元康。此外，今川义元还划拨给他三百石土地——虽然这块土地本来就是松平元康而不是今川义元的。

受此鼓舞，冈崎的家臣们请求今川义元允许他们的主君永久地回到他们身边。但是，这与今川义元当时的计划相悖，因为他正考虑对织田氏和京都采取重大行动。尽管这项请求没有得到回应，但他们仍有喜事等待。第二年，也就是 1559 年，松平元康的长子出生了，他继承了世袭的乳名竹千代，后来成为松平信康。也是在这一年，松平元康又取得了一项成就，虽然规模不大，但计划周详，这就是救援大高城行动。

大高城本是织田信长为保卫自己的领土而建造的边境要塞之一，但今川义元诱使守将背叛了织田信长。今川义元派鹈殿长照坐镇此地，命令他坚守城池以对抗织田氏。在那时，欺骗和背叛是司空见惯的事，但织田信长还是对此次背叛怒不可遏。他命令侧翼哨所的将士们不惜一切代价包围大高城，阻止任何补给进入。那时，大高城孤悬于织田信长的领土范围内，他们可以很轻松地阻断一切援助，大高城的粮草很快就被耗尽了。

对于这次援救行动，今川氏的将领们并不热衷，他们觉得护送牲畜既不光荣也不体面。于是，今川义元提议："虽然松平元康还太年轻，但他拥有超乎常人的才智，还有很多功勋卓著的老将辅佐他。那么，让他去护送这批粮草如何？"松平元康马上回应说："当仁不让。我已经做好了随时承担这种难题的准备。"

当时有五个相邻的边境要塞，分别是鸣海城边的丹下、善照寺、中嵨以及大高城周边的丸根、鹫津。松平元康先派出一千人在午夜时分对后两座要塞发起了进攻，自己则带领八百人将牲畜尽量掩藏起来，悄悄地前进到离大高大约几里的地方。负责进攻的一千人很快便攻入了两座要塞，他们不仅放火焚毁了要塞，还故意弄出了尽可能大的动静。其余要塞守军果然中计，派出大量守备部队去救援；潜伏许久的松平元康便迅速出动，将他的部队分为三部分，带着一千多头牲畜和粮草迅速进入大高城。当守军发现自己中计时，一切都为时已晚，只能眼看松平元康进入大高城。

今川义元闻讯喜出望外，随即决定为这位能力出众的将领和他善于攻坚克难的部队提供更多的机会。因此，松平元康把这一年剩下的时间都花在了前线作战上。只要有利可图，他就会不辞劳苦。

今川义元的最大目标一直都是上洛，首当其冲的就是挡在面前的尾张国。1560 年 7 月，他决定发起一次决定性的行动，以三河、远江、骏河三国的全部兵力（共 25000 人），对尾张国发起攻击。他亲自担任部队主帅，留下喜欢茶艺而不爱打仗的儿子今川氏真料理家务。很快，他便穿过了三河，抵达边境。在这里，织田信长的五座要塞当在他面前，想要开辟通往织田信长的居城清州的道路，就必须先扫除这五座要塞的威胁。

今川义元委任松平元康去攻克丸根堡。尽管早期的战斗中，松平元康失去了数名将领，但通过巧妙的战术，他终究取得了胜利。为此，松平元康再次受到赞扬，并获准在大高担任指挥，让将士和运粮牲畜在那里休息。与此同时，另一座堡垒鹫津也被今川氏占领，通往织田信长领地的道路似乎畅通无阻了。

看起来，此时的形势对织田信长十分不利，他的领土很小，军队规模也不大，只有五六千可用之兵；前线的守将也给发来了紧急军报，声称前线只能再撑一两天了。但是，此时只有二十七岁的织田信长（他的对手今川义元已经五十四岁了）却依旧镇定自若。他像往常一样和谋士们讨论着其他事情，没做出任何特殊的决定，就打发他们回家了。

第二天清晨，织田信长醒得很早。他唱起了幸若舞《敦盛》中的一段："人生五十年 与化天相比 瞬如梦幻 既享有此生 岂得不灭乎？"他吹了吹法螺，取来盔甲，吃过早餐后便穿上盔甲出发了。当时，他只带了六名随从和几百名士兵，随后在行军路上他的队伍扩充到两千多人。据说，他还写了一篇祈求胜利的祷文，并将它交给一名家臣，存放在热田神宫。祷文内容大致是对今川义元的指责，批评他是强盗、暴君，还特别提到今川义元是神道教神社的破坏者。当然，这样的指责在当时已经是一种惯例了。更引人注目的是他出征时的神态：侧坐在马鞍上，双手放在前后鞍桥上，一边晃来晃去一边哼着小曲，完全不顾礼仪。看着他这幅样子，神道教的神职人员们惊讶地说："他看起来一点都不像是要出征的样子。"

这时，鹫津和丸根已经沦陷，织田信长所能看到的只有团团硝烟。但他看起来并不着急，而是先派人去打探今川义元的位置。很快，探子回报说今川义元在一个叫田乐狭间（也叫桶狭间）的地方扎营，命部队休整并庆祝战功。今川义元根本没有把织田信长的部队放在眼里，他竟然下令在军营里大开宴会，以便让将士们养精蓄锐，争取更大程度的胜利。织田信长意识到，这是一个千载难逢的机会。

今川义元从不会放下他的贵族作派，哪怕是在战场上。他身穿红色锦缎外衣和白色胸甲，佩带名刀"宗三左文字"和松仓江薙刀，端坐在阵中，高傲地看着他的军队。他还叫了一批能剧演员来到军中表演，并宣称自己将像能剧中的角色一样遇神杀神、遇鬼杀鬼。许多住在附近的僧侣也闻讯赶来劳军，献上当地产的鱼和酒。

此时的织田信长已经做好了准备。他在善照寺的要塞附近布置了大量假人以吸引今川义元的注意力，自己则亲率三千人从山丘另一侧迂回，准备在最意想不到的时候对今川义元发起突袭。而上天似乎也站在织田信长这边，当他接近今川义元时，忽然天空乌云密布，随后便是暴雨倾盆——这不仅造成了今川义元的部队的混乱，更掩护了织田信长的行动。直到织田信长冲到营地前时，今川义元的部队才发现敌人已经到来，面对这突如其来的袭击，今川的部队迅速崩溃。此时，今川义元还以为是士兵们的内讧，便对着一个武士打扮的人大声呼喊，要他迅速平息事态；而对方立刻认出这就是今川义元，于是挺起长矛便刺了过去。虽然今川义元马上就反应过来，并立刻拔剑砍断了矛柄，还刺伤了攻击者的膝盖，但此时背后的一名敌人也冲了上来，一刀砍掉了他的头颅。今川义元，这位战国时代的大艺术家，最终还是以一位武士应有的死法死去了。

在主将被杀后，今川的军队彻底崩溃，伤亡人数超过 2500 人。这场战役被后世史学家称为"桶狭间合战"，是日本历史上最具决定性的战役。此后，织田信长成为历史上顶级的军事领袖，他攫取最高权力的野心也就此开启。

过了不久，今川义元被杀的消息传到了松平元康耳中。他的将士们劝他撤退；他的舅舅水野信元也派人告诉他，趁现在立刻撤退，不然织田信长的大军马上就会抵达。在派人确认了消息属实后，他便率军撤回三河，但是并没有立刻进入冈崎，而是停在了郊外的大树寺；直到今川氏的将领们撤走，他才顺势入城。

在这场战役后，织田信长一跃成名，松平元康也得到了改变命运的机会。他迈出了坚定的第一步，从此不再回头。人们都说他交了好运，但这还仅仅只是开始。那时，面对扑朔迷离的形势，松平元康没有坐以待毙，而是试探性地向尾张推进，抢占了几个有利的位置。

织田信长也有自己的打算。第二年春天，他派出家中重臣泷川一益，通过石川数正向松平元康示好。战后正式崛起为一流大名的织田信长已经将目标定为上洛，他的当务之急便是巩固后方，防止武田信玄等蠢蠢欲动的邻居们威胁他的领地。

此时，松平元康以及诸位重臣的家眷仍在今川家手中，背弃盟约显然是违背他们本心的行为；但今川家的继承人今川氏真是个平庸之辈，他像他父亲一样"专注于诗歌和蹴鞠，甚至还沉迷于酒宴与女人"，对振兴家族则一点想法都没有，能力方面也远不及自己的父亲，更不用说和织田信长相提并论了。此外，武田氏此时也对松平元康构成了威胁。

在家族的前途面前，个人情感必须让路。酒井忠次率先提出应该接受织田家的好意，而且给出了充分的理由：第一，今川氏真太过平庸，对报仇的事情也漠不关心，只是一心沉溺于艺术和放荡的生活。他甚至曾公开宣称，比起那些一眼就能看出战略的家臣，他更喜欢那些对艺术品有鉴赏力的人。第二，三河并不亏欠今川家什么，每次出征，今川义元都想尽办法消耗松平家的实力，对待将士的家眷的态度也很恶劣。不过，在酒井忠次看来，松平家没有必要自己动手去摧毁今川家：今川氏真这样的人迟早会带领今川家走向灭亡的。

上野城主酒井忠尚则坚决反对结盟，因为此时今川氏真手中仍控制着多名来自松平家的人质；他的立场如此强硬，以至于其他家臣都开始怀疑他的忠诚，甚至有人想要杀了他。松平元康则制止了他们，他认为酒井忠尚只是观点保守而已。但是，这并不代表大家都同意结盟，他们强调："松平家代代都是尾张的敌人"。

不久，消息传来：今川氏真果然杀死了11名来自一些小家族的人质，而这也帮松平元康彻底摆平了反对意见，大家一致同意正式倒向织田信长。

为了表达诚意，松平元康亲自前往清洲城，织田信长也布置了隆重的仪式，亲自来到城外迎接他。在进城路上，前来围观的人们把道路堵得水泄不通；当时只有17岁的本多忠胜则横刀立马站在前面，大声喊道："禁止喧哗！没看到是三河城主元康公来了吗？"而他的侍卫植村家存则一直坚持佩剑，寸步不离自己的主君。对此，织田信长盛赞说：他就像刘邦身边的樊哙一样；在向松平元康赠礼时，还特意送给植村家存一把宝剑。

但松平元康还不想彻底和今川氏真决裂。他对质问自己真实意图的今川氏真解释说，这只是松平家自保的权宜之计，而且这样的联盟对大家都有好处。并不想为这些事过度思考的今川氏真立刻就相信了他的说法。

这正是松平元康一直以来的处世态度：既要理性，更要武力。能够用理性解决问题，就尽可能以理性解决，因为这是最能节省成本的方法。但他也知道，没有武力支持的理性毫无意义，因此他一直注重建设自己的军队。德富苏峰曾评价说，"他的军国主义是灵活变通的，而他的外交策略也是为军国主义服务的"。在那个时代的日本，没有人比松平元康更重视武器的储备了。他小心翼翼地储存它们，除非逼不得已，从不轻易使用。当然，这个时代也不乏同时运用两种手段的人，但松平元康最终能够取得成功，归功于他非凡的忍耐力和自制力。

令织田信长和松平元康庆幸的是，当时武田信玄和上杉谦信正在川中岛进行会战，根本无暇关注另一边发生的巨变。他们抓住这次机会，达成了牢不可破的盟约，时间长达二十二年——自镰仓时代以来的二百五十年间，从没有过任何领袖能彼此信任共同合作这么久。织田信长是个脾气暴烈而难以相处的人，很多人都无法应付，而松平元康却能随机应变；哪怕是在后来的信康事件中，为了维持联盟，松平元康也能毫不犹豫地做出牺牲。在策略方面，他可以做到完全不带任何情感，他的眼中只有家族的利益。

后方安定了，织田信长终于腾出手来与自己不省心的邻居周旋。当年，织田信长娶了美浓国大名斋藤道三的女儿，从而达成了双方的结盟。但是，那时的织田氏就已经将这次联姻作为一种权宜之计。后来，斋藤家中爆发内乱，性情残暴、患上麻风病的长子斋藤义龙诱杀了自己的两个弟弟，本就不喜欢这个儿子的斋藤道三随即做出了反击，结果战败被杀。织田信长立刻判断这是征服美浓国的好机会，于是下令出兵，征讨这个杀死他岳父的不孝子。

不过，面对强大又狠毒的斋藤义龙，织田信长并没有找到什么好的机会。几年后，年仅三十五岁的斋藤义龙因麻风病逝世，他的儿子斋藤龙兴继位。织田信长抓住机会卷土重来，1564年，斋藤氏终于被击败，这个在斋藤道三的阴谋下建立的势力终于走向了灭亡。

第三章
三河的叛乱

在16世纪的日本，佛教的一向宗是最强大的势力之一。一位日本历史学家评论说，虽然世俗和宗教势力之间的冲突是基督教国家的特征，但那些说日本从未存在过这种冲突的人，肯定对这个国家的历史一无所知。事实上，在日本，寺庙积累了大量财产，因为他们既不需要向统治者纳税，也不受统治者控制。在外部世界的丛林法则之下，总有那些为了逃避压迫而求助于他们的人。

他们还利用宗教的各种虚无缥缈的概念来恐吓武士们，但武士们并不会被轻易吓倒。为了对抗武士，僧兵应运而生。在足够雄厚的财力物力支撑下，他们建立了一支人数众多的僧兵部队。大型的寺庙集团，像比叡山和奈良（天台宗和律宗）、后来的阿弥陀佛宗（净土宗）和日莲宗，以及杂贺和根来的真言宗，不仅反抗武家政权，彼此之间还进行着激烈的斗争：他们声称自己是为了教义而斗争，实质上却只想着自己的利益（也许日莲宗是个例外，它是唯一真正称得上偏执的宗派，拥有一本最高经典《法华经》和一套完整的教义体系）。

当时，一向宗特别受欢迎，因为它对信徒在道德或智力上没有太多要求，僧侣可以结婚、传教、吃鱼，还能像世俗人一样生活。他们的势力庞大，甚至一度威胁到幕府的统治。这个教派有三位伟大领袖，分别是创始人亲鸾（1174-1268）、觉如（1271-1351）和第八代法主莲如（1415-1499）。莲如担任住持期间，他曾在比叡山的僧侣攻击下被迫逃出本愿寺，此后他不断地在各地布道，还将教义改为平民能听懂的白话，并利用一切机会向他人布道。在他的努力下，曾经饱受欺凌的本愿寺成为所有宗派中最为强大的一个。另外，莲如也拥有足够多的继承者：他娶了五个妻子，育有 28 个孩子，其中 13 个儿子、15 个女儿。

有了这些优势，一向宗变得强大也就不足为奇了。他们还适时地利用了幕府的无能和腐败。1488 年，他们驱逐了加贺国的大名富坚氏，占领了整个加贺国，以金泽作为自己的总部，控制了后来日本最大的贸易中心大阪，并在石山的河流交汇处建立了一个易守难攻而又交通便利的强大据点。在松平元康的老家三河国，也有三座承认本愿寺住持权威、愿意为捍卫他们的意志而战的寺庙。他们的势力如此强大，这让当地的封建领主难以接受。

1563 年，松平家的将领们想征用一向宗上宫寺的粮草，却被拒绝了。许多信徒对松平家表示不满，松平家内部的元老也有不少为此怨声载道（其中就包括后来松平元康的重要谋臣本多正信）。于是，信徒开始勾结这些元老们发动反抗松平元康的暴动。此时，松平元康面临着腹背受敌的风险：反抗者可能与今川氏真联手对付他。幸运的是，松平元康的领地边境没有发生叛乱，今川氏真又昏庸无能。

那时，三河的主要军事将领都站在松平元康一边，而反对者又大多是风烛残年的老人。反对者虽人数众多，但主要是农民，没有经过什么严格的军事训练，靠着宗教关于天堂和地狱的说辞来鼓舞士气。他们手里有葡萄牙人带来的火器，但那些火绳枪在天气潮湿的环境下就没有想象的那么好用了，而日本又总是有着潮湿的天气，一旦受潮，火绳枪的射程和准确度可能都不如弓箭。在这一点上，日本和欧洲的情况有些不同。日本的武士无论在马上还是马下都可以张弓搭箭，他们不像欧洲骑士那样依赖自己的盔甲，也不会以密集的冲锋队形前进，因为那样更容易遭到炮火的攻击。

松平元康是一位朝气蓬勃而英勇善战的领袖，他的领袖风范远比宗教说辞更能鼓舞士气。到1564年，三河一向一揆终于逐步平息。一向宗提出条件，要求参加叛乱的人生命和财产不受影响，众多寺庙应该恢复本来的面貌。松平元康起初同意了，但很快，他就下令将那些寺庙夷为平地。当僧侣们抗议他违背诺言时，他解释说，按照他的理解，"它们本来的面貌"应该是指"建设寺庙之前的空地"。这并非他最后一次运用这种机智手段来进行果断的军事行动。

在这次暴动中，有一件尤为引人关注的事情：松平元康成功地从自己所属的净土宗获得了支援。净土宗虽然是一向宗的分支，但并不赞同一向宗的政治倾向。松平家的宗祠大树寺派出一千名信徒去帮助松平元康作战，还为他举行祈祷活动。战后作为回报，松平元康命令一些愿意认错的一向宗家臣将自己的信仰改为净土宗，受他们的影响，也有很多人一起加入了净土宗。

1565年，织田信长将大本营迁往斋藤氏曾经的居城，将其改名为岐阜。为了安抚周边的势力，他通过联姻的方式来确保自己的侧翼安全：他先是将自己的妹妹嫁给了实力雄厚的近江国大名浅井长政，又把自己的养女嫁给了武田信玄的儿子武田胜赖。在联盟达成后，织田信长终于如愿得到了天皇的邀请，达成了上洛。抵达京都后，他协助足利义昭接替哥哥足利义辉成为幕府将军①，还为陷入财政紧张的皇室排忧解难。此后，日本进入了一段短暂的和平时期，但好景不长。

据记载，大约就在这一时期，在一个天气寒冷的冬日，织田信长忽然派人给松平元康送来一篮子桃子作为礼物。家臣们对这篮桃子赞叹不已，都说桃子品相上好，可是松平元康却一言不发。家臣们感到好奇，便询问原因。松平元康回答说："这桃子确实很好，但织田信长的领土比我要大得多，他能考虑很多我没有条件去考虑的事情。如果我也像他一样把时间花在这些稀奇古怪的东西上，那将只会为我带来损失：这意味着肥沃的土地上只会种着一些无用的果树，而农民们则会失去工作；你的军事实力也会被削弱，因为

---

① 在"上洛"之前，足利义辉与三好长庆发生争斗，在三好长庆病死后，他的家臣松永久秀攻击了足利义辉并杀死了他。

本应用于赏赐和供养家臣的资金被挥霍了。豢养观赏动物、赏玩古董也是一样的道理。"

"所以，有理智的人从不会为这些所谓'宝物'而烦恼。织田信长这样的人当然有条件去考虑这些无用之物，但我还有许多更为重要的事情需要优先考虑。"随后，他笑着把桃子分给了家臣们。后来听说此事的武田信玄评价说："他的目光远大，绝不是普通的三河武士。"

天气炎热的时候，松平元康总是只喝麦片粥。一次，他的侍从为了讨好他，把粥换成了精致的米饭，可他没想到的是，松平元康十分生气地批评了他："你以为我是因为吝啬才喝粥吗？现在战乱频繁，百姓连吃饱饭都做不到，我怎么能独自过奢侈的日子呢？只有尽可能省钱，军需才能得到保障。如果我铺张浪费，那就得与民争利。"

第四章
一统三河与远江

此时松平元康面临着一个急切的问题：松他的妻子、孩子以及家臣们的家人仍然被扣押在骏河作为人质，他必须设法将他们营救回来。1562 年，松平元康突袭了今川家的上乡城，不仅攻陷了城池，还杀死了城主鹈殿长照，抓走了他的两个儿子。随后，松平元康提出，用上乡城和这两人与今川氏真进行人质交换，目光短浅的今川氏真立刻就接受了。然而，没过多久，今川氏真意识到自己上了当，于是命令松平元康的岳父关口亲永自杀，还杀害了另外 12 名作为人质的妇女和儿童。但这一切都太迟了，除了激怒三河的将士、加剧松平元康与今川氏真的隔阂外，再无其他意义。

又过了一两个月，松平元康去掉了来自于今川义元的"元"字，改名为松平家康。"家"这个字是松平家的特色之一，后续的大多数幕府将军也都继承了这个字。这个字来自伟大的源氏家族将领源义家，当一位博学的神职者向家康推荐这个字时，家康十分高兴，还说这是八幡神的启示（源义家被称为八幡太郎），便立刻采取了行动。此后，他的名字与今川家族再无瓜葛。

1564 年 5 月，摆脱了一向一揆困扰的松平家康终于做好准备对今川家采取行动了。他先是派兵解救了一座被今川家和武田家重兵包围的要塞，然后进攻吉田，试图夺回这块本属于三河国却被今川家占据的土地。虽然他没能攻下这里，但通过外交手段，他成功说服今川氏真将吉田归还给他。双方达成和解，并互相交换了人质。此后，随着三河东南角的几座要塞的归顺，松平家康终于统一了三河国。他开始逐渐把工作重心放在领地的治理上。

第二年，家康任命高力清长、本多重次和天野康景辅佐他管理三河，这三人被称为"三河三奉行"。在人事任命上，家康非常注意官员之间的性格互补，这一点从他们三人的绰号"佛高力""鬼作左"和"公正无私天野三郎兵卫"就可以看出来。三人中，"鬼作左"本多重次（通称作左卫门）最引人注目，他待人严格而性格直率，无论是面对主君还是平民都表里如一。为了让平民也能理解实行的法令，本多重次特意用简单易懂的假名将法令重写，还特意加了一行小字："谁不服从，作左将处罚谁。"他还将这种风格带到了生活当中。他有一封被称为"日本最短书信"的家书，信的内容是这样的："寄语一言：小心火烛，别让阿仙哭，把马养肥。"阿仙就是他的儿子仙千代。

和平的生活似乎总是短暂的。很快，武田氏的势力就开始令松平家康头痛起来。武田氏的家主武田信玄不仅拥有甲斐和信浓，还侵占了附近的许多领地，而这些领地从 12 世纪起就已经是其他家族的封地了。武田信玄是那时最优秀的军事指挥者，在政治方面也能将家族管理的井井有条。虽然他在不到三十岁就选择出家（他从那时起开始使用信玄这个名字），但他扩张土地的野心却从未消退过。他为了攫取今川氏真的领地，杀死了反对他的长子武田义信以及家中重臣饭富虎昌，并把儿媳（今川义元的女儿）送回今川家。尽管今川氏真名义上仍是他的盟友，但他已经开始找今川氏的麻烦。他意识到今川氏走上了下坡路，于是越发急于攫取今川家的领土。

此时，松平家已经崛起，还和织田信长结成同盟；北面的上杉谦信实力强大，且一直对武田氏的领土虎视眈眈。为了减轻压力，武田信玄向今川氏真暗示，如果后者同意把远江割让给他，那他就会攻打松平家康，替今川氏真惩罚背盟的松平家。当然，无论今川氏真再怎么无能，他也不可能接受这样的"建议"；而遭到拒绝的武田信玄便转头向松平家康提出：一同进攻今川氏，瓜分他的所有领土。

松平家康也明白武田信玄的野心，明白这份盟约不可能长久，但这样的结盟对当下双方都有好处。于是，双方达成协议：松平家康占有远江，武田信玄侵占骏河。织田信长也借机加强了与武田信玄的关系，他让自己的儿子织田信忠与武田信玄的女儿订婚，并把自己的女儿嫁给了松平家康的长子松平信康。

武田—松平联军并没有遇到太多的困难，轻而易举地占领了今川家的土地，今川家的将士们还没等战斗开始就临阵脱逃了。今川氏真连忙逃出骏府，前往挂川城避难；而随后入城的武田信玄便将骏府城付之一炬。此时，相模国的今川家盟友北条氏康出兵来援，他们利用自己的海军优势，在兴津附近大败武田信玄，斩首四百人。随后，武田信玄粮草耗尽，只好撤军。

与此同时，松平家康也向远江进军，将今川氏真围困在挂川城。松平家康提起两家以前的关系，并提出建议：如果今川氏真出城投降，把挂川和整个远江国割让给他，他就协助北条氏和上杉氏对付武田氏，从而将骏河国归还给今川家族。对于今川氏真来说，这是眼下最符合实际的方案了，除了接受他别无选择。

由于骏府已被武田信玄烧毁，今川氏真不得不将都城迁至伊豆，并寻求北条氏的庇护。再后来，松平家康彻底控制了骏河国，今川氏真则前往京都，在那里展现了自己出色的蹴鞠技艺和艺术造诣。但作为一位大名，他从未在理政能力方面给人留下任何印象：松平家康曾经向织田信长提议让今川氏真帮他一起治理骏河国，却被织田信长否决了，还说"今川氏真是不受上天眷顾的人"。在松平家康统一天下后，今川氏真随家康前往江户，他的后代则成为幕府的司仪，世世代代过着优渥的生活。

虽然被击败，但武田信玄仍然没有放弃夺取骏河的野心。六个月后，他重返骏河，入侵北条氏的领地。这次，武田信玄设法把北条氏引出了坚不可摧的小田原城，并在军事上反败为胜。随后，他再次占领骏河国及骏府城。他还试图在远江给松平家康制造麻烦，煽动松平家康的一个下属攻击他，但没有成功。在松平家康的抗议下，他就此收手，这让两家都获得了一段暂时的和平时期。

在此期间，武田信玄还派人暗杀过松平家康，而松平家康则凭借自己的虔诚幸运地逃过一劫。刺客在一次酒宴后悄悄潜入松平家康的房间。他以为家康会在痛饮之后回房休息，于是径直走进卧室，有条不紊地捅穿了他的床。但是，松平家康并不在卧室，因为他有早起在佛前祈祷的习惯，即使喝了酒也不能破例。面对被捕的刺客，松平家康并未动怒，而是把他送回到武田信玄那里，还赞扬他是一个忠诚的家臣。

同年12月，松平家康通过幕府将军足利义昭和前任关白近卫前久获得天皇的许可，可以使用（或者说恢复）德川的姓氏，将名字改为德川家康。这个姓氏原本是源义季（新田义季）使用的，源义季是令人敬畏的八幡太郎源义家的曾孙。这种更名重申了德川家康与源氏这个历史悠久的家族的联系，同时也将他的家族与松平家族的许多旁系分支区分开来。有人推测，德川家康改姓的原因是为了突显他的信念：他所在的新田家族即将取代足利家族在幕府中的地位。当然，这一猜测可能并不合理，因为当时德川家康仅是两个国的领主。然而，这时的德川家康已对自己的能力充满信心，雄心勃勃，他的远见使他为可能发生的任何事情做好了准备。

　　1570年初，德川家康将都城迁至远江国曳马城。

他加固了这个地方，并将其改名为滨松，冈崎的居城则留给长子信康管理。而信康的母亲，也就是关口亲永的女儿筑山殿也随儿子一起住在冈崎——据说，她脾气暴躁且性格古怪，这令德川家康很不舒服。

　　然而，这次迁都的举动引起了织田信长的不满，因为这可能会影响他对抗武田信玄的计划。尽管如此，织田信长仍然迫切需要德川家康的支持，因为他已经意识到有一些阴谋正在针对自己。他曾经一手扶持的足利义昭，如今已经开始忌惮织田信长逐渐壮大的势力。为了扳倒织田信长，足利义昭开始布暗自联合其他势力。

　　足利义昭秘密联系了武田信玄、近江的浅井长政和越前的朝仓义景，共同围攻织田信长。形势顿时变得十分严峻，因为后两家能直接威胁到织田信长的大本营。朝仓义景本来就与织田信长存在矛盾，在地位上，朝仓家和织田家都是斯波氏的封臣，可织田信长不仅行事有所僭越，还要求朝仓义景随他一起上洛，以示对他权威的认可——这是朝仓义景无法接受的。而浅井长政一直被织田信长视为可靠的妹夫和盟友，现在也加入了对他的围攻。

第五章
姊川之战

　　1570年3月3日，织田信长在近江常乐寺举办相扑比赛，，随后又在京都举办了一场能剧表演。包括德川家康在内的多位大名和公卿都出席了。表面上，这些活动是为幕府将军的宴会助兴；然而，在这些活动的掩饰下，织田信长实际上正在秘密筹备对越前朝仓义景的打击。当时有一个朝党在幕府将军的教唆下，群起反对织田信长，而这个朝党正是以朝仓义景为首。

　　织田信长与德川家康组成了联军，沿北陆道进军至敦贺，并在几天内攻占了手筒山城和金崎城两个要塞。正当织田信长准备进攻朝仓义景的居城一乘谷时，突然传来了浅井长政背叛他的消息。原本坚信自己的妹夫会保持中立的织田信长陷入了窘境：他与领地的联系可能随时被浅井长政切断，进而前后受敌。

　　在军务会议上，德川家康和松永久秀都建议织田信长撤退。他们认为，浅井长政能力有限，只要立即后撤就能确保安全。因此，织田信长带着部分将士先行出发。一些史料记载，织田信长匆匆忙忙地离开，都没有顾上跟德川家康道别。幸运的是，松永久秀有个朋友，是近江国朽木城主。在他们向这位朋友打探情况后，终于找到了通往京都的道路。

在这次撤退中，德川家康和木下秀吉（也就是后来的丰臣秀吉）肩负着断后的重任，他们必须拖住朝仓义景的进攻，同时率领殿后军队安全撤离。由于主力部队足有三万人，行动并不轻松，他们需要争取尽可能多的时间。在两人的出色领导下，联军尽可能地把损失降到了最低。在路上，身边只有不到一千人的木下秀吉被朝仓义景发现，形势危急；此时德川家康立刻拿起一把火绳枪，率领部下回头，帮助木下秀吉击退了敌人。为了避免混乱，家康还特地命令部队绕道行进，为秀吉让出道路。木下秀吉一直没有忘记过这份恩情，后来还特意对德川家康表示了感激。

脱离险境的织田信长开始着手反击。他先是击败了六角氏，然后再次与德川家康组成联军进攻浅井长政。6月19日，他到达浅井长政的居城小谷城前，包围了姊川左岸东南角的横山城，并在姊川岸边与德川家康的五千援军会合。不久，朝仓义景派遣的一万援军也抵达了河对岸。

6月28日，德川家康率先发起攻击。按照本来的计划，德川家康要率领六千人（其中一千人还是从织田信长的家臣稻叶一铁那里借来的）进攻有八千人的浅井长政；然而，织田信长对浅井长政的背叛怀有强烈的仇恨，因此决定调换两家的任务，由自己亲自进攻浅井长政。许多将领对这种临时改变计划的行为表示反对，但德川家康却欣然接受："与强者作战是一件好事"。

织田信长手下有两万三千人，但他们的素质完全比不上久经沙场的三河武士们；而且织田信长手下还有很多近江出身的士兵，他们尊敬浅井氏，但对织田信长的态度就很难说了。为了避免意外，织田信长将这部分拨给了丰臣秀吉，然后将部队分为十三队，保证自己能有效地承受住对方的冲击。后来的事实证明，这一决策起到了十分重要的效果。

早上六点，战斗正式打响。两军同时越过姊川河开始进攻。在这一战中，德川家康的三河武士们表现出色，立下了赫赫战功。酒井忠次和石川数正担任先锋，负责咬住兵力远多于他们的朝仓氏部队；榊原康政和本多忠胜则是第二梯队，负责从侧翼包抄敌人。在他们勇敢的战斗下，朝仓氏部队不得不后退，阵型也开始出现松动和混乱。

而织田信长这边的形势就复杂得多。浅井长政的部队很快就冲到了织田信长的身边，一个名叫远藤喜右卫门的人甚至发现了织田信长，就在他即将砍中织田信长时，竹中久作及时出现，挡住了他，并将他杀死。此时，已经占了上风的德川家康又派出一支小队来攻击浅井长政的侧翼，稻叶一铁的一千士兵和包围横山城的士兵也赶来支援。

这场战争最终以织田—德川联军的胜利而告终，浅井—朝仓联军损失惨重，上千人阵亡。根据《三河物语》的记载，这是一场极度血腥的封建时代战争。书中展示了这样的画面：成群结队的士兵展开激战，用剑和钩镰枪砍下敌人的头颅；战场乱作一团，黑烟滚滚；因为是一年中最热的季节，战士们都汗流浃背。我们已无从知晓德川家康当时的装扮，唯一可知的是他已战斗到浑身是血。他甚至险些被混入侍从的朝仓家臣刺杀，幸亏天野康景和加藤正次出手，他才幸免于难。

胜利后，织田信长向德川家康的重大贡献表示感谢，将曾经是足利幕府的传家宝的名刀大般若长光送给他。同时，他还送给德川家康一枚源为朝用过的枪头，并称赞他说，他今日之功德无以言表，迄今为止无人能与之媲美，将来也会无人超越。他是织田家族的支柱，是勇武之门的伟大缔造者。

第六章
三方原惨败

　　战后，德川家康回到了自己的领地。一系列的军事行动，让他声威大震。但危险此时也正在接近：不久之后，武田信玄又卷土重来了。武田信玄派出一支分队乘船沿天龙川溯流而上攻击距滨松不远的挂川，另外两支军队则从信浓向南行进，一支威胁冈崎，另一支威胁吉田。织田信长建议德川家康从滨松撤退到吉田，在滨松只留下一支卫戍部队以阻挡敌人，但德川家康拒绝了——没他认为无故撤退并非三河武士的作风。因此，德川家康只做了一件事：派人联络上杉谦信，希望与他一同对抗武田信玄。

　　1570 年，北条家的当主北条氏康去世，其子北条氏政继位，局势发生了重大变化。北条氏政打算放弃上杉谦信，改与武田信玄结盟。这样一来，武田信玄在东部再无后顾之忧，可以全力将军队集中在西部边境。此外，浅井长政和朝仓义景与比叡山的天台宗和尚结盟，再次对织田信长构成威胁；掌控了越前国、能登国和石山本愿寺的一向宗也与织田信长关系紧张。

武田信玄一面联系一向宗，一面勾结以奸诈闻名的松永久秀，告诉他如果他发动叛乱，就能重新控制京都。很快，松永久秀便照着武田信玄的建议行动起来。

接二连三的意外让织田信长不得不出全力去应付。不过，武田信玄此时并没有直接与织田—德川联盟开战，这也减轻了几分织田信长身上的压力。织田信长迅速开始着手打击最近且令他厌恶的敌人——比叡山的天台宗僧侣。织田信长此时再也没有理由宽恕这些站在自己对立面的佛教徒了，而佛教徒们此时也明白织田信长早就对石山和京都周边的僧侣势力有所忌惮，迟早会对他们下手，他们必须谋求自保。当织田信长开始攻击摄津的三好氏时，石山本愿寺的僧侣们也派出了部队去对抗织田信长；浅井长政和朝仓义景也再次采取行动，意图攻占京都。

1570年11月，尽管织田信长命令将领们后撤来阻止浅井—朝仓联军，但联军还是从大津绕了过去，抵达了比叡山。织田信长立即给这些寺庙传话，如果他们帮助他的敌人，他必将派兵攻打，并烧毁根本中堂和山王权现的21座神社。尽管浅井长政和朝仓义景未能提供什么好处，但出于对织田信长的敌意，僧侣们还是站在他们一边。到了月底，可能是大雪封路导致联军粮草运输困难，也可能是织田信长为了自己的利益说服幕府从中斡旋，僧侣们接受了调解，并返回了寺院。

次年，织田信长又重启了针对一向宗僧侣的行动。8月，他忽然调转方向，重兵包围了曾经反抗他的佛教圣山比叡山。此时，从天皇到百姓，所有人都意识到织田信长真的要摧毁这座圣地，纷纷请求他停止行动（甚至包括织田信长的部下），但织田信长不为所动。1571年9月30日，织田信长一把火点燃了所有的寺院，一切建筑都毁于一旦，片瓦无存；所有在山上的僧侣，还有在寺中的贵妇和孩子都被押送到织田信长面前，随后便是一场可怕的屠杀，总计有几千人被处死。一些有名的高僧和学者也未能幸免，一些珍贵的典籍和艺术品也遭到了破坏。

但是，这些僧侣实际上正如《信长公记》所言："他们不为世俗的反对而感到羞耻，也不理会他们出世后应遵守的佛教戒律，他们声色犬马、沉溺女色，对贿赂更是来者不拒。"寺庙的建立者本意是帮助京都抵御外敌的威胁，但在后来的四个世纪中，这些僧侣却对帝国的京城却构成了极大的威胁，他们甚至无视天皇本人的命令。在某种意义上，他们咎由自取。当时在日本传教的耶稣会神父写到："1571年的圣米迦勒节，上帝惩罚了这个可怕的敌人。"此后，比叡山再也没有给任何人带来过麻烦。

在这个时刻，武田信玄也采取了行动，德川家康不得不全力应对，没办法为处于围攻中的织田信长提供任何帮助。在与北条氏结盟后，武田信玄可以更加自由地西进了。为了防止北条氏再次变卦，他还把更北边的里见氏和佐竹氏也拉来结盟。

武田信玄的计划是，在打败德川家康之前，与织田信长和平相处。这样，他就可以打通前往京都的道路了。在京都，他利用自己和本愿寺住持显如是连襟的关系（他们都是公家三条公赖的女婿），得到了一向宗僧侣将会牵制上杉谦信的承诺；他也得到了松永久秀会发动叛乱的保证。尽管织田信长并不愿公开与武田信玄为敌，但如果德川家康卷入战争，作为盟友的他又如何能置身事外呢？

因此，织田信长再次建议德川家康暂时撤至冈崎避免冲突。然而，这个建议并不符合德川家康的性格。他回答织田信长说："我觉得现在还不是时候"，并告诉谋臣们："如果就这样撤退，我就根本没有资格称自己为勇士。"此外，他还与上杉谦信达成秘密协议，以求在合适的时机突袭武田信玄的背后。

1572 年 10 月，武田信玄抓住了大雪封路导致上杉谦信被困在家中的机会，率领自家的两万军队和北条氏的几千人，进军远江，部将山县昌景则带领五千人进军三河东部。

山县昌景不费吹灰之力就穿过了三河，占领了吉田城，与攻占了二俣城的主力部队会合，直接威胁滨松的安全。与此同时，织田信长麾下的大将佐久间信盛、平手泛秀和泷川一益率领三千人驰援滨松。在滨松的军务会议上，所有人都根据织田信长的意见，主张要坚守不出。但是，德川家康却说："敌人来犯，却不发一箭，这绝非勇士所为。"随后，他命令将士们出城迎敌。当时，即使算上这三千援军，德川家康能用的也只有几千人。

德川家康计划带领这几千人在滨松附近的三方原阻击武田信玄。他明白，武田信玄并不想节外生枝与德川家康交战或是进攻滨松，他唯一的目标就是征服织田信长，只要穿过三方原，他就能直接威胁到织田信长。

他将部队布置为"鹤翼"阵型，两侧翼在前，主力位置偏后。右翼是佐久间信盛、平手泛秀和泷川一益率领的织田军，而酒井忠次率领的三河军团在它侧翼的外围。左翼是小笠原长忠、松平家忠、本田忠胜和石川数正指挥的四支部队。在战前，鸟居忠广观察了武田军的规模，随后再次向德川家康提议不要主动挑起战争；就算要战，也不要正面迎敌，而是在武田大军走后袭击他们的后方。他说："主公向来谨慎，他现在怎么会如此鲁莽呢？"但是德川家康不仅没有接受，反而讽刺他："忠广，你若是如此胆怯，那你就再也没有什么用了。"

但事实证明，德川家康这一次只能算是有勇无谋。武田信玄的先头部队的兵力就已经相当于德川军的总和，按鱼鳞阵排列，军阵后面还有武田信玄的一万五千主力部队。胜负从一开始便已明朗，德川家康的两翼遭到了武田军的猛烈攻击，虽然三河武士苦苦支撑，但远道而来的织田军很快便崩溃了，两名主将落荒而逃，平手泛秀当场阵亡。右翼外围的酒井忠次则被晾在一旁，只能一边战斗一边向主力靠拢。

拥有巨大优势的武田信玄又发起了第二波进攻，将先头部队撤下，以主力继续压制德川军的同时又派小分队偷袭德川军左翼后方。大雪纷飞，德川军的将士们也已经精疲力尽。等到天色渐晚，武田信玄见德川军已经开始不断收缩，便下达了总攻的命令。

德川军此时已经无力抵抗，于是开始撤退。德川家康命令大久保忠世带着他的战旗向犀崖方向移动，同时收拢残兵。但是，他们已经陷入重重包围，武田军蜂拥而至，根本找不到任何脱身的办法。此时，忽然有一支二十多人的卫队冲了过来，带队的将领正是本应留守滨松的夏目吉信。他大喊："快带主公返回城中，我们去与敌人决一死战。""我怎么能让你们为我去送死？我们共进退！"面对仍不愿撤退的德川家康，夏目吉信激动地回答："拼死作战是我们小卒的任务，主公的任务应该是承担家族的未来，不是像小卒一样！"说罢，他一把夺过家康的缰绳，调转马头，随后用长矛狠狠地刺了一下马尾。受惊的马立刻开始飞奔起来，他的侍从们也紧随其后冲出了包围；而留下殿后的夏目吉信等二十多人则很快淹没在武田军的人海中。

一路上，德川家康数次险些丧命，对方的弓箭手甚至离他只有几米，幸好天野康景及时赶到将弓箭击落，德川家康才幸免于难。为了鼓舞士气，德川家康还想出了一个特别的办法：他见高木广正带着一颗不知是哪里来的蒙面武士的头，于是便告诉他："马上把那头带回滨松，告诉众人说这是武田信玄的头。"高木广正马上照办了，他骑马来到城门口，大声喊道："敌军首领武田信玄的头颅已被高木广正斩获！""主公回来了，赶快开门！"这样，滨松城内的士气才逐渐安定下来。

夜幕降临，但危机尚未解除。鸟居元忠本想立刻关闭城门组织防御，却被德川家康阻止了："把大门打开，在城内外都点燃篝火，让我们的人都能看见，"他命令道，"如果关上大门，反而会让敌人认为我们害怕他们。"随后，德川家康径直返回了自己的宅邸，一连吃了三碗饭后，直接倒头便睡。不一会儿，房间外面的侍卫就听见了德川家康响亮的鼾声。

事情果然如德川家康所料，当武田军的两名大将山县昌景和马场信春抵达居城前，看到大门敞开，灯火通明时，他们感到迷惑不解。马场信春说："德川家康是东海道最伟大的武士，这里肯定有诈。我们务必小心。"随后，他又说道："你看这些士兵。所有人都是面向他们的对手而死的，没有一个转身逃跑。

他们都是我们不能小瞧的敌人。"

此时，大久保忠世和天野康景也在着手发动反击。他们带了十六名火枪手和一百名步兵，悄悄溜出城去，利用自己熟悉道路和地形的优势避开武田军的视线，走到了犀崖附近。在那里，武田军的侧翼正在露营。他们偷偷摸到营前，忽然开火，还故意尽可能造出巨大的声势。面对这黑夜中的突然袭击，武田军惊慌失措，有人夺路而逃，有人则直接跌下悬崖摔死了。

当然，这种"突袭"对庞大的武田军来说至多只能算是个意外。真正值得担心的是众人对德川家康的真实实力的担忧：为何这样的惨败后，德川家康还能做出反击？在随后的军务会议上，武田家众将得出结论：不应该在此地耽搁太久。攻陷滨松城不知需要花费多久，万一织田信长率兵来援，万一上杉谦信再次袭来，他们该怎么办？于是，他们决定就此撤退，明年再带着更多兵力杀回来。

战后，武田信玄派人将平手泛秀的头颅送给了织田信长，还写了一封充满愤怒的信，谴责织田信长帮助自己的敌人，并公开断绝他们之间直到现在还显得很友好的关系。他还对幕府将军足利义昭表达了不满，驳斥了之前他对双方的调停，还列举了"织田信长的五宗大罪"。在互相谩骂方面，织田信长自然不会甘居人后，很快，他炮制的"武田信玄七宗罪"就交到了足利义昭的面前。

此时，谁也没有想到的是，上天没有再给武田信玄第二次机会。

1573年1月，武田信玄再次率军入侵三河国，包围野田城。野田城主菅沼定盈虽然只有五百名守军和一座小小的城池，武田军则是拥有三万之众的庞大部队，但他依旧坚守了足足一个月之久，直到粮草耗尽他才投降。更为重要的是，武田信玄此时忽然下令撤军，随后在返回的半路上，武田信玄逝世，享年五十三岁。

对于撤军，主流的说法是武田信玄在军中病情恶化；但也有人说，武田信玄是被野田城的火枪手射成重伤的。据说，就在达成协议准备投降前，野田守军开了一次宴会，打算把最后仅有的一点粮食全部吃光，不给武田军留下任何物资。宴会上，有人吹起了笛子，笛声优美动听，连武田信玄本人都被吸引了。他心想，此时城中不应该再有人值守了，于是不知不觉间，他便走到了城墙附近。但谁也没有想到的是，一个叫鸟居三左卫门的人认出了他；他抄起火绳枪，在仔细的瞄准后，一枪击中了武田信玄。

当然，这是一个无从查证的传说。但无论如何，在武田信玄死后，织田信长和德川家康的压力顿时减轻了。武田信玄的继承者武田胜赖是一个优秀而勇敢的武士，武田家族的实力也依旧强大，但从能力上来说，武田胜赖比他的父亲要好对付得多。

第七章
松平信康的悲剧

德川家康的妻子筑山殿，像她的儿子一样，是一个嫉妒心强、刁蛮任性的人，而且做事优柔寡断。她把父亲的死怪罪于德川家康，而德川家康则对她的情绪并不在意——毕竟他并不是一夫一妻制的支持者。本来，如果筑山殿能够把握好分寸的话，很多事情是可以顺利解决的；但她是一个自我主义者，而德川家康也只把自己的妻子当作便利的工具。夫妻二人长期分居，筑山殿一直住在冈崎，而德川家康则住在滨松。

她的儿子松平信康娶了织田信长的长女德姬为妻，婚后，夫妻二人关系和睦，育有两个女儿。但是筑山殿却感到很不高兴："世家公子必须要有儿子，一国之主也不应该只有一位妻子。只有生下很多孩子，他才算是对家族尽了孝道。"为了孝顺母亲，松平信康听了她的建议，在她的帮助下，松平信康迎娶了武田胜赖一位名叫浅原昌时的家臣的女儿。这位女儿是浅原昌时与小妾所生，因受另一位妾室排挤而被赶出家门，无所事事。因此，筑山殿才得以把她介绍给松平

51

信康。

但这件事惹恼了德姬。德姬决心要报复。

那时，筑山殿经常去找一位名叫减敬的医师看病，她对这位医师非常友好，而他们的关系很快就超越了医生和病人之间的关系。但事情似乎远不止这么简单。她开始利用减敬与武田氏取得联系，请求武田胜赖攻打德川家康和织田信长并消灭他们，然后赐予她一位最得力的将领作为第二任丈夫。筑山殿没有想到的是，她的一位侍女刚巧得知了此事。她将筑山殿的十二条罪状告诉了在德姬身边做侍女的姐姐，而她的姐姐又立刻把罪状转交给了织田信长，并告诉自己的父亲说：筑山殿容不下她。至于松平信康的态度，德姬则是模棱两可。

织田信长收到信后，便直接将部分内容告知了此时正巧代表德川家康来献上马匹的酒井忠次。令人意外的是，酒井忠次表现得毫不惊讶，还说自己早就知道这些事情。[1]他抓住了这个机会，说了一些对松平信康不利的话，而不是为了救他而说谎。织田信长确定了有人对自己图谋不轨后，便立刻派酒井忠次告知德川家康：让松平元康立刻自裁。德川家康非常愤怒，责备酒井忠次为什么不救他的儿子，为什么不保护他的家族后辈。

---

[1] 据说，酒井忠次早就对松平信康有所不满。松平信康"视家臣如草芥"，还有人说酒井忠次看上了松平元康的一名侍女，在德姬的帮助下他得到了这名侍女，而松平信康根本不同意这件事，并直截了当地表达了自己的不满，这令酒井忠次十分愤怒。

但是，事已至此，德川家康绝不愿意为此而与织田信长决裂。松平信康的傅役平岩亲吉听到这一消息后十分震惊，他提出自己可以代替松平信康赴死，而德川家康则拒绝说，织田信长不可能因此而满意，如果平岩亲吉这么做了，结果也只是白白搭上自己宝贵的生命。于是，他把松平信康从冈崎的居城里调了出来，并派人看守。

随后，野中重政在远江处死了筑山殿，并埋葬在滨松的西来院。松平信康则被押送到小滨，然后又到了二俣。1579年9月，德川家康令他切腹，由服部半藏和天方道纲担任介错。死前，松平信康曾说过这样一番话：有人指控我是武田胜赖的内应，这是污蔑。等我死后，谣言就会不攻自破。

作为介错人的服部半藏不仅是德川家康的得力干将，更是松平信康的朋友。面对此情此景，服部半藏无法自持，只得让天方道纲代为执行。对此，德川家康感慨地说："哪怕是服部半藏这样的'恶鬼'也无法亲手斩下主君的头颅啊。"

年仅二十一岁的松平信康就这么死去了，此时德川家康三十七岁。对家族来说，松平信康的死到底意味着什么还有待商榷，但毋庸置疑的是，德川家失去了一位勇敢的战士。信康在十六岁时，就与父亲并肩作战，抵抗武田信玄。在从大井川撤退的过程中，他主动请缨殿后："一个年轻强壮的男人，怎么能眼睁睁地看着父亲陷入险境。"在得到父亲的同意后，他一马当先，冲在上百名骑兵的前面，勇猛地将敌人击退。与武田胜赖交战时，松平信康也表现得同样勇猛，以至于满脸通红、头发竖立，他的父亲为此给他起了个绰号"摩利支天"。

离开战场的松平信康则是一个任性、粗暴而残忍的人。一次，德姬的侍女向德姬举报松平信康与其他女子有染时，他径直冲进德姬的房间，当着妻子的面刺死了这名侍女，还撕烂了她的嘴，说道："你就是那种在夫妻间搬弄是非的畜生。"还有一次，他因为对侍女穿的衣服不满，便当场将侍女射杀。还有记载说，松平信康因为打猎一无所获，便将怒气撒在路上遇到的僧侣身上（当地传说：打猎遇到僧侣就会一无所获），把他拖在马后面活活拖死。

对于家中重臣，松平信康也常有无礼之举。有一次，榊原康政当面指出松平信康的一些不当行为，信康竟然当场拿出弓箭想要射杀他。对此，榊原康政不为所动，平静地说："若是你觉得我的规劝毫无意义，那么我甘愿赴死。但是你今日若杀了我，你的父亲必然会大怒。"听到这话，松平信康才放下了手中的弓。

信康对家臣的控制欲非常强烈，导致家臣们颇感不满。他曾公开反对织田信长牵线将他妹妹（即德川家康的长女龟姬）嫁给奥平信昌，因为奥平信昌只是个城主，配不上他的妹妹。然而，正是奥平信昌在长筬之战中的完美表现，为彻底击败武田氏创造了机会。

当然，在不打仗的时候，他也做过一些对家族有利的事。一次，德川家康宠幸了筑山殿的一名侍女，还令她怀了孕。当筑山殿发现这件事后，愤怒的她便将这名侍女扒光所有衣服，绑在城外的田野里，任她死去。幸好，本多重次发现并救下了她。本多重次知道筑山殿不会放过她，便将她带到一个偏远的村子。后来，侍女生下了这个孩子，起名为於义丸。

松平信康听闻此事后大怒，认为帮助这个孩子认祖归宗是他的责任。于是在 1577 年，他把年仅三岁的於义丸带到了德川家康面前，对他说："我想介绍一下我的弟弟。"德川家康也大吃一惊，但随后便恢复了镇定，并没有拒绝与这个孩子相认。

第八章
长筬之战

现在，德川家康再也不用有任何顾虑，可以专心对付武田胜赖了。虽然武田胜赖和他父亲一样英勇善战，但缺少他父亲的机智与谋略。德川家康曾评价他说："他是一名勇敢的指挥官，但他不善变通。他的长处只有勇敢，注定会走向失败。"其实，武田胜赖还有一个关键的不利因素：武田信玄比他优秀太多了。家臣们都是在信玄的指挥下征战四方的元老宿将，从前在信玄的杰出指挥下，他们觉得自己能战胜任何敌人；可是自信赖上台之后，他们内心中的这种必胜的信念便消失了。在他们看来，胜赖太过刚愎自用、独断专行，根本不愿意听取也不想听取他们的意见，这与信玄的行事风格相去甚远。这些以勇敢著称的甲州（甲斐国别称）武士曾哀叹道：以后能否战胜敌人就不再是问题了；我们唯一要担心的是，我们会在防守时还是进攻时丧命。

其实，武田胜赖并没有人们所批评的那么不堪。在织田—德川联军等强敌环伺的环境下坚持十年，已经是十分了不起的成就了。明治时代的史家山路爱山曾评论说："他家族的毁灭不是他的错，因为人的命运百分之九十要靠运气。当一个国家面临被征服的命运时，单凭一己之力根本无法挽回。如果当初在一向一揆中，那颗打中德川家康的子弹威力再强一点，那么德川家康就不是后世所熟知的幕府将军，而是个在与一群狂热分子的战斗中牺牲了自己的生命的蠢货了。"

也许是为了贯彻甲州武士的骄傲，武田胜赖选择了进攻。1573年，德川家康趁着武田信玄病重的机会，收复了三河国的长筱城，长筱城主菅沼正贞逃往凤来寺。此时，奥平贞能和他的儿子奥平贞昌（后来改名奥平信昌）来投靠德川家康。他们本来就是德川家康的家臣，但在武田信玄的威胁下曾被迫倒向武田氏，现在武田信玄病逝，他们终于有机会回到德川家了。为了向德川家康表示诚意，他们攻击了居城附近的武田氏军队，然后带领家人离开，还在路上击败了追击的五百余名武田家的士兵。

武田胜赖听闻此事，勃然大怒，将奥平贞昌的妻子和弟弟以及一位恰巧同为人质的女孩处以磔刑。随后，他发起进攻突袭远江，但在滨松严密的防守下，他只好改变计划，转而进攻织田信长的领地——美浓国的今村。这里是织田信长势力的边境地区，地势险峻、道路崎岖，虽然织田信长派兵进攻了武田氏的后方，但还是没能及时阻止今村投降。这样，武田胜赖就取得了第一轮交锋的胜利，他不仅收获了今村，还占据了重要据点高天神城，守城的小笠原长忠投降。

此后，德川家康任命奥平贞昌为长筱城主。这座城池位置险要，守卫着从甲斐和信浓穿过三河国和远江国通往京都的大门。对于武田胜赖来说，这里是必须要拿下的关键目标。

引发新一次攻势的导火索是大贺弥四郎的背叛。大贺弥四郎刚开始只不过是德川家康的"中间"[①]，后来凭借出色的管理才能和金融方面的天赋，他步步高升，直到成为三河国的代官，掌管冈崎和滨松两地的

①即"武家奉公人"，泛指武士手下地位较低的仆从，江户时代后指非武士身份的仆从。——译者注

税收和政务。在那里，他的地位如此重要，以至于人们这样形容：没有大贺弥四郎的帮助，太阳就无法正常升起。德川家康十分认可他的能力，并给了最适合他发挥的位置；但不幸的是，他辜负了德川家康的信任。他变得越来越狂妄，而且挥霍无度，最后竟然密谋背叛一手提拔他的主君。他给武田胜赖传信，建议他率军攻打冈崎，届时他将作为内应打开城门，放武田胜赖长驱直入，杀死城主松平信康（由此推测，他的背叛很可能也和松平信康对待家臣傲慢无礼有关）。然后，如果武田胜赖以冈崎城内的人作为人质，那么三河和远江的很多武士将会不得不归顺于他，从而迫使德川家康退出滨松。

武田胜赖对这个计划非常满意，于是亲率一万三千兵马出征冈崎。可就在他刚刚出发时，大贺弥四郎就被人告发了，他和他的妻子以及四个孩子都被德川家康迅速处死。本来，他的妻子曾劝阻过他的反叛，但这并不能保住她与孩子们的性命。

对于大贺弥四郎，德川家康采取了一种十分残酷的处决方式：他被绑在一匹马上，脸贴着马尾，身上还挂着一面写有他罪行的旗帜，在冈崎和滨松游街示众。示众结束后，他的身体被埋在城门口，只有被一块木板固定住头露出来，手指则被全部砍断，摆在他的面前。在旁边还放着一把锯子，所有过路者都可以拉动这把锯子。不过，武士们似乎并不屑于这么做，于是民众们便代劳了——过了整整七天，他才死去。

现代的读者们也许会因此感到不适，但在那时，这种严重动摇军事社会的根基的行为必须要受到一种足够残酷的惩罚，以便让所有人明白：这样的行为要承受怎样的风险。不过，大贺弥四郎并没有感到愧疚；他只是痛惜自己的计划失败。临行前，他还对自己的妻子说："你先走一步，我随后就到。"值得一提的是，他是德川家康最信任的人中唯二欺骗了自己的人。这两人都是财政专家，在当时都是十分稀缺的人才。

武田胜赖得知阴谋败露后，他觉得劳师远征不能无功而返，于是硬着头皮率军包围了长筱。长筱只有区区五百守军，但年仅二十四岁的守将奥平贞昌却信心十足：保护长筱城的河流河岸又高又陡，附近还有三座堡垒可以互相支援。此外，来自松平家族的松平亲俊和松平景忠也会来帮助他。

1575 年 5 月 8 日，围攻开始。武田军发动了几次进攻，试图在主城挖地道，并用竹筏渡河，但都被守军一一攻克。第一次战斗，武田胜赖就损失了大约800 人，却没能占到任何便宜。几天后，武田军又发动了一次总攻，但在奥平贞昌及时集中了周边的部队后，总攻再次失败，武田军损失惨重。在艰难的局面下，武田胜赖只好放弃进攻，转而包围城池，意图将守军饿死在里面。他们在陆地一侧设置栅栏，在河流上拉起缆绳，"这样就连一只蚂蚁都出不来了。"

当时，长筱城只有四五天的粮食，他们拼死向德川家康发出求救信号，但一直没有得到回应。于是，他们开始向织田信长求援。织田家的一些家臣认为，长筱陷落只是时间问题，没有必要再去援救；而家中重臣佐久间信盛却反驳说："虽然长筱迟早会陷落，但如果我们不施以援手，德川家康很可能会转而投向武田氏。那时我们就危险了。"（据《三河物语》记载，这种可能性是德川家康派来的求援使者提出的。）

织田信长采纳了这种意见，13日，他亲自率军出发，于次日抵达冈崎。

此时，长筱的形势已经危如累卵。奥平贞昌的家臣鸟居强右卫门胜商自告奋勇，要潜出城去向德川家康求援。14日深夜，他溜出野牛门，沿河顺流而下，用匕首悄悄地割断缆绳。15日太阳升起时，他按照约定在雁峰山上点亮了一盏明灯，让守军知道他已经安全通过。然后，他赶到冈崎，告诉德川家康守军有充足的装备，而且他们情绪高涨，但是城内粮草只够维持两三天。一旦粮草耗尽，奥平贞昌就只能切腹自杀来挽救他的手下了。德川家康盛赞他是忠勇之士，还将他引见给织田信长，并答应他：明天就出兵救援。

得到承诺的鸟居强右卫门立刻就返回了。他知道，必须要让大家尽快知道这一消息。于是在16日，他又在山上点起三堆火，以信号告诉守军：援军马上就到。

但武田军也发现了他的行动。他们在河堤上撒上沙子，还在缆绳上系上铃铛。结果，鸟居强右卫门被抓住了。随后，他被带到武田胜赖的面前。

面对武田胜赖，鸟居强右卫门把自己的这次行动和盘托出。武田胜赖大喜："你真是一位勇士。那么，你是否愿意将你的勇气为我所用？""求之不得。"面对鸟居强右卫门的爽快态度，武田胜赖更高兴了，完全没有怀疑其中是否有诈。随后，他向这位新加入的家臣下达了第一个任务："你去通知城内守军，告诉他们，德川家康和织田信长不会派援军来了。所以，他们最好马上投降，这样才能活命。"

鸟居强右卫门毫不犹豫地就答应了，并在武田军士兵的簇拥下来到城门前，开始喊话。但是，他喊出的内容却令武田胜赖大吃一惊：

"家康大人和信长大人的援军马上就到！三天之内，你们就会得救！"

听到这番话，守军欢声雷动；而恼羞成怒的武田军则马上把他拽了下来，绑在十字架上，当着守军的面将他处以磔刑。

这个故事在日本几乎是家喻户晓，虽然关于细节的说法很多，但鸟居强右卫门的勇气却一直被人们传颂下去。据说，在他临刑时，一位武田家的家臣也为他的勇敢所折服，派人偷偷将他临终的样子画了下来，作为自己的旗印。

61

　　现在，每个武田军的士兵都意识到：织田—德川联军正在迅速向他们逼近。武田胜赖召开了一次紧急会议，在会上，众将发生了激烈争论。曾随武田信玄出生入死的老将，马场信春、内藤昌丰、山县昌景和小山田信茂等功臣宿将纷纷要求撤退，因为敌人的兵力足足是武田家的两倍有余，难以战胜。而迹部胜资则大喊大叫起来："从新罗三郎到武田信玄，二十七代以来，甲斐源氏的武田氏首领们从未背对任何敌人。如果现在撤退，将是永远的耻辱。"他坚持认为，这次进攻已经取得了很大成果，如果撤退，前面的努力就都白费了。

　　这样的表态，正中急于向家臣们证明自己的武田胜赖的下怀。见武田胜赖似乎倾向于主战派，马场信春便提出，如果一定要打，那就尽全力迅速拿下长筱。"长筱城中不过五百人，对于火枪手来说，哪怕前两轮齐射全部命中，第三轮也必然会开始失准。我们的损失至多不过一千人。只要占领城池，我们就能腾出手来，利用坚固的城防反过来对付织田信长。这样一来，织田信长很快就会锐气尽失，并想返回居城。"

　　但武田胜赖却早已被冲昏了头脑。"你难道没听说过，织田信长一旦开战就不会撤退这样的说法吗？万一他要在长筱城下死战到底，我们也只能全力应战。既然要全力应战，那就必须要把主动权握在自己的手上。"随后，他正式宣布了自己的决定："明天，就要毕其功于一役。"马场信春和山县昌景见状，也只能服从。

在兵力上，有三万八千人的联军明显占优；但在士气和战斗力上，武田胜赖的一万五千甲州勇士却有明显优势。对此，织田信长早有准备：早在出发前，他就精选了三千名火枪手，交由佐佐成政、前田利家以及其他三位久经沙场的将领指挥。此外，他还给所有部队装备了用来做防马栅的木桩和绳子。他下令：在敌人到达防马栅之前，不准射击。敌人一旦靠近，则以千人为单位，轮番开火。

在那时，火绳枪还是一种价格高昂的武器，除了织田信长外，没有人买得起这么多的火绳枪。只有织田信长知道怎么指挥这些火枪手；也只有织田信长明白，甲州勇士最大的优势是骑兵，而火枪手恰恰能够克制掉骑兵的优势。

而在武田胜赖这边，他将自己的部队分为左中右三军，每军三千人，剩下三千人作为预备队，三千人负责修筑守卫防御工事。

决战的地点被选定为设乐原的高地上。高地连绵起伏，地势崎岖难行，这大大限制了武田骑兵。在这里，织田信长布置了大量防马栅来保护阵地，它们面对这一条水流湍急的小河，每隔四十或六十码就有一个缺口，便于反击。在防马栅的左翼，佐久间信盛率领一支部队负责诱敌；右翼则是德川家的大久保忠世，他率领三百名火枪手，负责在侧翼进攻敌人。

布阵完毕后，酒井忠次忽然想到了一个绝佳的主意，便径直前往织田信长的营帐。当时，织田信长和他的将领们正在开会。一上来，酒井忠次就直接提出：他自己率领一支部队，绕过敌人主力去攻击包围长筱城的敌人。结果，织田信长根本没有听取他的意见，反而大声斥责道："用不着这种小伎俩。"随后就把他赶了出去。可就当他垂头丧气地准备返回时，织田信长又派人偷偷将他叫了回来，对他说："这是最好的作战方案。我完全赞同你的计划，但为了不让计划泄露，我刚才必须这样做。"为了帮助酒井忠次实现计划，信长还派出五百火枪手作为支援。

21 日早上五点，战斗正式打响。山县、小笠原、迹部等人率军约两千人，扑向桥边防马栅外由大久保忠世率领的德川军。但是，陡峭的河岸和德川军的猛烈还击阻止了他们前进。双方在白刃战中陷入胶着状态。随后，武田军中路也发动了进攻，但每到一处，他们都被防马栅后面飞来的枪林弹雨击退。左翼的佐久间信盛则与马场信春交战，刚一交手，佐久间信盛便佯装不敌后撤，马场信春果然中计，不仅占据了一处高地，还继续对邻近的防马栅发起攻击。结果在枪林弹雨下，他们的进攻没能取得战果。随后，柴田胜家和羽柴秀吉率领的部队突然从绕到了武田军的侧翼和后方，对他们发起了猛攻。武田军措手不及，死伤惨重。

危急关头，武田胜赖下令出动预备队，并发出了全军突击的命令。但在三千火枪手的强大火力下，武田军的进攻仍然没有取得任何进展。此时，佐佐成政按计划发出了信号，随后联军便从从防马栅的缝隙蜂拥而出，瞬间便淹没了已经晕头转向的武田军。

酒井忠次这边也取得了重大胜利。他率领自己的三千人和织田信长增援的五百名火枪手成功迂回到敌人的背后之后，将部队分为三支分队，其中一支率先攻击中山的要塞，在突如其来的进攻下，守军迅速崩溃，慌忙逃向鸢巢山的要塞。此时，另外两支分队抓住机会，对鸢巢山的要塞发起猛攻；而在城中的奥平贞昌也抓住机会杀了出来。在他们的夹击下，武田军损失惨重，武田胜赖的叔父河窪信实战死。

下午三点，战斗正式结束，武田胜赖迎来了一场无比惨痛的失利：只有大约三千人生还，一万余人阵亡。更令武田胜赖痛心的是，包括马场信春、内藤昌丰、山县昌景等在内的许多久经沙场的宿将也都阵亡了——他们前仆后继的向防马栅发动冲锋，结果都死在了火枪手的子弹下。此战过后，武田氏几代人积攒下的精锐几乎损失殆尽。而织田—德川联军的损失也不小，足足有六千人死在战场上。

在这次战斗中，织田信长采用的现代战法和巧妙战术完全彻底地击败了武田胜赖的传统战术。火绳枪射程短、装弹慢，火枪手每次击发都要花费大量时间来填装子弹，一旦对手抓住机会猛攻，就可能冲垮火枪手的阵型。但织田信长则克服了这个缺点：他不仅设置了防马栅，还使用了"三段击"的新战术——火枪手分为三列，一列射击完毕便立刻退下装弹，由下一列继续射击。对于那时的战争来说，这简直就是机关枪和铁丝网。据押上森藏中将在1913年的文章中所写的观点，在长筱之战后的几百年间，织田信长的战法都没有经过多大的调整——武田式将领太多了，因此，可能对改进的需求不大。

对这一战，德川家康是这样评论的："织田信长和我在兵力上占优势。尽管我们前面有三层防马栅，武田胜赖偏要冲过来。所以，他战败在所难免。但是，如果他在泷川对岸驻守，只要跟我们耗上十天，我们就粮草不济，必须撤退了。然后，他顺势发动攻击，十有八九会取得胜利。可惜他是个蠢材。"

战斗结束后，德川家康盛赞了固守长筱的奥平贞昌，赐予他极其丰厚的赏金、奥平家族家主的地位，以及姊川之战后织田信长送给德川家康的名刀大般若长光。而织田信长不仅撮合他与德川家康的长女龟姬结婚，还将自己名字中的"信"字赐给他，将他的名字改为奥平信昌。

德川家康那位脾气暴躁的舅舅水野信元也在战后被杀死了。据说，他的罪名是私通武田氏，将军粮卖给武田氏的岩村城城主秋山信友——那时，岩村城已经被织田信长包围了。虽然这件事很可能是佐久间信盛的诬陷，但德川家康似乎也对此没有意见，于是派平岩亲吉杀了水野信元。

第九章
武田家族的覆灭

此后的七年间，德川家康不断蚕食武田氏的领土，但直到最终决战来临前，他都避免了与武田胜赖进行大会战。在这些战斗中，一大批优秀的青年武将成长起来，其中就包括后来德川家的支柱井伊直政。

随着武田氏的逐渐衰弱，上杉谦信和织田信长的合作也越来越难以维持。上杉谦信十分反感织田信长插手越前的事务，而幕府将军足利义昭也趁机在暗中挑拨二人的关系。1578年初春，上杉谦信调动所有兵力，似乎要与织田信长一决胜负。

当然，他的实际目标并不是强大的织田信长，而是另一边的北条氏。但就在3月9日，上杉谦信忽然中风，倒在厕所里，四日后便离世了。他的过度饮酒似乎加速了他的死亡，因为这位似乎抛弃了一切俗世欲望的加拉哈德（Galahad）[1]唯一的爱好就是饮酒。他似乎并不喜欢女人，因此在他死去时，他只有几个养子。

上杉谦信的骤然离世，对于织田信长来说无疑是个极其重要的好消息，以至于后世有阴谋论认为，是织田信长派人暗杀了他。当然，这也只是一种没有任何证据的猜测而已。在他的养子上杉景胜继位后，上杉氏一改往日的外交政策，与武田胜赖结盟，并且迎娶了武田胜赖的妹妹。武田胜赖的这一举动立刻就激怒了与上杉家交恶的北条氏，此后，北条氏开始倒向织田—德川联盟，对武田胜赖形成了夹击之势。武田胜赖是没能预测到这种局面的形成吗？对于他的真实想法，我们已经无法得知，只能从他有勇无谋的性格中做出推测。

1579年，武田胜赖率军一万六千人，企图截击德川家康。当时，德川家康已经领军进入骏河，与北条氏政达成合作。但当他以为自己即将抓到德川家康时，后者突然越过大井川回到了远江。"要是我能在骏河抓住他并消灭他就好了！"他不由得痛哭流涕，说道，"光靠织田信长是无法对我造成任何伤害的。如果我得到了三河和远江，明年春天我就能在尾张追击织田信长了。哎，太可惜了！"

第二年，德川家康开始着手彻底消灭武田氏。他

---

[1] 加拉哈德是亚瑟王伟大的圆桌骑士之一。

德川家康

的第一个目标是高天神城，因为这里离滨松实在太近，威胁巨大。此时，武田胜赖已经是有心无力，只能坐视德川家康包围高天神城。当年秋天，德川家康率军重重包围了高天神城，围着护城河设置了多层防马栅，每隔六尺就有一名士兵把守；此外，为了抵御援军，他还在武田军的必经之路上建造了一座堡垒。这次围攻一直持续到次年三月，守城将士弹尽粮绝，城池最终被攻了下来。

在这次围城期间还发生了一件逸事。当时，守军听说德川家康随军带有著名的能剧演员幸若义成，便喊话请求德川家康让他们欣赏幸若义成的表演。他们请求道：接下来的每一天都可能是他们在这世上的最后一天，因此请求德川家康大发慈悲，将这最后的款待赐给他们。对此，德川家康深受感动，便令幸若义成选一部符合氛围的作品，走到城前进行表演。而守军们则纷纷挤到一座高塔上，满怀深情地听他演唱。

表演结束后，城中走出了一名穿着红色羽织的武士，满怀敬意地送上了一份精美的信笺和刺绣作为礼物。第二天，德川家康下令发起总攻。很快，包括那名身着红色羽织的武士在内的所有人都在城中战死。

在城内的地牢中，德川军发现了一位叫大河内政局的人。七年前，他不愿背弃自己的主君而投降，于是一直被武田军关在地牢里，直到今天才重见天日。随后，德川军将已经骨瘦如柴、双腿尽断的大河内政局带到了德川家康面前，深受感动的德川家康亲手为他奉上了黄金与两把名刀，作为对他忠诚的奖赏。

有恩必偿，有仇也必报。当年那位曾对少年时的德川家康出言不逊的今川氏旧臣孕石元泰，此时刚好就在高天神城，被大久保忠世的手下活捉了。对他当初的那句"我一看到那个三河少年就觉得恶心"的话，德川家康从来都没忘记过。如今，德川家康将这句话原样奉还给他——被俘的第二天，他就被勒令切腹了。《三河物语》还记载，他是被俘者中唯一一个被要求切腹的；他切腹时，头只能朝向南方而不是西方，因为当时的人们认为朝向西方死去才能进入天堂。

与此同时，武田胜赖在韮崎西北方建了一座城池，同年年底将居城迁往此处。这与他父亲武田信玄的作风完全背道而驰，因为武田信玄认为自己的居城有条护城河就够了，完全不需要多么坚固的工事；对他来说，整个甲斐就是他的居城。

渐渐地，武田胜赖在他的国家越来越不得民心了。民众觉得他没有足够的能力来保护他们，而且刚愎自用、粗心大意，与他父亲严格公正而又坚毅的统治风格大相径庭。家臣和民众普遍都对他心怀不满，他们不仅不想抵抗联军，甚至希望开始改朝换代，有些人干脆开始为新主君的来临开始做准备。毕竟，当主君不能再担负起自己的责任时，他们必须得以自己的利益为优先。

信浓一位名叫木曾义昌的人迈出了第一步。他是著名的木曾义仲（即源义仲）的第二十二代后裔。他控制着木曾福岛城，并在武田信玄统治时成为武田家事实上的附庸，还娶了武田信玄的一个女儿。1582年初，他倒向了织田信长。听闻此事，武田胜赖调集了大约一万五千人，向木曾氏进军，但在崎岖不平的山区一无所获，最终被击退。次月，织田信长召集德川家康及北条氏，准备组织联军，彻底消灭武田氏。这支联军的领袖是信长的长子织田信忠，当他们进入武田氏的领土时，大多数守将及附庸都主动向联军请降，连武田胜赖的表哥和姐夫穴山梅雪也抛弃了武田氏——因为武田胜赖主动取消了他们儿女之间的婚约。

一些不愿意倒向织田信长的人也纷纷找借口前往他国避难。很快，武田胜赖身边就只剩下不到三千人了。他的弟弟仁科盛信此时是少有的愿意为他效力的人；在高远城，他率军向围城的联军发起猛攻，守城的士兵们也抱着必死的决心发动冲锋，甚至还有部分战士的妻子也拿起武器加入了混战。联军这边虽然一度形势危急，统帅织田信忠都要亲自拔剑上阵，但在巨大的优势下，高远城还是被攻陷了，四百守军以及他们的妻儿无一幸免。仁科盛信见大势已去，便登上了角楼的顶端，大声历数织田信长的罪孽。随后，他当着织田信忠和联军将士的面，以十字纹切腹的方式结束了自己的生命。

已经迁往新居城的武田信赖不得不再次搬家，因为新居城的防御工事还没修好，根本不足以防御联军的进攻。此时，在穴山梅雪的带领下，德川家康推进到骏府，势力已经渗透到甲斐境内。织田信长本人也于3月亲自率军出征，前往岩村城围堵武田胜赖。

此时的武田胜赖已经是孤家寡人了，没有人愿意为他解围。他们都逃到了小诸城，只留武田胜赖一人在外自谋生路。很快，武田胜赖身边的五百卫士只剩下四十个人——其余人全都逃走了。他本想投奔小山田信茂，却没想到小山田早已偷偷将被挟持为人质的母亲救出，然后将道路封锁，不许武田胜赖进来。

走投无路的武田胜赖只能带着妻子和儿子武田信胜，以及一些侍女和土屋三兄弟等仍然保持忠诚的武士拖着疲惫不堪的身躯走在崎岖的荒野中。他们明白自己大势已去，武田家的大部分成员不是投降就是被杀，此时唯一能做的，就是找一个适合最后一战的场所，然后获得一个武士应有的死法。很快，他们就被追上并包围了。在经过殊死的搏斗后，武田胜赖一家三口选择了切腹自尽，而土屋三兄弟在协助他们完成最后的仪式后，也结束了自己的生命。

一位思虑不周的统治者就这样亲手导致了一个庞大的封建家族走向覆灭。在那个时代，如果没有家臣和领主的帮忙，任何封建诸侯都不可能保得住自己的领地。相比与德川家康，武田胜赖不够精明也缺少耐心，更不懂得如何从失利中吸取教训。除了勇猛无畏，他没有继承他父亲的任何才能。

此后，武田胜赖的头颅被送到织田信长面前。织田信长审视着武田胜赖的头颅，愤怒地大喊道："你的父亲不止一次对我无礼，现在，你所得到的都是当初的报应。你父亲不是急着要上洛吗？现在我就满足你父亲的愿望：你的头颅将被送往京都，高挂在绞刑架上，让所有人看看你的下场。"随后，他又转过身来对手下说："你们看看这颗头。你们能想象到我有多高兴吗？"

而当头颅被送到德川家康面前时，他却表现的与织田信长大相径庭。他先是站起来，为它找了一个合乎身份的底座，然后放在高台上，并对着它恭恭敬敬地行了个礼。他说："真没想到你会落到这个结局。正是因为你年轻鲁莽，不听家中老臣之言才会如此吧。"此后，由于武田氏的家庙害怕织田信长报复而拒收武田胜赖的遗骨，德川家康便下令将其遗骨埋葬在菅田天神社，后来又为他专门兴建了一座名为景德院的寺庙，还特地赠送了一些田地作为寺产。

二者的态度被所有人看在眼里，也记在心上。因为就在八个月后，织田信长就将为自己的这种态度付出代价。

第十章
本能寺之变与伊贺穿越

　　战胜武田氏后，德川家康带着主动投诚的穴山梅雪前往安土城拜访织田信长。在这座织田信长为了炫耀自己的成就而兴建的绚烂豪华的巨型城池里，德川家康受到了盛情款待：他们登上了安土城的最高点，俯瞰了周围乡野的壮丽景色，然后参观了织田信长引以为傲的景观花园。此后，织田信长又邀请他观赏了能剧演出，还为他准备了许多贵重的礼物。为了表示对这位贵宾和盟友的尊重，织田信长亲自设宴招待，还任命重臣明智光秀为接待活动的主管。

　　但就在酒宴开始之前，发生了一件看起来微不足道、影响却极为深远的事情。接待主管明智光秀十分认真地准备了菜肴，只等织田信长下令便可上菜。但当织田信长前往巡视时，却闻到了一股腐臭味。他暴怒道："这种东西能用来招待家康吗？"随后立刻下令解除了明智光秀的职务，让其他家臣来代替。考虑到当时正值盛夏，而织田信长又有严重的洁癖，这件事也许并不奇怪。

德川家康在安土住了六天。之后，在织田信长重臣长谷川秀一的陪同下，他们游览了京都和堺市的名胜。在京都，他住在了大富豪茶屋四郎次郎清延的家中。茶屋四郎次郎是当时日本屈指可数的富商，他的家族本姓中岛，但在幕府将军足利义政常去那里品茶论事，总是喜欢叫他"茶屋"或"茶室"后，他们便干脆改姓茶屋了。这位富商未来还会多次帮助德川家康，并在德川家康的特许之下在海外贸易中攫取了巨额利润。据说，德川家康死前吃下的引发腹痛的菜肴也是他献上的。

1582年6月，德川家康在堺市收到织田信长的口信，邀请他去京都小住。于是，他先后让茶屋四郎次郎清延和本多忠胜给织田信长送信，随后就带着几名骨干家臣（酒井忠次、石川数正、井伊直政、榊原康政和大久保忠邻）一同前往京都。

可谁也没想到的是，他们刚刚出发，就碰到了骑着驮马，上气不接下气地赶来的茶屋四郎次郎。随后，他报告了一个令所有人都震惊的消息：

"今天早上，明智光秀造反，冲进他主公下榻的本能寺，放火焚烧，织田信长切腹自杀了。他的继承人也被包围在自己的住所。经过一场激战，也自杀了。我好不容易才逃出来，赶来报信。"

德川家康立刻屏退左右，只留下几位重臣，一起听茶屋四郎次郎讲述整件事的来龙去脉。随后，他叫来负责陪同的长谷川秀一，对他说：为织田信长报仇、打倒明智光秀是作为盟友的他义不容辞的责任。但是目前只有几十名随从，没有报仇的能力；而此时附近形势复杂，盗匪猖獗，他们根本没有返回的可能。比起葬身盗匪之手，为了报答信长公的恩情，我愿前往京都知恩院（此时京都已经被明智光秀控制），在那里为信长公切腹殉葬。

本多忠胜则与酒井忠次、石川数正一起反对说：现在唯一合理的办法是设法返回封地，然后带兵讨伐明智光秀，用他的首级来告慰织田信长。长谷川秀一此时也插话说，自己当年曾在这片地区为四处征战的织田信长做向导，如果德川家康想要返回封地，他可以带路。

于是，德川家康同意冒险一试，转而向海岸方向行进，而怀疑德川家康的穴山梅雪则选择单独行动。结果在路上，他碰到了狩猎落单武士的"落人狩"，在离宇治不远的地方葬身荒野。

长谷川秀一一面派人到大和国众十市远光那里求援，一面继续引导着德川家康在乡间小路上逃亡。在路上，本多忠胜挥舞着那把闻名天下的长枪"蜻蛉切"一边威吓一边问路，而茶屋四郎次郎则将自己随身带着的钱财都拿了出来。事实证明，两种办法都很有效。很快，他们就抵达了木津川岸边。在岸边，他们找了很久也没能找到渡船，于是本多忠胜直接挥舞起一把长戟，斩断灌木做了一艘木筏；等到成功渡河后，他又凿沉木筏，不让追兵能够利用它。

在八幡山，他们遇到了第一批强盗，靠本多忠胜无双的勇猛，他们才得以脱险。此后，出身伊贺的服部半藏又发挥了巨大作用。当年，在织田信长横扫伊贺，屠杀当地武士的时候，正是德川家康为逃难的伊贺人提供了庇护；如今，在服部半藏的引导和说服下，伊贺人主动赶来，为德川家康提供各种支援，一直护送他到白子港。在这里，角屋七郎次郎也开着船赶来，帮助德川家康顺利返回三河，而他也得到了德川家康的经营特许，成为了德川家的御用商人，并借此一跃成为一名大富商。

经过了这惊心动魄的六天后，德川家康终于平安抵达封地。随后，他立刻着手，准备出兵征讨明智光秀。可就在他刚刚抵达热田时，丰臣秀吉却忽然派人传信过来：他已经在天王山之战中击败了明智光秀，随后一举诛杀了所有乱党。德川家康只好返回。

此时，甲斐爆发了一场叛乱。本来被织田信长任命为甲斐地区代管者的河尻秀隆独断专行，引发了当地人的叛乱；而此时其他被织田信长委任管理各地的官员也纷纷放弃领地，返回京都。德川家康派本多信俊去找他，暗示说，如果他想去京都，德川家康愿意派人护卫他的安全，防止甲斐民众对他不利。可是河尻秀隆非但不领情，还认为德川家康是打算从他手里夺走甲斐的控制权。于是，他竟然杀死了本多信俊，随后试图带人逃出甲斐。结果，甲斐的武田旧臣蜂拥而至，将河尻秀隆等人一网打尽。

甲斐已经失去控制，德川家康自然不会放过这样的好机会，立刻出兵占领了甲斐。北条氏对他的扩张十分不满，于是一场争夺织田信长遗产的战斗便打响了。北条氏足有五万之众，但是装备落后，行动迟缓；德川家康虽然只有七千人，却都是经历多年征战的精兵强将。在德川氏将领们的指挥下，北条氏被耍得团团转，不得不向德川家康求和。在一番讨价还价后，北条氏直娶了德川家康的女儿督姬，还得到了上野地区；德川家康则顺利地控制了甲斐和信浓。这一联盟，显然对德川家康是有利的。

德川家康

第二部

与丰臣秀吉的争霸

第十一章
与丰臣秀吉的对抗

当时，丰臣秀吉与柴田胜家因织田信长遗产的继承权争夺而公开决裂。柴田胜家为了拉拢德川家康，特地写信恭贺德川家康扩张了自己的领地，还送上了大量厚礼；但是德川家康根本就不为所动，只是静静地注视着两方争斗的结果。最终，柴田胜家战败自杀，他所支持的织田信长三子织田信孝也随之覆灭。

也许是出于礼貌，德川家康随后就给丰臣秀吉写信，祝贺他取得了胜利，还送上了闻名天下的茶壶初花作为贺礼，后者则以名刀不动国行作为回礼。此后，为了进一步拉拢德川家康，在丰臣秀吉的运作下，德川家康被提升为正四位下左近卫权中将，第二年又被提升为从三位参议——那时，作为织田信长事实上的继承人的丰臣秀吉，也不过是从四位下参议而已。

在甲斐等地的管理方面，德川家康吸取了前人的经验，不仅派出自己信任的家臣来出任当地代官，还特别指派了一些甲斐出身的当地人作为顾问。他说，这是保持当地和平稳定的最好办法。此后，他派人重

81

新启用了一批武田旧臣，又修复了武田氏的家庙，安葬了武田胜赖的遗骨，这些举动都大大加深了当地人对德川家康的好感。

德川家康已经将自己的领地从三河一国发展到三河、远江、骏河、甲斐和信浓五国，只有丰臣秀吉的势力比他强大。不过，丰臣秀吉的起点比他更低：德川家康至少是一方诸侯，丰臣秀吉则出身低贱。在天才一般的丰臣秀吉的笼罩下，德川家康必须要足够小心，才能维持住自己的尊严和领土。于是，他开始行动了：他与尾张国的织田信长次子织田信雄结盟，将女儿督姬嫁给了北条氏直，还采取手段安抚武田氏的旧臣，让他们心甘情愿为自己效力。

丰臣秀吉也没有停下脚步。他与上杉氏和毛利氏先后结盟，而上杉氏刚好能够威胁到德川家康的甲斐北部地区。那时，丰臣秀吉最为忌惮的就是德川家康以及织田信雄，为了消除他们的威胁，丰臣秀吉再一次开启了外交攻势。

他先是向德川家康许诺，只要德川家康愿意抛弃织田信雄与他联盟（实际上等于是向他俯首称臣），他就愿意将美浓和尾张送给德川家康。但德川家康并不为所动。此后，他又暗中拉拢织田信雄的三名重要家臣，这引起了织田信雄的不满。1584 年 3 月，织田信雄公开将三位家臣处决，这标志着双方正式决裂。随后，他向德川家康求援，而德川家康也早已做好了公开与丰臣秀吉发生冲突的心理准备，立刻就应允了。

也许有人会说，德川家康一开始就该与柴田胜家结盟，只要他们联手，丰臣秀吉绝对不是他们的对手。但事实上，柴田胜家也同样拥有着野心，而他支持的织田信孝和织田信雄之间也存在着不可调和的利益之争。现在，局势就明朗多了，柴田胜家和织田信孝都死了，织田信雄能力平庸实力弱小，只能听任德川家康的摆布。而且，德川家康还需要一个"为织田信长而战"的理由。无论事情发展到何种地步，德川家康都会因对织田信长的忠诚而得到人们的认可，在与丰臣秀吉的斗争中也能获取更有利的位置——而丰臣秀吉则会落下一个"与主君之子争斗"的恶名。

德川家康也通过外交手段开始还击。他拉拢了几位身处丰臣秀吉后方的诸侯，使他们群起而攻之：佐佐成政出兵攻打加贺和越前，使丰臣秀吉的盟友丹羽氏和前田氏无法动弹；四国的长宗我部元亲从东面起兵进攻丰臣秀吉；本愿寺的僧侣还有杂贺、根来的真言宗寺庙也得到了德川家康送来的财物。丰臣秀吉则见招拆招，让上杉景胜向佐佐成政进军，并对德川军的后方造成威胁；前田氏和丹羽氏从另一侧夹击佐佐成政；中村一氏、蜂须贺家政和黑田孝高被派去对付那些僧侣；阿波的仙石秀久去拦截长宗我部元亲和他的盟友；冈山的宇喜多秀家将对付毛利氏，阻止他前进；关东的佐竹氏联合上杉氏，攻击北条氏与德川家康的联盟。伊势和伊贺的封建领主，还有丰臣秀吉的老搭档细川忠兴、稻叶一铁、蒲生氏乡和堀秀政，都站在他这边。大垣的池田恒兴和美浓金山城的森长可拱卫丰臣秀吉左右。总的来说，他的盟友人数几乎是德川方人数的三倍。

起初，池田恒兴在收到织田信雄的邀请时，有所犹豫，于是向众位家臣咨询。有人说，他们不应忘记对织田信长家族的义务，应该支持他的继承人，因为池田恒兴和森长可都曾为织田信长的父亲织田信秀效力，是织田家族的世袭封臣。但有一位家臣反对道：丰臣秀吉势头正盛，他们应该为自己的家族未来多做打算。正在他们僵持不下时，丰臣秀吉派人过来传话说：可以将尾张和美浓划给池田恒兴。然后，池田恒兴便不再犹豫了。

德川家康明白，自己的胜算并不大，织田信雄也不是什么合格的领导者。但是，德川家康拥有着久经沙场的战士们，他们都一心拥戴着正值壮年的主君，愿意抛弃一切私欲为德川家族而战。如果他真的能够取得胜利，将会有无上的荣誉等待着他。于是，他出兵清洲，与织田信雄汇合。

那时，丰臣秀吉还在近江的坂本城，因为他并不是完全信任自己的这些盟友。他给丹羽长秀写过一封长信，在信中不仅交代了军事部署，还一一点明了自己的担忧。就在他犹豫的关头，织田信雄率先发难，进攻尾张和伊势的西部。随后，织田信雄没有继续进军，而是原地固守，等着丰臣秀吉派兵攻击。

第一次重要的战斗发生在犬山城。池田恒兴本来就是犬山城的城主，对这里的地形和防御工事再熟悉不过了；愚蠢的织田信雄为了拉拢他，更将他作为人质的儿子送了回去，这让他能毫无顾忌地倒向丰臣秀吉。池田恒兴先是联合附近地区的一些势力，迅速渡过木曾川，然后在内应帮助下从无人看守的薄弱地点上岸。虽然守军拼死抵抗，但当地的民众似乎还没忘记池田家当年还算令人满意的统治；很快，犬山城就重新归到池田恒兴的统治下。

池田恒兴的女婿森长可也想扬名立万，便带着五千人去了羽黑，想把小牧攻下来。可是，他的一举一动都已经被酒井忠次看在眼里。在得到德川家康允许后，酒井忠次等人带领五千士兵连夜出发；第二天拂晓，他们追上了毫无防备的森长可，在奥平信昌、酒井忠次等人的轮番攻击下，森长可败下阵来，只能逃回大本营。这一战，森长可损失了大约三百人。

随后，榊原康政提出建议，要德川家康迅速控制小牧山。小牧山周围都是一片沼泽，站在小牧山上可以俯瞰四野；当年攻略美浓时，织田信长就曾在这里筑城。为了防御这里，榊原康政花了一周的时间，在四周修筑了战壕和阵地，还修复了附近的两处要塞。

他还发表了一篇讨伐丰臣秀吉的檄文：

羽柴秀吉（即丰臣秀吉）是居住在茅草屋里的农民的儿子。起初，他是一名步卒，后来受到织田信长的赏识。织田信长将他提升为守护，赏赐大片领地。织田信长的恩典大如天地。但是，织田信长去世以后，丰臣秀吉却忘恩负义，并密谋吞并整个国家。他已经杀死了织田信长的儿子织田信孝，现在正率军攻打织田信雄。丰臣秀吉背信弃义，天理难容。我的主公德川家康，怀着对他和织田信长多年友谊的深切敬意，对织田信雄不幸遭遇的真切同情，特与之结盟来打击这些乱臣贼子。所有那些无法忍受这些罪行，不想让祖先声名蒙羞的有识之士，请加入我们的正义之师。

在根来、杂贺的僧侣们此时也出动了，一路攻打和泉的大津，一路攻打堺市，还有一路向岸和田和黑田进军。听到这个消息，丰臣秀吉于3月21日带着两万五千人从大坂出发，打算攻打德川家康和他的主力部队。26日，他到达岐阜，从那里向鹈沼进军；27日，在通过舟桥渡过木曾川后，他进入犬山，随后赶赴二宫山。在二宫山，他俯瞰羽黑，考察四野，确定军队的驻地，而细川忠兴、丹羽长秀、蒲生氏乡、堀秀政、稻叶一铁和丰臣秀吉的外甥羽柴秀次分别带领手下已经把阵地建立起来，并挖好了战壕。此时，他的军队约有八万人。

第十二章
小牧·长久手的胜利

大战一触即发。3月15日，德川家康率军前往小牧，并加强了这里与清洲的联系，还在田乐建筑了一个强大的要塞以及大量的防御工事，以对抗久保山上的敌方阵地。

丰臣秀吉不甘示弱，也在久保山和岩崎山间建造了一个15尺高3尺厚的防御工事，延绵将近一里半，里面有几扇门，这样他就可以在考虑下一步行动时安全地守住阵地，抵御攻击；他的指挥部则位于防御工事后面的乐田城。双方都害怕重蹈长筱的覆辙，谁都不愿首先发动正面进攻。

最终，还是丰臣秀吉这边首先出招了——准确来说，是池田恒兴主动要求出击的。他提议，德川家康带来了近半的三河士兵，此时三河境内一定十分空虚，如果绕过德川主力突袭三河，德川家康就不得不撤退回援。此时，我们再派兵追击，就能大获全胜。

这是织田信长的惯用手段，他本人非常喜欢也擅长使用这一招，但他的家臣们却总是用不好。尤其是在名声显赫的柴田胜家使用过这种战术却遭遇惨败后，很多人开始怀疑该战术的合理性。此时的池田恒兴急于帮自己的女婿洗清战败的骂名，丰臣秀吉也明白他的心理，便同意了他的计划。出阵前，丰臣秀吉警告他：不要陷得太深，不要逞匹夫之勇。为了掩护他，丰臣秀吉还准备发动一次佯攻，引开德川家康的注意力。

　　两天后的午夜，池田恒兴率领的突袭部队出发了。第一路五千人由他自己率领，第二路三千人由森长可领军，第三路三千人由堀秀政挂帅，第四路九千人由羽柴秀次统领。第二天，他们在上条城附近扎营，稍作休整后，他们又前进到长久手附近，并对岩崎城发起了突然袭击。但在他们进攻前，岩崎城的守将丹羽氏重就已经发现了他们，并且立刻意识到：大本营不知道这支部队的存在，如果放他们过去，大本营就危险了。因此，他率领几百名守军拼死作战，尽全力拖住池田恒兴；他知道，只要动静足够大，消息很快就会传到德川家康那里。但是，在过于悬殊的兵力对比下，大概过了三个小时，岩崎城便被攻陷。丹羽氏重与几百名守军全部阵亡。

　　池田恒兴一开始根本没有把这座小城放在眼里，他只派了两千人参加战斗，其余的人则原地休整。这一万多人的营地绵延了近一里。他们根本没有想到，自己早已经被敌人发现了。

　　早在他们出发后的第二天下午，德川家康就已从

德川家康

88

附近的村民口中得知，有大军在柏井附近扎营。德川家康起初一度以为这是假消息，是丰臣秀吉放出来诱敌的阴谋；但在黄昏时，他派出去的斥候也证实，确实有一只庞大的部队正在行军。于是，德川家康一面派人紧盯敌人的动向，一面通知将领们做好出征准备。

通过村民和斥候，德川家康得知敌人正打算袭击三河。于是他立刻做出决定：酒井忠次等人和织田信雄的部分兵力一起固守小牧，水野忠重带 4500 人作为先锋，德川家康则与织田信雄一起带主力随后出征。他告诉水野忠重，立刻带兵前往小幡城，如果对方进攻小幡就死守不出，等德川家康的主力从后面过来夹击他们；如果对方绕过小幡，就主动出击，尽可能拖住他们。水野忠重依计而行，当夜 10 点便抵达了小幡。

在水野忠重出发后，德川家康的主力部队也出发了，一直走到胜川的龙宫寺才停下扎营。在向小幡方向发出信号后，德川家康询问了当地的地名。当他得知这里便是胜川时，十分高兴地说："'胜川'，胜利之河，这是个好兆头。明天我们一定能赢！"经过短暂的休息，他们也转向小幡，于午夜 12 点抵达。

按照计划，凌晨 2 点，大须贺康高和水野忠重带着小分队离开小幡，借夜色掩护接近了羽柴秀次部队的右翼。早上，榊原康政的部队也从稻叶方向迂回到羽柴秀次的左翼方向。此时，对形势一无所知的羽柴秀次部队还在白山林准备早餐。两支部队抓住机会，果断对毫无防备的敌人发起了突袭，羽柴秀次九千人的部队迅速陷入混乱，溃不成军，羽柴秀次只好独自逃命。

在前面的堀秀政得知羽柴秀次已经被尾随的德川军击溃的消息后，急忙调转方向，在桧山一边收拢溃兵，一边组织备战。他下令，只有当敌人进入20步范围内才可以开火，而任何击倒一名骑兵的人将得到100石的奖励。此时，立功心切的德川军早已将德川家康不得恋战的命令抛诸脑后，对阵地发起了猛攻，结果遭受了很大损失。随后，被收拢起来的败兵也重新加入战斗，迫使德川军不得不后撤。

随后德川家康的主力部队也抵达了。堀秀政远远望见了德川家康的旗印，担心自己不是德川主力的对手，便率军后撤；赶来的池田恒兴和森长可也进入战场，为堀秀政提供掩护，帮助他们后撤。上午九点，双方在长久手展开了一场会战。德川家康率领3300人担任右翼，井伊直政率领3000人担任左翼，而织田信雄则率领3000多人左右策应。池田恒兴这边的人数也差不多：他的两个儿子率四千人为右翼，森长可率3000人为左翼，池田恒兴亲率两千人策应。

战斗开始，德川军率先发动猛攻，并迅速取得了成果；池田恒兴的两个儿子虽然也对井伊直政发动了进攻，但在训练有素的火枪手的面前，他们的进攻收效甚微；森长可则忌惮面前的德川家康主力部队，没有对他们进行援助。

忽然，德川家康对森长可发起了猛攻。在混战中，井伊直政手下的一名火枪手发现了身着白色战袍、站在显眼位置大声指挥的森长可，拿起火枪便射了过去，森长可应声倒地。主将身亡，部队便迅速崩溃了。

织田信雄此时也加入战斗，不仅扫荡了已经崩溃的森长可部队，还袭击了池田恒兴的背后。在多面夹击下，池田恒兴父子的部队崩溃了，池田恒兴和他的长子死于混战中，只有次子成功脱逃。下午一点，战斗终于结束，池田恒兴部队伤亡惨重，死伤2500余人。在打扫战场完毕后，德川家康见丰臣秀吉并没有投入主力的意思，便率军返回了小幡。

其实，丰臣秀吉早在羽柴秀次遇袭时就已经将主力部队投入战场了。但是，他们刚一出发，就被留守在小牧的酒井忠次发现了。他提议，将守军兵分两路，两面夹击丰臣秀吉主力。一直主张讲和的石川数正反对道：对方人数众多，主动攻击实在太疯狂了。以勇猛闻名的本多忠胜则回应，主公有难，无论别人怎么想，他一定要为主公做点什么："如果我的主公战死沙场，我必将不惜一切代价陪在他身边。"

在本多忠胜的坚持下，石川数正和他只带了不到一千人就出发了。他们一直行军到龙泉寺，在那里，他们遇到了敌人的主力。本多忠胜说："现在，我们只有一个目的，不惜性命也要拖住丰臣秀吉。能多拖延一分钟，我们主公就多一分胜算。"于是，他将自己本就单薄的部队分为三部分，沿着庄内川铺开，向丰臣秀吉挑衅。

面对这支势单力孤的部队，丰臣秀吉马上就猜到了对方的意图。他说："对面是谁？不惜生命也要掩护自己的主公，是个难得的人才。""那就是本多平八郎忠胜，"身边的稻叶一铁答道，"姊川之战时，他的鹿角头盔和白色披风就给我军留下了深刻印象。"

丰臣秀吉立刻就回忆起了当初姊川之战时的场景。他感叹说："这个人不能死。我将来需要他和他主公那样的人来支持我。"于是他下令，全军无视本多忠胜的挑战，继续前进。本多忠胜就这么眼睁睁地看着丰臣秀吉主力从自己的面前过去了，无计可施的他只好火速赶往小幡。结果当他抵达时，德川家康安然无恙——原来丰臣秀吉只见到了德川家康的殿后部队。

见丰臣秀吉主力出动，德川家康和织田信雄连夜赶回了小牧；随后发现对方已经撤退的丰臣秀吉也撤军回到了乐田城。在路上，他的内心混杂着愤怒和钦佩，拍着双手叹道："这样的天罗地网也没能抓住他。他是个聪明人，而且很顽强。日本虽大，却再也找不到第二个这样的人了。不过，我迟早要让他在京都臣服于我。"

第十三章
被孤立的德川家康

由于双方都不愿意先进攻，战争进入了僵持状态。五月，丰臣秀吉改变策略，不再在小牧投入兵力，而是转攻织田信雄的领地。几天后，清洲西北的加贺野井城被攻陷。这是木曾川上最为坚固的一座据点。然后，他发现西北边的竹鼻城地势低洼四面环水，便挖开河岸水淹竹鼻城。经过一个月的围困，在深达一米的积水和丰臣秀吉保证全城人生命安全的前提下，竹鼻城开城投降。随后，他返回大坂。临走前，他在犬山周围布置了足够多的兵力，迫使德川家康打消了救援这两座城池的念头。

织田信雄的许多据点也被丰臣秀吉逐步攻克了。现在，丰臣秀吉已经占据了美浓、伊贺和伊势的大部分领土，这已经足够弥补小牧长久手之战中受到的损失了。此后，双方又在蟹江发生了一次战斗，虽然丰臣秀吉的突袭很奏效，但德川家康又派部队将这里抢了回来。

陷入拉锯的丰臣秀吉再次决定通过外交手段实现

自己的目的。十一月，他派人去和织田信雄讲和，目光短浅的织田信雄闻讯大喜，甚至都没来得及与德川家康商量便同意了和解。经过讨价还价，双方达成协议：丰臣秀吉须归还由他占领的伊势北部四城，并收养织田信雄的女儿为义女；织田信雄要派他的叔叔织田长益以及佐久间信荣、泷川雄利等人作为人质，并将伊贺的三城割让给丰臣秀吉；两军共同摧毁最近在伊势和尾张建造的要塞。

此时的德川家康还一无所知。他本来要动身前往清洲，却忽然见到了从清洲回来报告的酒井忠次。在听完酒井忠次汇报后，他的表情没有任何变化，只是说：这是个极好的决定，想必所有人都会为此而感到高兴。随后，他派出信使祝贺两家和谈成功。

德川家康此时已经没有了作战的理由。他奉织田信雄的名义与丰臣秀吉战斗，可是现在织田信雄已经和谈，德川家康又为谁而战呢？在织田信雄的劝告下，德川家康也同意与丰臣秀吉讲和。十二月，德川家康的儿子於义丸和石川数正一起前往大坂。在那里，於义丸被赐名羽柴秀康，并被丰臣秀吉收为养子。至此，这场战役才彻底结束。

北边的佐佐成政此时也是孤掌难鸣。他进攻末森城，却久攻不下，最终被前田利家击败。为了寻求援助，他冒着寒冬横穿日本，前往滨松拜见德川家康。可是此时德川家康早已没了出兵的理由："感谢您冒着风

德川家康

雪前来，但我与丰臣秀吉本就没有个人恩怨，织田信雄也同意和谈，我已无能为力。"在接连得到两人的回绝后，佐佐成政不得不再次冒着风雪返回家中。此后，长宗我部元亲等人也派人来游说求援，但都被德川家康一一拒绝了。在更好的机会出现之前，他不会再轻举妄动。

丰臣秀吉此时终于能够腾出手来处理那些讨厌的僧侣们了。他再一次使用了自己最喜欢的水攻战术，只用时一个月就征服了根来和杂贺。不过，他并没有像织田信长那样残忍地对待僧侣们：他烧毁了杂贺的一些寺庙，谴责了一些僧侣，却并没有大开杀戒。至于高野的真言宗寺庙，则在客僧木食应其的巧妙斡旋下，在解除武装后完好地保留了下来。然后，丰臣秀吉转向四国岛，他调集了一支庞大的舰队，从三个方向登陆四国。四国岛的长宗我部元亲虽然全力反抗，但他的家臣们反对、将士们也疲惫不堪，有些人甚至私下与丰臣秀吉取得联络。最终，长宗我部元亲投降，他的部分领土被分给了丰臣秀吉的将领们。至于佐佐成政，按照德富苏峰的说法，"就像风干的沙丁鱼那样"，瞬间就被丰臣秀吉荡平了。一开始，丰臣秀吉为了安抚织田信长的旧臣，还是保持足够的仁慈，不仅不追究他的责任，还给了他一块封地；但很快，他就借佐佐成政无力镇压当地叛乱的理由，令他切腹自尽。

随后，德川家康彻底陷入了孤立之中。他是丰臣

德川家康

秀吉最强大的敌人，他的存在令丰臣秀吉寝食难安。丰臣秀吉不仅从外交上孤立他，还试图拉拢他的家臣们，并取得了一定的成果——石川数正和真田昌幸先后离开了德川家康。

真田昌幸本是武田氏的家臣，此后先后依附于多个诸侯。他诡计多端而又野心勃勃，依附于德川家康却又不听从他的命令，这令德川家康十分恼火，于是派兵去攻打他所在的上田城。真田昌幸则迅速通过上杉氏与丰臣秀吉取得了联系，并约定向丰臣秀吉投降；而不愿同时与上杉氏和丰臣秀吉开战的德川家康只好撤退。

石川数正的背叛更令德川家康心痛。石川数正的家族世代为德川家族服务，他自幼就开始担任德川家康的侍卫，还曾冒着生命危险，把松平信康从今川氏真的手中解救出来。但是在1585年，他却忽然辞去冈崎城的职务，令人费解地带上家眷投奔丰臣秀吉。走前，他还拉拢松平近正，但对方不为所动，立刻将此事报告给了德川家康。

受石川数正的影响，小笠原贞庆也叛变了，织田信雄麾下的水野忠重也投向了丰臣秀吉。这些人的叛变正意味着当时整个帝国的一种趋势，根据德富苏峰的说法，三河武士对三河之外的世界并不关心，而石川数正则在多次出使的过程中见识到了京都等繁华地区的广阔世界。因此，早在丰臣秀吉击败柴田胜家时，

96

他就已经开始显露出对丰臣秀吉的敬佩——这也招致了他的三河"乡巴佬"同僚的厌恶。

当然，我们也可以像为犹大辩护一般，为石川数正辩护：他的背叛事实上帮助了他的主君。对于这件事，德川家康并没有过多地表露自己的想法，只是给出过如下评价："石川数正弃我而去，确为不忠，但我们万不可轻视他的军事才能。"

在小牧长久手之战后的两年里，德川家康与丰臣秀吉的关系没有什么太大的变化。不过，丰臣秀吉的势力越来越大，如果德川家康想要维持名义上臣属实际上独立的假象，他就必须想出一些对策。现在，他已经不能依赖任何西部和北部的外部援助了，因此，为了避开他所担心的包围网，他自然要考虑与北条氏达成更紧密的合作。

尽管织田信雄不止一次劝他去京都觐见丰臣秀吉（很显然，这是丰臣秀吉唆使的），但他不仅自己不去，也不派任何家臣前去。1585年，丰臣秀吉曾派人来探他的口风，但当对方威胁说"丰臣秀吉会派大军来讨伐你"时，德川家康愤怒地反驳道："难道他这么快就忘记了长久手之战了吗？"

第十四章
德川家康的臣服

　　对于丰臣秀吉来说，德川家康的领土固若金汤，冒险强攻绝非上策。因此，他采取怀柔政策，提议让他的妹妹朝日姬（又称旭姬）嫁给德川家康。此前，朝日姬已经与别人结婚了，不过我们已经无从得知她的前夫的身份。有记载说，她的丈夫是佐治日向守（真名不详），因羞愧而自杀了；也有记载说，她的丈夫叫副田吉成，因承担多伊城失陷的责任被迫与朝日姬离婚；还有人说，副田吉成是自愿离开朝日姬的，他不仅拒绝了丰臣秀吉的补偿，还放弃官位隐居乌森村。

　　无论事实如何，丰臣秀吉都派出了特使，并通过酒井忠次将此事传达给了德川家康。对此，德川家康提出了三个条件。第一，即使联姻之后有了其他子嗣，也不影响现任继承人的地位（现任继承人是七岁的长丸，也就是后来的德川秀忠）。第二，丰臣秀吉不能挟长丸为质。第三，长丸应该完完整整地继承德川家康现有的领土。也许是为了避免夜长梦多，丰臣秀吉立刻就答应了，其速度之快令德川家康也感到吃惊。

为了展现对德川家康的尊重，丰臣秀吉派出了一支庞大的送亲队伍，人数多达一百五十余人，同时有无数嫁妆和家具。本多忠胜则奉命将彩礼送到丰臣秀吉府上，得到了盛情款待和丰厚赏赐。不过，丰臣秀吉本人并没有前往三河。

德川家康的态度也很明显，一边对丰臣秀吉以礼相待，一边拉近与北条氏直的关系。毕竟，这是他仅有的外援了，必须小心对待，以免对方产生疑虑。因此，德川家康派人传话，他将前往北条氏领土上亲自拜访（对于当时的诸侯来说，亲自踏上他人的领土要么是表示臣服，要么是征服）。1586 年 3 月，德川家康前往三岛，在那里，他见到了北条家族的所有重要成员。北条氏费尽心思，各种繁文缛节轮番上阵，以示对贵客的尊重。

在互赠礼物环节，德川家康赠送了两把名刀，还有当时罕见的、来自"南蛮"（也就是欧洲）的铁制长枪。北条氏则回赠了十二只鹰，十匹宝马和两套礼服。德川家康拼尽全力讨好北条氏，让他们相信自己是他们忠诚的仆人；北条氏的傲慢则让这一切轻而易举就实现了。德川家康甚至还在宴会上跳舞助兴，虽然他自己也清楚，他的身材跳起舞来只会显得滑稽可笑；而酒井忠次也跳起了三河的"捕虾舞"，他们滑稽的动作，令在场的人都哈哈大笑起来。此时已经酩酊大醉的北条氏政得意忘形，摇晃着身子走到德川家康面前，拔剑高喊："北条氏政必胜！他都不用站起来，就能让东海岸第一勇士缴械！"

这还没完。德川家康准备回家时，请求北条氏一名家老与其同行。当他们来到位于边境的沼津城时，德川家康下令将其拆除，并当着那位家老的面拆毁了所有防御工事。德川家康向他保证，只要北条氏直还是他的女婿，那么双方之间无须戒防。对于此次外交访问，双方各取所需，皆大欢喜。

丰臣秀吉并没有忘记德川家康的威胁。他一边进攻九州，一边向德川家康示好。为了达成拉拢德川家康的目的，丰臣秀吉做出了一个令所有人惊讶的举动：让自己的母亲大政所去冈崎"看望"自己的女儿和女婿——并成为事实上的人质。丰臣秀吉身边的人立刻表达了激烈的反对，他的弟弟丰臣秀长更是批评这一举动有失体统。但是，为了实现自己的目的，丰臣秀吉认为，这样做是值得的。而且根据《太阁记》记载，丰臣秀吉还有其他计划：在合适的地方建造堡垒，将自己的手下转移到德川家康的后方，在靠近天龙川的位置逐水而居；然后，鼓动一向宗的信徒们反抗德川家康，断绝他的税收来源。这样，他就可以对德川家康实行军事和经济封锁。

德川家康也许已经对此有所耳闻，但他没有对丰臣秀吉的决定提出反对，即使他的谋臣们也提出了反对。双方的理由都是一样的：战争代价高昂且胜负难料，而国家需要和平。

他还曾向酒井忠次解释说："如果我们之间再次爆发战争，那么，你永远无法确定结果，因为意想不到的事情经常发生。既然如此，我们必须考虑到，战争持续的时间越长，人民遭受的痛苦就越大。牺牲我一个人，却能让那么多无辜的人免受痛苦和死亡。相比之下，这又算得了什么呢？为公众的利益而牺牲自己的确是一件美妙的事情。"

既然主君愿意为他人而牺牲，单纯的三河武士们又怎么好继续反对下去呢？德川家康识时务、知进退，无疑证明了他"以让步得天下"的这一说法是正确的。

作为行动的第一步，德川家康派出井伊家族、本多家族和榊原家族的一些成员先行前往大坂充当人质，顺便为他铺路。在丰臣秀吉的建议下，朝廷于1586年10月15日将德川家康提升为权中纳言。

丰臣秀吉的母亲大政所10月10日离开大坂，10月18日抵达冈崎。在那里，从滨松赶来的孝顺女婿和女儿迎接了她。很明显，德川家康和他的随从对这位老妇人知之甚少，因为生性多疑的武士本多作左卫门重次提出了非同寻常的建议："主公，你可得小心，因为京都有许多上了年纪的侍女，丰臣秀吉很可能从中选了一位来代替他的母亲。"但是，当朝日姬迫不及待地冲出轿子，伏在母亲的肩上泪流满面时，他们都放心了。而这位老妇人也热情地回应了她，在场的人无不为之动容。他们相信朝日姬是真情流露。

会面结束后，德川家康留下井伊直政、本多重次和大久保忠世镇守冈崎并照顾他的岳母，然后在本多忠胜、酒井忠次和榊原康政的陪同下出发前往大坂。16 日，他们抵达大坂并前往丰臣秀长府邸。以谨慎闻名的德川家康从不会轻易暴露自己的破绽，到达第一站吉田后，他就做了详细部署，告诉井伊直政如果丰臣秀吉口是心非他们该如何应对：一旦怀疑有人要抓他，他就会逃往东山；到了那里，别人就很难找到他。三天之内，他就会派人到滨松通报自己的危险处境，请他们派一万人马经日野和濑田赶往东山，另派一万人马直插如意岳。① 如此一来，丰臣秀吉必定会前往大坂以确保安全。此时，如果他们继续前进，应该能在他到达桂川之前切断他的去路。

丰臣秀吉行事总是出人意料。德川家康到达大坂的当晚，丰臣秀吉就乔装上门拜访了德川家康，并简洁、坦诚地告知了当前的实际形势。"你很清楚，我出身寒微，如今骤登高位，我的幕僚并不是真心地尊敬我，因为他们不久前还是和我平起平坐的同袍。所以，我希望你能在他们面前恭恭敬敬地迎接我，因为只有这样才能给他们留下深刻的印象。我自然不会亏待你。"说着，他亲切地拍了拍德川家康的后背。"我已经娶

---

① 也称如意峰，是位于日本京都东山的一座山峰。

了你的妹妹，现在又来拜访你。这些行为都是为了你好。"德川家康谨慎地答道，"你的好意，我铭记于心。请你相信我定会全心全意地支持你。"随后，他们一起坐下来，非常亲密地斟酒畅饮。

德川家康已经打定主意不再对抗丰臣秀吉了。之前他所做的顽强抵抗大有裨益，而现在他所采取的顺从态度也同样如此。他已经从丰臣秀吉那里得到了他所能得到的一切，现在他要尽他所能地帮助丰臣秀吉。但也会有保留：一旦时机成熟，他就会报仇。那天晚上，当丰臣秀长宅邸的仆人们像往常那样急促地关上雨户并乒乒乓乓地合上护窗时，他的侍卫中那些乡士机警地迅速腾起。"喂，有事发生，大家快起来！"他们喊叫道。直到有人向他们解释了这只是例行公事，他们才又放松下来。显然，防雨窗户这类设施在当时的三河地区仍属稀有。

"27 日，大人物德川家康进入了大坂城。丰臣秀吉在庭院里会见他。同时，尾张的内大臣织田信雄也来到了大坂。德川家康跟织田信雄打了招呼，却没有走上前去。织田信雄也犹豫不前，没有走过来。丰臣秀吉牵着德川家康的手，领着他去见织田信雄。在丰臣秀吉的示意下，德川家康的家臣们都进入了接待大厅。丰臣秀吉的家臣们则不得入内。"这种待遇清楚地表明，德川家康的地位在全国范围内首屈一指。"关白端坐高台之上。新庄敦贺守走上前来，代表德川家康献上了一把金漆太刀、良马十匹和黄金百锭。"按照约定，德川家康深鞠一躬，以示尊敬。"在场的大名们清楚地知道关白的母亲在德川大人府上为质，而地位如此尊崇的德川大人都要向关白行此大礼，他们终于意识到丰臣秀吉确实是帝国的主宰。于是，他们对丰臣秀吉的权威百般奉承，礼敬有加。"

丰臣秀吉也准备了许多丰厚的回礼，其中最引人注目的是一件锦缎羽织。据说那是在丰臣秀长和浅野长政建议下，德川家康主动向丰臣秀吉索要的。对于这一要求，丰臣秀吉感到十分奇怪："这是我的战袍，怎能送你？"德川家康则回答说："今后，有我站在您这边，您再也不需要出征了。"对于这个回答，丰臣秀吉非常高兴："也就是说，再也不用打仗了。"随后，他立刻脱下了羽织，交给了德川家康。

不过，德川家康并不喜欢这件羽织。在回到冈崎后，有一天天气寒冷，德川家康便吩咐下人去为他找一件羽织。有人便直接把丰臣秀吉送给他的那件羽织拿了过来。但是，德川家康却拒绝了："这件衣服的花纹非常时髦，在京都穿倒也无妨，但在家中绝对不行。这有悖于我的家庭传统。"

11月1日，德川家康从大坂前往京都。5日，他晋升为正三位品阶，而本多忠胜被任命为从五位下中务大辅，榊原康政被任命为从五位下式部大辅。11日，

德川家康

104

德川家康安全返回冈崎。第二天，丰臣秀吉的母亲结束了她的"探亲之旅"，在井伊直政的护送下返回京城。天皇还下令在丰臣秀吉的宅邸"聚乐第"附近为德川家康兴建居馆，丰臣秀长的家老藤堂高虎受命督造。后来，藤堂高虎成为德川家康最信任的顾问之一，也正是他后来建议所有大名都应奉命在江户城周围建造居馆。

大政所在冈崎的遭遇可就没有德川家康这么顺利了。一天，她的侍女忽然发现，住处周边堆放了许多木柴。吃惊的侍女们询问井伊直政这是什么意思，而井伊直政则谦恭有礼地回答说自己不知道实情。后来，侍女们才得知这是本多重次下令放的，这个乡下武士不仅从不和这些侍女说话，还大声命令士兵们要对侍女们进行严密监视。这位"鬼作左"似乎在暗示：如果他的主君有什么三长两短，他就一把火把所有人都烧死。后来，她们将此事告诉了丰臣秀吉，但丰臣秀吉只给出了一句评论：无比忠诚的三河武士确实做得出来这种事情。不过，从后来他向德川家康提出不要赐给本多重次封地以及盛赞井伊直政来看，丰臣秀吉一直没有忘记这件事。

有这种绰号的人，并不只有本多重次一个。有一首名为"杵臼"的乡野之歌，专门用来歌颂德川家康的这些家臣。歌词如下：

德川殿下有很多手下。

服部半藏号称鬼半藏。

渡边半藏号称枪之半藏。

渥美源吾号称首切源吾。

不过，"鬼作左"在治理领地也并非真如恶魔一般凶暴。德川家康曾缴获了武田氏用于生烹重犯的大铁锅，随后下令让"鬼作左"把它们分别放到骏河、甲斐和三河，可是这位"鬼作左"却直言不讳地当面斥责了德川家康："你鬼迷心窍了，居然要花这么多钱来运送这些一文不值的东西。把那位老和尚的野蛮行径都彻底丢掉吧，我们应该把它们全都砸碎，然后丢进河里。"

此后，德川家康终于可以平静地在领地内生活了，只有在一些重要的正式场合，他才需要前往京都出席，比如丰臣秀吉在聚乐第招待天皇，以及北野著名的茶会等。那时，由于德川家康对丰臣秀吉表现出足够的忠诚与顺从，因此丰臣秀吉才敢于将精力全部投入到与地处偏远的萨摩的岛津氏的战斗中去。岛津氏位置偏远，领导家族的岛津三兄弟意志坚定，他们的士兵也勇猛凶狠而训练有素，因而成了丰臣秀吉统一整个帝国的最后绊脚石。为了彻底降服他们，丰臣秀吉派出了一支极为庞大的军队——规模足足达到 20 万人。在极为悬殊的力量对比下，岛津兄弟不得不投降。相比于三河武士，萨摩武士虽然勇猛，但他们的领导人并没有德川家康那样优秀的洞察力和外交技巧，否则，他们也就不会蒙受战败的耻辱了。

1585 年 3 月，德川家康忽然身患生了重病，长了一个巨大的痈疮。在医学方面，德川家康是个讳疾忌医之人，他用了一些民间流传的办法，但徒劳无功，只是加深了他的痛苦。人们纷纷传言他命不久矣，甚至已经立下遗言；家臣们更是心急如焚。本多重次向德川家康建议，把当时有名的医生糟谷长闲找来，但讳疾忌医的他还是拒绝了。这激怒了"鬼作左"，他像往常一样大发雷霆："若您不好好接受治疗，您就会死！到现在您还没有意识到自己的生命是多么珍贵吗？好吧，我就不在这里为您送行了，我需要先走一步去为您开路。这将是您最后一次见到我！"

本多重次说完便要转身离去，德川家康连忙叫人拦住他："你为何如此激动？就算我真的死了，你自杀又有什么用？你应该做的是在我死后为后来人指路。"本多重次却依旧满脸怒气："如果我是个年轻人，也许确实没有这种必要；但我现在快六十岁了，在这么多年的南征北战中，我失去了一只眼睛、几根手指，腿也残废了。蒙您不弃，我还能在这里苟延残喘。可如果您离去了，我们就失去了精神支柱。北条氏，还有许多邻国都在觊觎您的领土；没有您的力量和智慧，我们如何应付？我这个风烛残年的老朽又如何自处？那时，我们过得可能也就比乞丐好一点！您看看那浅利昌种，当年还是武田信玄麾下的家臣，现在只能沦落到哀求本多平八郎将他接纳为随从了。您觉得我们愿意接受这种命运吗？"

德川家康终于接受了本多重次的意见，同意让糟屋长闲来为他治疗。结果在艾灸治疗下，德川家康的病情很快就好转了。见到主君转危为安，本多重次竟然喜极而泣——对于一个在战场上已经伤痕累累的勇士来说，这可不多见。

第十五章
小田原征伐

目前，还有两股势力没有降服于丰臣秀吉，即北条氏统治下的关东，以及伊达政宗统治下的陆奥。丰臣秀吉现在必须要解决他们，但这两位首领与西边的毛利辉元和岛津氏有些联系。北条氏政一表人才，但过于随和，缺乏进取精神。这样的态势在对抗武田氏和上杉氏时很有效，因为他们没有足够的时间和兵力去逐个包围北条氏坚固无比的要塞；但对丰臣秀吉来说，这根本就不是问题，因为他有充裕的时间、资金和兵力，也不用担心有什么后顾之忧。北条氏政似乎并没有意识到这种差异，更不了解丰臣秀吉的强大：他仅用八年时间就征服了帝国绝大部分的大家族。

在这种情况下，北条氏政找借口拒绝丰臣秀吉令他作为附庸国上洛的要求也就不足为奇了；连德川家康的建议也被他一并拒绝。其实，德川家康发自内心希望维护北条氏的地位，因为正如谚语所说："唇亡齿寒"。

在北条氏的主要成员中，只有韭山城主北条氏规见过丰臣秀吉。当年，正是他和德川家康一起在今川义元那里当人质。后来，他作为哥哥北条氏政的使节前往京都，向丰臣秀吉为他们家族的拖延而道歉时，再一次碰到了德川家康。那时，北条氏政已经让位退居幕后，而且身体状况不佳；更重要的是，沼田城的问题也应得到合理解决，真田昌幸应该遵守协议，将沼田城交给北条氏。

在北条氏规觐见丰臣秀吉时，他受到了极大的震撼。他看到这位关白高坐于高台之上，台下则是头戴羽冠、身着狩衣的庄严贵族，按品阶分列两旁。没有品级也没有与朝廷的特殊关系的北条氏规只能被视为一名地方军阀，被称为北条助五郎氏规，站在丰臣秀吉的家臣和其他有官职的朝臣后面。他小心翼翼地向那位关白大人打招呼，但对方只是点了点头。此前，他心目中的丰臣秀吉还是那个在织田信长的宠信下从马夫一跃成为将领的小人物；可现在，他倒觉得自己是个彻头彻尾的乡巴佬，只能窘迫地站在高雅的大人物们的面前。

当晚，按照此前的一贯作风，丰臣秀吉私下来拜访北条氏规。丰臣秀吉指出，为了北条氏规自己的利益着想，北条氏应该尽快投降。否则，就像白天他所见的那样，他将无法获得应有的地位，只能像今天一样跟在有官阶的朝臣后面。"之所以会是现在这种境遇，"丰臣秀吉说，"是因为你没有给予朝廷应有的尊重，反而在自己的封地内把自己孤立起来。"对此，北条氏规十分礼貌地回答说，自己会把关白的建议转达给他的家人，"我希望我的家人会同意，但如果他们不同意，我也将随他们一起全力对抗关白大人的军队。"他不卑不亢的态度和彬彬有礼的言谈举止令丰臣秀吉颇为满意。

但是，北条氏规没能说服北条氏政。随后，丰臣秀吉寄来一封措辞强硬的信，指责他是谋反，还警告他明智光秀和柴田胜家就是他的下场。信的结尾写道："我很快就会来惩罚你，明年我将率兵攻打你的领地，砍下北条氏直的头颅。绝不迟疑。"

但丰臣秀吉并没有彻底断绝关系。他对真田昌幸的事情进行了裁决，结果对北条氏非常有利：沼田城的三分之二让给北条氏，真田昌幸只保留三分之一，剩下的领土则由德川家康予以补充。此外，他还特别将这封信交给德川家康，由他将信送给北条氏。

　　德川家康马上将信送到了小田原城，还责备北条氏不听劝告，应该马上向丰臣秀吉道歉——虽然这可能为时已晚。可是，德川家康的建议也被北条氏政忽略了。他们认为，德川家康已经是丰臣秀吉的附庸，可是在接待德川家康时，丰臣秀吉却摆出了相当低的姿态，这说明丰臣秀吉不过是虚张声势罢了。事实证明，他们对这六年间的外界形势一无所知。

　　他们更不了解的是，在发出这封最后通牒前，丰臣秀吉就已经开始为战役做准备了。他下令，所有诸侯都要将家眷送往京都作为人质；而畿内（首都地区）及东部和北部的领主们更要接受关白的征调。德川家康封地中的征发比例是最高的，每百石就有七名男丁；北方诸国是六名，而中国地方① 是四名。

　　丰臣秀吉的计划是，德川家康、织田信雄和蒲生氏乡沿着东海道前进，上杉氏和前田氏则经东山道进军。德川家康的担子最重，但他并不感到惊讶，因为他离北条氏最近，处于最佳进攻位置。此外，他是北条氏直的岳父，只要他稍有犹豫或拖延，人们就会怀疑他存心偏袒。现在，德川家康必须全心全意地投入到这场战争中去，并承担责任最大的前锋职责。

　　按照关白大人的要求，德川家康派出井伊直政等家中重臣，将十二岁的继承人长丸送往京都聚乐第作为人质。丰臣秀吉对他体贴入微，在他元服时，将自

① 指日本本州岛西部地区——译者注。

己名字中的"秀"字赐给他，使他得名德川秀忠。

就在长丸抵达京都不久，朝日姬就过世了，时年四十八岁。她入葬东福寺，谥号南明院。由于当时正在备战，丰臣秀吉决定将葬礼暂时延后。她平静地死去了，就像她活着时一样，没有多少人谈论她的事情。虽然并没有德川家康多么悲伤难过的记载，不过，德川家康此后再也没有结婚。从某种程度上来说，朝日姬离开得正是时候，不然德川家康会陷入两难境地。此时，他需要忙的事情很多：他要为丰臣秀吉清理好道路，要修筑行宫，要修理城池从而移交给关白大人。也许正是他的努力让丰臣秀吉对他产生了信任，很快，德川秀忠便离开了京都，回到家中。

丰臣秀吉将这次征伐视为自己的一项重要功绩，就像聚乐第招待天皇、主持建造大佛等活动一样。在他启程后，还下令重修京都的三条大桥。直到今日，当时修筑的"拟宝珠"上面的铭文依旧清晰可见。

1590年2月，德川家康率军出发，15日到达骏河的吉原。他们在那里扎营等待丰臣秀吉，并为他修建了一座行宫作为临时基地。随后，他派出军队，前去攻打北条氏居城小田原外围防御的堡垒。这时，由长宗我部元亲、胁坂安治、加藤嘉明、九鬼嘉隆等人率领的舰队已经抵达小田原海岸，准备在小田原海岸设置封锁线。同时，丰臣秀吉也十分高调地离开了京都。他的穿着极为华丽，骑着马从三条大桥上走过，后面还跟随着许多衣着华丽的军官和公家。这一景象吸引了许多京都周边的民众，人们纷纷涌到道路两旁观看这位关白大人出征。德富苏峰曾评论说："现在的日本人可能会觉得这很奇怪，对这种炫耀无动于衷甚至感到厌恶；但事实上这是德川政府管制的结果。在丰臣秀吉的时代，这种情绪根本不存在。"事实确实如此，但德川家康不过是将这种风气带回到了镰仓幕府时代而已，就像维多利亚时代的粗俗一样，只是一段插曲。

丰臣秀吉沿着东海道威武地前进着。到达织田信雄和德川家康的领地后，他在主要城镇受到了双方代表的盛情款待。在骏府，特地从前线赶回的德川家康亲自迎接了他，接待完毕后，又立刻赶回军中。

对于丰臣秀吉来说，这是视察和游览东海道地区的最好机会。不过，他从未放松过警惕，随时准备应对任何可能出现的意外情况。据《三河物语》记载，石田三成曾警告丰臣秀吉不要进入骏河城，因为德川家康密谋叛变，但浅野长政和大谷吉继打消了他的疑虑。还有一个流传甚广的故事：在德川家康和织田信雄迎接他时，他忽然跳下马，手按在刀鞘上，大呼："我听说你们俩都是叛徒。那么，来吧！我随时奉陪！"织田信雄一时不知道说什么好，只得沉默不语；德川家康却从容不迫，毫无犹豫地回答说："如果真的开战，阁下的军姿非常标准，也很合适。祝您万寿无疆！"这样的回答令丰臣秀吉十分高兴，于是他又上马前进了。

还有记载称，织田信雄曾私下告诉德川家康，只要能联系上北条氏，三方夹击，就能一举除掉丰臣秀吉。井伊直政也建议说，丰臣秀吉身边不过十五名随从，刺杀轻而易举。但德川家康都拒绝了。他明白，织田信雄或北条氏政根本没有领导整个帝国的能力。而丰臣秀吉也表露出了充分的信任：他穿着平民的布衣，随身只带一把短刀，就在营地里与德川家康和织田信雄会面了。会面气氛融洽，有说有笑。很快，各种谣言便不攻自破了。

小田原城很快便被十五万大军包围了，而韭山也陷入四万大军的围攻。在韭山城，将领们想出各种办法，但久攻不下，城中的人甚至还主动出击，给攻城部队造成了不小的损失。然而，除了忍城外，所有地区最终都被攻陷，小田原城成为了孤立无援的孤岛。攻克以坚固闻名的小田原城并非易事，因此丰臣秀吉转变战略，决定进行一场持久的围城战。北条氏拥有无比坚固的城墙，但所有外援都已断绝；而丰臣秀吉则有几千艘船保证粮草，可以保证所有人的物资需求。

在小田原城，丰臣秀吉甚至还能为部下们举办野炊活动。在包围圈外，将领们都建造了自己的住宅，士兵们也种起了菜；很快，商人也来了，除了日常用品，他们还出售古玩和欧洲进口商品；旅馆和餐馆也越来越多，连妓女都来了。丰臣秀吉还把自己最爱的淀夫人接到小田原城外，并告诉将领们，他们也可以把家室带到这里。此外，他还经常召开茶会，德川家康也曾出席过。在那里，还有当时的茶道大师千利休。

也许是为了夸耀自己的强大实力，丰臣秀吉在石垣以极快的速度建设起了一座巨大的堡垒。它有石质的地基、白色的灰墙、高耸的主楼、守卫森严的城门，城内的道路上可以并排通行十至十五名骑兵。

当然，北条氏也不甘示弱，也展开了各种娱乐活动。"虽然城里有时很安静，但很快就会被笛声、琴声、围棋或象棋的咔嗒声，或是醉醺醺的舞者突然的喊叫声所打破。"

一直到六月，战事都没有太大的进展。很多人劝北条氏政投降，还为他送上礼物开导他，但每次都只能得到精美的回礼——火药和子弹。但在他们不懈的努力下，和平终于来临。主战派家老松田宪秀的长子被他的弟弟告发说他充当丰臣秀吉的内应而遭处死，这件事严重动摇了北条氏政的决心。他知道，这样的事情会越来越多。

于是，北条氏直和弟弟北条氏房开始与丰臣军商讨投降事宜。北条氏直表示，自己可以切腹自尽，换取父亲和守军的性命；但后来，条件被修改为：北条氏直可以被赦免，但北条氏政、北条氏照以及松田宪秀和大道寺政繁切腹。毫无疑问，由于督姬的关系，北条氏直得到了赦免；但是德川家康也并没有向丰臣秀吉提出过多的要求，以免因此惹人怀疑。

第十六章
入主江户

在小田原战役中，丰臣秀吉提出让德川家康掌管关东八国，德川家康同意了。这不仅意味着他要向东越过箱根山，还要放弃祖祖辈辈居住的三河以及辛苦半生打下的远江、骏河、信浓、甲斐等国，拱手让给丰臣秀吉。

看起来，丰臣秀吉的赏赐十分"慷慨"，他也希望给人留下这种印象。但事实上，这一赏赐的背后也彰显了他的深谋远虑。关东八国中只有四国是可以顺利接管的，其余四国里，里见氏在阿波，佐野氏在上野，宇都宫和那须在下野，佐竹在常陆。看起来德川家康的领土得到了扩张，实际上却没有想象的那么大。

关东地区长期以来一直是北条氏的地盘，这里已经习惯了北条氏的统治，忽然更换领主，可能会激起一些反对的声音。佐佐成政当初就遭遇到这种情况，结果丢了性命。这种环境下的新领主往往对当地形势不太熟悉，一旦出现内乱，他的实力就可能被严重削弱。然后，关白大人就可以找借口安排一些对自己有利的事情，从而进一步保护自己的利益。

《德川实纪》里也有这样的观点，毕竟丰臣秀吉的目标往往并不单纯。他可以让德川家康担任关东守护，维护他在那里的利益（就像当年足利幕府设置镰仓府一样）。丰臣秀吉让德川家康离开自己的家乡和拼尽全力夺来的领地，可以说是一种勉为其难的恩惠，或者说是明赏暗罚。但是，在遇到比自己强大的势力时，德川家康往往会选择暂时屈服，而且他会随时警惕着身边是否存在这种势力。因此，他没有提出任何反对。正如后人所说："德川家康靠不断妥协赢得了天下。"

就这样，丰臣秀吉在对德川家康进行奖赏的同时，把他丢到了箱根山后面，让他远离了东海道。值得注意的是，在德川家康为家臣分封领土时，丰臣秀吉听说德川家康要把小田原城封给大久保忠世，便立刻要求把箱根也分给他。通过这一举动，这位德川家康最信赖的家臣就要欠丰臣秀吉的一份人情。而与丰臣秀吉有过节的本多重次，不仅不会得到封地，还得立刻退休。对于这些要求，德川家康认为拒绝是不明智的。

在德川家康离开后，丰臣秀吉立刻将他的原有领地转封给自己最信任的家臣们：加藤光泰和浅野长政先后到了甲斐；丰臣秀次入驻清洲，控制东海道离京城最近的部分；堀尾吉晴被封在滨松，田中吉政封在冈崎，山内一丰封在挂川，中村一氏封在骏府，共同管理东海道干路。从此，关中通往京城的最重要关隘和道路便掌握在了他最信任的家臣的手中。毫无疑问，早在规划小田原战役时，丰臣秀吉就已经开始谋划这件事了；如今他真正完成了这一目标。

战后，丰臣秀吉开始对北方进行巡视。在见到德川家康时，他提出：江户的战略地位很重要，建议他把那里作为自己的总部；小田原则交由自己最信任的家臣管理，这样他就可以变得真正地强大和安全起来。德川家康也采纳了这个建议。毫无疑问，这座城市虽然现在很小，但他看到了未来的种种可能性；看起来他是被逼无奈，实际上则是心甘情愿，因为现在的环境对他有利。他也早已察觉到了丰臣秀吉的计划：在他的封地附近，前有织田信雄，后有伊达政宗，但这些都可以将来再慢慢处理。

德川家康的家臣们却没能理解他的打算。他们觉得，都城应该是小田原，要么就是镰仓。小田原城墙坚固、人口稠密、贸易繁盛，无论生活必需品还是奢侈品都应有尽有。而江户就差得太多了：133 年前，太田道灌曾在此处筑城，62 年前被北条氏占领，现在，那里只不过是一座比村庄大不了多少的落后小城罢了。江户城北是神田山，东面是一片在丰水期会被完全淹没的芦苇荡。远处是宽阔平坦的武藏平原，正如家喻户晓的诗句所说："月亮在草地上起起落落，远处没有山峰可以隐藏。"它的位置大致在今天的大手町、永乐町^①到有乐町范围，和平川村差不多大，只有几百户人家。那时有十五六座寺庙和两三座神社分布在这附近，对于当地人来说，这么多的数量实在是绰绰有余了，所以节假日不会出现拥挤。

1590 年 8 月 30 日，德川家康正式入驻新居城，这对这个小地方来说是件好事。关东八国的统治权在七月才交给他，可见他并没有耽搁太多时间，就迅速抵达了自己的新领地。连丰臣秀吉也对他的迅速决断感到震惊："德川大人做事的方式真是与众不同。"

在进入新居城时，有一位自称是光明寺住持源誉存应的僧侣引起了德川家康的注意。在某些史料中，这个故事经过了某种加工，人们相信在神的指导下，德川家康的马就像穆罕默德的骆驼一样，再也不愿继续前进。德川家康立刻意识到，光明寺与德川家的大树寺系出同源，于是便下了马，说要在此休息一会儿。

对于德川家康来说，大树寺不仅是德川家的家庙，那里的住持更是德川家康开悟立志的指导者。当年在桶狭间之战后，德川家康曾经一度逃难至此，甚至还想切腹自尽一死了之。当时，大树寺住持登誉天室问他："你在战场上奋勇杀敌到底是为了什么？"他回答说："光耀门第，为子孙争取荣耀，让父母之名光耀后世。"但是，登誉天室却斥责他说："为了这些就去夺取上天赐给别人的领土，和强盗有什么区别？你获得的不

---

① 东京旧行政区之一，现已废止。——译者注

过是你一人的荣耀罢了。你真正应该做的，是结束天下万民的苦难。"

在他的引导下，德川家康开悟了。随后，登誉天室送给他一面旗帜，上面写着净土宗经文："厌离秽土，欣求净土"。在他的感化下，德川家康重新振作起来，打退了追兵。此后，德川家康将这句话写在了他的马印之上。如今，他遇到了与大树寺同源的光明寺，对他们产生偏爱也就不足为奇了。

在确定精神层面的指导者后，德川家康开始在本多正信的陪同下，视察他在世俗中的居所——江户城。它由本丸（主城）、二之丸和三之丸组成，周围环绕着宽阔的护城河。屋顶是木板做的，厨房和附属建筑是用茅草盖的。这里脏乱不堪，因为在与北条氏一战后，已经很久没有人来管理这里了。屋顶还在漏雨，弄脏了屋里的坐垫。入口只有泥土的地面和从旧船上拆下的三块木板做成的台阶。也许，那些茶艺大师会非常喜欢这种天然的朴素感，而像本多正信这样的三河武士也不喜欢太奢华的环境。但再怎么说，这样的居住环境对于从二位官员来说似乎也太寒酸了。本多正信建议："我们可以暂时先不入住，先把入口建好。否则，若有大名们慕名来访，有失礼数。"但德川家康却不这么认为。他爽朗地笑着说："佐渡守①，你现在怎么能这样铺张浪费呢？我们最先应该考虑的是家臣的薪

---

① 小牧·长久手之战后，本多正信在 1586 年担任官位从五位下佐渡守。

俸问题。"所以，他们只是填上了二之丸和主城之间的护城河，并更换了一些地垫。

德川家康开始按照功绩给家臣分配封地。当时，除了大久保忠世外，丰臣秀吉还提出对其他人也多加赏赐，希望德川家康的主要封臣也会对他心存感激。于是，他问德川家康打算分给井伊直政、本多正信和榊原康政多少领地。当时德川家康打算给他们每人十万石，但他猜准了丰臣秀吉的意图，于是马上回答说，他认为六万石对他们来说足矣。丰臣秀吉立刻大声说道："这肯定太少了。你至少得给他们十万石。"于是，德川家康欣然接受了这个建议。他不仅省了钱，还让丰臣秀吉相信，他永远都会温顺、无私地为丰臣家族效劳。

经过周全的考虑，他下令：薪俸较低的家臣应授予江户附近的房屋和土地，而且他们的领地离江户城绝不能超过一天的路程，以免家臣们因差旅费而陷入经济困难。大多数人都得到了至少一个村庄的封地，如果有人得到了两个或以上，那么这些封地就会尽量安排在一起，以避免家臣在管理上出现麻烦。由于江户目前没有宅邸，德川家康便建议家臣们先在封地上建造简易的住宅，然后再去江户履职。结果，很多人只带了马匹和仆役前往江户，一路上到处寻找临时的住所，有人借宿在农家中，有些人则住在临时搭建的简易营房中。而这又为当地带来了不小的负担：许多人在离城市八到十二里的地方找不到住所。而且由于路况糟糕（一些地方甚至根本没有路），家臣们需要克服重重困难才能抵达。虽然寺庙很多，但只有德川家康以及一些家中重臣才有资格享用寺庙的供奉。

德川家康把所有封地和土地的管辖和治理权都委托给专员伊奈忠次，认命他为八国代官。本多正信立刻提出这样的安排是不明智的：以前统领五国时，可是有五名专员的。但德川家康不听任何反对意见，只要求本多正信起草一份给伊奈忠次的誓词。于是，他写下了第一条：他应该像管理自己的财产一样谨慎地管理各国。第二条：在对待下属时，他要不偏不倚。当本多正信准备起草第三条时，德川家康阻止了他："这样就够了。"

伊奈忠次用事实证明了他值得信赖，并且一直执掌着地方政府的管理，直到1615年去世。他一直被称为郡奉行或地方专员，这是他在德川家康手下最初担任的职务。早在小田原之战时，他就引起了丰臣秀吉的注意，那时他将北条氏投降后留下的十万石米巧妙而迅速地处理好，并由丰臣秀吉转交给了德川家康。在他的管理下，德川家康没有遇到任何粮草运输问题。在接手地方政务后，他更是依靠工程建设而青史留名：他修筑水坝、开凿河道、开垦土地，改善当地交通，增加财政收入。在管理治安，惩治盗匪方面，他的工作也十分有效。在他去世后，他的子孙们代代继承着他的职务，并建立了一整套地方政府系统，以至于后

德川家康

世将他的家族与彦坂家族并称为"德川时期地方政府的两大学派"。

德川家康此时还有一件重要的事要去办：选择一座合适的神社，以确保家族的长久繁荣。在榊原康政的陪同下，他开始参观这座古城，看看城内供奉哪些神灵。榊原康政说他知道北部有几处小神社，所以他们就去了那里，最终，他们在一片树林中找到了它。在那里，德川家康一眼就看到了一块刻有天神名字的石碑。他一边走向第二座小祠，一边说："太田道灌是位诗人，他当然会建一座天神的神社。"但是，当他看见刻在第二块碑上的字时，他的脸上露出了惊喜的表情，他非常恭敬地向它鞠了一躬，然后向榊原康政喊道："看这里，式部①，这真是太棒了。如果在这里我没有找到喜欢的守护神社，我本来打算从比叡山上坂本的山王神社那边把山王迎到这里。但我发现这里已经建好了。"榊原康政也表示了赞同，同时也宣称这无疑是吉兆，预示着德川家族未来的繁荣昌盛。

于是，德川家康宣布将在此建造神社。德川家康极为重视山王神社（现在称为日枝神社），直到今天，它依旧受到当地人民的尊崇。对于当时的人来说，神道教是用于管理日本的最实用的迷信，绝对有助于维持领土内的社会秩序。此后，山王祭和游行就成为江户人民欢乐嬉戏的最好机会。

---

① 榊原康政的官职为从五位下式部大辅。

在宗教领域，德川家族选定了一座官方的祈愿寺，那就是浅草的金龙山浅草寺。这里供奉着一座圣观世音菩萨塑像。不过，除去这些被选中的寺庙外，其他寺庙都不再被允许留在原地：因为土地有比宗教更重要的用途。当时寺庙占据土地的问题十分严重，尤其是在当时的一个叫作局泽川的地方，四分之一的土地都被寺庙所占据——那里有五座日莲宗、两座真言宗、一座天台宗、五座禅宗和三座其他宗派的寺庙；从这里穿过城镇到平川的路上还有四座神道教神社。

德川家康抵达江户还不足一个月时，就已经开始着手处理这些寺院了。他下令，所有的寺院都要迁离新城市的中心。虽然德川家康为这些寺院提供了免费的新地点，还有搬迁补贴，但他的雷厉风行似乎让这些热爱休闲的僧侣们迅速改变了原有的生活方式。这样的搬家还不止一次。比如神田明神神社，先是搬到了神田桥外的一个地方，然后在1604年搬到神田山，最后搬到了现在所在的地方。同理，平河天满宫也搬到了半藏门外，后来又移到了现在的位置，因此这个地区被称为平河町。山王神社当时留在了原地，但后来搬去了城内的红叶山，再后来又直接搬出城外，以方便信徒朝圣。1657年明历大火后，神社才搬到了今天的地方。

《德川实纪》中还提到，虽然丰臣秀吉推广了许多硬币，但在德川家康的促进下，硬币才得到了广泛流通。书中写道，在那时还只有体积庞大的大判和砂金。在丰臣秀吉的时代，官员们从各国收集各种各样的金属，并把它们带到京都，以便在那里交换白银。但这一过程非常麻烦，因为检验金属需要耗费大量时间。

后来，德川家康将后藤庄三郎光次带到了江户，他出身于京都的金匠世家后藤家。当时，德川家康急需对货币进行改革，后藤光次提议说，现在通行的大判币值太大，不方便人们使用。如果允许他将每块金币分成四份，然后铸成一种新品，将对国家非常有利。在得到德川家康准许后，他铸造了一种新的金币，只有大判的四分之一，名为小判。1606 年，后藤光次又建议将小判面值再次缩小到原来的四分之一，称为一分判。这种硬币很好地满足了所有人的需求，所以它们持续流通了两个多世纪。后藤光次也从此获得了权力，成为一位大富翁。

从日本的上古时代开始，人们就以刚从矿井中开采出的银作为货币。由于它没有固定的价格，在兑换时给大家造成了许多不便。1602 年 6 月，富商末吉勘兵卫利方要求由政府来固定白银的价格，这样商品的价格就能稳定下来。德川家康批准了这一提议，下令设立银座（银元造币厂），并任命末吉利方为主管，主导银币的铸造发行工作。此后，在充足的白银供应下，名为丁银和豆板银的银币得到了广泛流通，银的价格也被固定下来。

此时的德川家康十分注重通过外交拉拢其他诸侯，当其他诸侯遇到困难时，他绝不会轻易放过施舍恩惠的机会。当时，伊达政宗被卷入一桩针对丰臣秀吉的谋反事件，丰臣秀吉十分愤怒，便将伊达政宗叫到京都，把他从北方的陆奥减转封到四国的伊予。对此，伊达政宗和他的家臣们都十分不安，不知道该怎么办。为了拯救家族的命运，伊达政宗派两位家臣去求德川家康帮忙。那时正是冬季，天气十分寒冷，当他们见到德川家康时，德川家康正在躲在被子里取暖。他说："我想你们还没用早膳吧，但如果你们不嫌简便，我可以为你们提供。"当他的手下准备带他们前往其他房间用膳时，他又说："不用，他们可以和我一起在这里吃。"于是，他们便按照命令布置好了用餐处。

早膳很简单，只有些米饭和腌过的鱼。等到用膳结束，两位急着汇报结果的家臣便立刻就要告辞。此时，德川家康忽然大声说道："你们的主子越前守看起来很强大，实则是一个没有骨气和远见的蠢材！这就是他陷入困境的原因。"他继续说道，"是去四国葬身鱼腹，还是待在家里等着切腹，他应该好好研究一下。"随后，他将应对丰臣秀吉的办法，一五一十地教给了两位家臣，让他们转告给伊达政宗。

不久，丰臣秀吉的使臣来了，可当他到达时，却发现伊达政宗的住所被家臣团团包围：他们全副武装，手持各种大小的剑、弓和矛。而伊达政宗不仅没有带任何武器，还泪流满面地亲自把他带到一座高台上，解释道："如果关白想砍我的头，他随时可以来取。对于他愿意怜悯我，赏赐给我另外一块封地这件事，我更是感激涕零。但如您所见，我的家臣们是些桀骜不驯、任性妄为的乡下人。他们对帝国的法律一无所知，强烈反对离开他们世代居住的故土，到一个陌生的地方去。他们一直宣称，宁可死去也不愿受侮辱。我曾尝试过许多方法去说服他们，但他们冥顽不灵，完全听不进去。现在他们还用这种姿态来迎接关白的使臣，实在有失体统。可是您看，我一受到指责他们就再也听不进我的劝告了，您看我该怎么办呢？"

这些使臣似乎意识到了问题的严重性，急忙回去向丰臣秀吉汇报。德川家康碰巧在丰臣秀吉身边，他趁机建议说："如果仅仅是伊达政宗的问题，我尚可亲自去解决他。但他手下大约有一千人，他们顽固不化，会不惜一切代价进行抵抗，然后他们的地盘上还会有更多的人群起响应。他们下决心不会离开自己的故乡，也不会将它拱手让人。您可以按您的方式让他们下不来台，也可以宽宏大量地对他们网开一面。也许那样效果会更好。"

最终，丰臣秀吉接受了德川家康的建议，赦免了伊达政宗。此后，伊达政宗对德川家康一直都十分支持。

第十七章
朝鲜之役和丰臣秀吉之死

　　1592 年 12 月，丰臣秀吉宣布远征朝鲜，并任命小西行长和加藤清正为先锋。丰臣秀吉命令他们于次年三月开拔，其余 27 万名士兵将在各路将领的指挥下，按计划从佐贺的名护屋基地出发。在他们出发的同时，丰臣秀吉也从大坂出发，在 4 月抵达名护屋。为了接待他，名护屋从一年前开始就一直紧张地忙碌着，他的住处被布置得富丽堂皇。

　　在进攻朝鲜前，丰臣秀吉宣布将关白位置让给外甥丰臣秀次，并让他作为自己的继承人，自己则退位并自称"太阁"。德川家康、前田利家、宇喜多秀家、毛利辉元和小早川隆景（死后由上杉景胜代替）被任命为辅政大臣（即"五大老"）。

　　德川家康被任命为东部各国所有大名的最高统帅。所以，在他出征期间，他让儿子德川秀忠担任监国，留守江户，并由榊原康政、酒井重忠、本多康重、松平康亲和三宅康贞辅政。同时，他命另一个儿子结成秀康率领上杉氏、伊达氏、佐竹氏、南部氏各军与自己同行，总计约一万五千人。他用伊豆森林的木材建造了许多战船，高力清长被任命为造船专员。一到名护屋基地，他就立即被丰臣秀吉召见，与前田利家、蒲生氏乡、浅野长政等人一起参加军事会议。

在军事会议上，丰臣秀吉宣布，他将亲自率军越过海峡，征服朝鲜。他还说，自己非常放心让德川家康留守日本。但没过多久，天皇就亲自写信，要求丰臣秀吉不要离开，而他的母亲、淀夫人还有年幼的孩子也纷纷要求他留下，因此，他最终还是没有登船。

不过，丰臣秀吉的幻想很快就受到了打击，水陆两军都遭遇了大败，不得不与明朝特使展开了谈判。在这段时间里，丰吉秀吉忙着进行文艺活动，他的日程充斥着各种能剧、游览和茶道等娱乐。他会在瓜园里举行庆典，会去高野山参观纪念他母亲的誓愿寺，会去吉野看樱花，还会去拜访其他大领主。他的这些活动花销巨大，但是各地领主必须默默接受。

丰臣秀吉特别喜欢能剧，每隔三四天就有一次演出。他还以吉野花见、高野之行，以及打倒明智光秀、柴田胜家、北条氏政等为主题创作了新作品。他让金春八郎写好这些剧本，自己则与前田利家、德川家康、织田信雄等领主在其中扮演相关角色。

他多次拜访德川家康，为了表示欢迎，德川家康不得不拿出大量珍贵的礼物，德川秀忠等人以及家臣们也都得按照个人的薪俸赠送礼物。虽然德川家康非常讨厌这种奢侈的花销，但忍耐是他的强项，他期待有一天也能榨干别人的钱财。和大多数领主相比，他也负担得起。

　　大约就在这个时候，丰臣秀吉在名护屋的瓜园里举行了著名的化装游园会。当时，他自己打扮成一位瓜农，穿着黄褐色的长袍，戴着黑色的头巾和宽大的斗笠，在他请来的嘉宾中穿梭叫卖。其他贵族也都身着奇装异服：德川家康是卖芦苇的农民，前田利家是化缘的和尚，结城秀康是卖腌瓜的商贩，前田玄以是尼姑，等等。德川家康和所有其他人一样，习惯了太阁的突发奇想，而且时不时还得参与其中。

　　德川家康协助太阁在名护屋尽心招待了明朝使臣，同时，他命令远在关东的家臣为太阁在建的战舰准备了大量铁板。不久之后，丰臣秀吉回到大坂，德川家康和前田利家随行，此后他们再也没有回到九州。那一年的最后几个月都是在娱乐活动中度过的，通常是丰臣秀吉极其喜欢的茶会。德川家康也参加甚至举办了一些茶会，虽然他也像其他人一样知道如何利用茶会来达到政治目的，也了解过一些上好的茶罐和茶碗的价值，但他不像有些人那样热衷于此。在他的一生中，他只花了很少的钱就获得了一些非常有名的茶具。

　　在丰臣秀赖出世后，丰臣秀吉觉得，自己是时候把大坂城交给他了。在此之前，丰臣秀吉所有的儿子

德川家康

130

都夭折了，因此淀夫人所生的丰臣秀赖便成了他的唯一希望。于是，他决定修筑伏见城作为自己的新居城，然后将大坂让给丰臣秀赖。

按照惯例，大名们必须提供建筑材料和劳动力，德川家康自然也要为此献出自己的力量。他以高昂的成本从富士附近的领土上运送木材，从伊豆运送石头；为了不让自己领土上的百姓过度劳累，他便出资从周边的近江雇佣了大量劳工。在德川家康和各位大名的努力之下，不到一年，伏见城就完工了。

此前被定为继承人的丰臣秀次则迎来了悲惨的结局。1591 年，鹤松夭折，那时已经五十三岁的丰臣秀吉认为自己不可能再有孩子了，于是收养了丰臣秀次作为自己的养子，并让他继承关白之位。但丰臣秀赖的出世让这位太阁开始后悔——若想让丰臣秀赖继位，那么丰臣秀次便是最大的绊脚石。①1593 年底，丰臣秀次被指控谋反，试图与诸大名建立反对自己的联合政府；同时他还被指责嗜杀成性、不守孝道。最终，他被流放到高野山，并被勒令切腹。

德川家康似乎早就预料到此事，于是返回了江户，同时让德川秀忠和大久保忠邻留在京都。他确定很快就会有事发生，所以他建议德川秀忠他们一旦出现任何问题，务必站在太阁这边；同时，他还主动帮助一些接受了丰臣秀次借款的人，保证他们能偿还借款，

① 也有人说，石田三成的挑拨加重了他的情绪，因为石田三成想要讨好淀夫人。

确保自己不被牵连。当丰臣秀次派人来请德川秀忠到聚乐第去找他时，家仆说德川秀忠不在家——此时，德川秀忠已经秘密前往伏见城，去向丰臣秀吉报告。

在丰臣秀次切腹后，他的妻妾子女总共三十人也都被处死了，这一决定引起了人们的不满。后来，德川家康来到京都时，丰臣秀吉说本来打算商量之后再做决定，但事情紧急，只好出此下策。德川家康回答说："您的处理不妥。关白有错，流放就可以了，为何要杀死他的全家人？您的所作所为太严苛了，您已经上了年纪，丰臣秀赖却还是个幼儿，丰臣秀长早已去世。假如关白没有死，万一出现任何不幸，帝国也不会出什么大的动乱。"丰臣秀吉沉默不语。此时丰臣秀长也已去世，丰臣家族的未来完全取决于这个婴儿了。一旦丰臣秀吉有事，德川家康将怎么对待这个婴儿呢？

1596年，明朝使者抵达伏见城，但带来的结果令丰臣秀吉大感失望。他中断了谈判，宣称自己受到了欺骗和侮辱，于是决定再次出兵朝鲜。次年，他的养子小早川秀秋率军渡海。这一次，德川家康也没有参加战斗，而是继续忙于太阁和其他人的娱乐活动。就这样，又一年过去了。

可就在醍醐寺赏花会后，丰臣秀吉病倒了。这一次，他一病不起，于1598年9月18日逝世。《三河后风土记》将丰臣秀吉的死描述得相当生动：

　　庆长三年（1598 年）五月初五，所有朝廷和军事贵族都到伏见宫朝拜丰臣秀吉后，他突然病倒了。……与此同时，朝廷和军界的名流都来打听他的情况，他们及其家臣将伏见城附近挤得水泄不通，连立锥之地都没有了……

　　因此，天下人、太政大臣、前任从一品关白丰臣秀吉的状态每况愈下。直到八月，他显然撑不了多久了。八月十八，他把奉行石田三成、长束正家、增田长盛、大谷吉继和浅野长政等人叫到自己身边，对他们说："我恐怕撑不过今天了。如果我死了，本该将我的神灵供奉五天。但出于某些原因，我认为最好尽可能地隐瞒我的死亡。关于丰臣秀赖继位的事，你们不要忘了。"随后，未能等到月亮升起，他就抱憾离世了。他在计划和执行方面是古今第一人，他的军威直抵神选者（应该是指朝鲜）和大明王朝的疆域。然而，当他阳寿已尽时，却无人陪他共赴黄泉。独生独死，这就是生命的全部，哎！毋庸赘述，他的正室以及淀殿、三条殿、松之丸殿等早已经同意跟他来世莲花台上再相逢，但她们也记住了这条普世法则：生即是死，聚即是散。因此，虽然她们可能宣称会与他同去，但实际上，她们能做的就是跟其他侍女一样，放声悲歌。同时，他的下属们正在尽力、认真地完成他的遗愿。于是，当天夜里，他们把他的尸首装殓好了，悄悄地带出城去埋在东边的山上。

第三部

德川幕府的建立

第十八章
大战前夜

当丰臣秀吉知道自己命不久矣时，他最担心的事就是如何保护他儿子丰臣秀赖的未来。丰臣秀赖刚满三岁时，就被任命为关白，由五名丰臣秀吉指定的辅政大臣（五大老）辅政，直到关白成年为止。这五大老是：德川家康、宇喜多秀家（丰臣秀吉的犹子①）、前田利家、毛利辉元和上杉景胜。据说，丰臣秀吉曾要求德川家康成为唯一的摄政，并根据丰臣秀赖的品行决定他是否适合继位，但被德川家康拒绝了。如果这件事是真的，那么也只是丰臣秀吉的一种试探罢了。五奉行则依旧是增田长盛、石田三成、前田玄以、浅野长政和长束正家。此外，丰臣秀吉还增设了三中老（或者说调停者），分别是四国高松城的生驹亲正、骏河的中村一氏、鸟取的堀尾吉晴。如果五大老和五奉行两派之间发生摩擦，由三中老负责调停，确保一切顺利。

有趣的是，葡萄牙人认为最好的理事会应该由石

---

① 犹子是日本明治维新前存在的一种社会风俗，即自己与其他人的儿子结为父子关系。犹子与养子一样有继承权，但不必改姓。——译者注

田三成、前田玄以、小西行长和黑田如水等人组成。但丰臣秀吉死后，这些领导人之间一直被抑制的敌意开始显露出来了。

不久，德川家康就给了其他辅政大臣抱怨的口实，因为他给自己的子女安排了几次政治婚姻。对德川家康来说，这种方法能有效地分裂诸大名并看清他们的立场，因此在他的安排下，他的第六个儿子松平忠辉娶了伊达政宗的女儿，他的外甥松平康元的女儿嫁给了福岛正则的养子福岛正之，他的孙女（小笠原秀政养女）嫁给了蜂须贺家政的长子蜂须贺至镇，他的叔父水野忠重的女儿嫁给了加藤清正。

这种行为一直是丰臣秀吉所严令禁止的，因为这会造成大名之间的结党营私。很快，石田三成便向前田利家提出抗议，并将此事交给五大老共同商议。在会议上，德川家康承认了这些安排不合程序，但也提出这不过是一件小事，根本不用上升到对丰臣秀赖不忠的地步。而且，五奉行也有应该采取行动却无动于衷的事情。

当时，有不少军队集结在京都和伏见城，但在三中老之一的堀尾吉晴斡旋下，事情还是平息下去。在德川家康长久以来的努力下，很多大名都支持德川家康；比如之前在德川家康的援助下得以洗清参与秀次谋反的嫌疑的细川忠兴，就出面在德川家康和前田利家之间进行斡旋。而因围棋事件 ① 与石田三成结仇的黑田长政也与他一起参与斡旋。他们对前田利家的儿子前田利长说："你父亲和德川家康都是当世豪杰，互相制衡。但石田三成却想要打败德川家康。如果此事成真，你父亲就会孤身一人，但他年老体衰，时日无多。你还年轻，很快就会难以为继。德川家康是现今最优秀的领袖，这片土地上足智多谋和实力雄厚的人都支持他，所以，想要战胜他无异于螳臂当车。石田三成试图蒙蔽前田利家，必将弄巧成拙。"前田利长很快便意识到了其中的利害关系，通过他的说服，前田利家也选择不和德川家康决裂。

其余几位辅政大臣则坚持要求德川家康辞职，但德川家康选择不予理会，这令他们的关系开始紧张起来。那时，德川家康住在伏见城，负责监护丰臣秀赖的前田利家则与少主一同住在大坂。老辣的黑田如水一眼就看穿了德川家康的计划，于是建议德川家康应该搬入内城，并设置一支护卫部队。石田三成也开始着手联系上杉景胜，准备攻击德川家康。

1599 年 4 月 27 日，前田利家病逝。临终前，石田三成前往大坂城去看望他，此时加藤清正等七人认为这是铲除他的好机会。不过，石田三成提前得知了他们的计划，便在他们出手之前男扮女装逃出大坂；

① 石田三成是驻朝军队的监察长。在执行任务的过程中，他去拜访黑田长政，但后者直到下完围棋才见他。这种做法激怒了石田三成，他向丰臣秀吉报告说，黑田长政沉迷围棋而不顾战事，使得黑田长政遭到了丰臣秀吉的斥责。黑田长政一直怀恨在心。

而他的避难地点，竟是伏见城的德川家康宅邸。也许他那时已经无处可去了，而通情达理的德川家康正是少数能保证他平安无事的人。事实也如他所想，在德川家康的保护下，石田三成躲过了追杀，还在结城秀康的保护下到了佐和山城。

对于这件事，有些后世的史学家觉得不可思议。他们认为：德川家康当时上了石田三成的当，不知道石田三成在密谋对付他。事实上，这种推断并不可信：德川家康是个多疑且精于算计的人，而本多正信和黑田如水也曾建议说给石田三成更多机会，让他犯下更多的错。他们都认为，石田三成是最合适的对手，完全可以利用他对丰臣家族展现的忠诚，反过来宣称他别有用心——毕竟丰臣秀赖此时不过七岁。

随后，德川家康提出了一个意义重大的建议：从朝鲜回来的人，应该回到自己的领地休息。在他的建议下，前田利长、毛利辉元、黑田如水、宇喜多秀家以及上杉景胜立即返回了各自的封国。当然，这只是表面上的态度，每个人都在私下筹划着自己的利益。

前田利家逝世前，他的妻子为他做了一件写满经文的寿衣，因为前田利家过着充斥着杀戮的生活，杀了很多人，造了很多孽。他笑了笑，回答说："我出于乱世，在全国各地打仗，但我只杀那些想杀我的人，我没有无缘无故伤害任何人。因此，我没有做任何可能会下地狱的事，如果牛头马面来抓我，我的家族里有许多勇敢的家臣已经先行去世，届时，他们会来保护我，向魔鬼们展示自己的实力，在黄泉路上证明他们的勇敢。

"我不在乎来世，我担心的是我这一生留下了什么。丰臣秀赖还小，但他的父亲已经去世，德川家康和我是他的主要支持者。他称我们为'江户爷爷'和'加贺爷爷'。当我去世时，我担心他的利益会受到损害。如果我能再活五年或七年，他就长大了，足以接管帝国了，但没有人能左右生死。哎，我不知道会不会有人支持他。"后来，也许是不甘心没有像武士一般战死沙场，久卧病床的前田利家忽然抓起一把短剑，自杀身亡。

他死后，他的家臣在细川忠兴影响下投靠了德川家康，前田利长则站在了德川家康的对立面。后来，有传言说前田利长要攻打德川家康（很可能是石田三成放出的谣言），德川家康便决定先下手为强。最后，在斡旋下，前田利长的母亲和细川忠兴的儿子都前往江户为质，才让危机得到化解。此时，其他辅政大臣又开始抗议德川家康私自结党的行为，但德川家康依旧不予理睬。

也正是在这段时期内，荷兰籍帆船"博爱号"的领航员威廉·亚当斯（三浦按针）第一次被带到德川家康面前。1598 年，鹿特丹一家公司派出由五艘船组成的舰队前往日本从事探险及贸易。6 月 27 日，船队正式启航，包括五艘船：旗舰"希望"号，由队长贾克斯·玛虎（Jacques Mahu）担任舰队司令、威廉·亚当斯担任领航少校；"博爱"号，由副队长西蒙·德·科德斯（Simon de Cordes）担任船长；"信任"号，由格里特·范·博伊宁根（Gerrit van Beuningen）担任船长；"忠诚"号，由巴尔塔萨·德·科德斯（Balthasar de Cordes）担任船长；"福音"号，由瑟博德·德·韦尔特（Sebald de Weert）担任船长。除了威廉·亚当斯外，舰队中还有其他英国人，但都在途中遇难了。第一个抵达日本的荷兰人迪尔克·格里茨佐恩·庞波（Dirk Geritszoon Pomp）也在船队中，不过他是在 1585 年才从澳门乘坐葡萄牙船只"圣克鲁斯"号（Santa Cruz）抵达日本的。

此前，欧洲与东方的贸易都是葡萄牙人和西班牙人垄断的，他们从东方带来货物，荷兰人则是他们在欧洲的经销商。后来，荷兰人成功驱逐了西班牙侵略者，获得了独立，并一跃成为一流的海上强国；但由于西班牙和葡萄牙国王腓力二世禁止他们与里斯本进行贸易，他们不得不自己开展各种航海冒险，从而参与到东西贸易的过程中来。也恰好是在这一年，伊丽莎白一世下令将汉萨同盟赶出伦敦市场，而俄国的伊凡雷帝也用自己的方式招待了他们，并对开设阿尔汉格尔港的英国人表示欢迎。从这一年开始，荷兰人和英国人一起打破了葡萄牙人、西班牙人和德国人在地球两边的贸易垄断。

在出发时，船队还有数百名船员，全副武装；但在长期航行后，信任号无法再忍受长期航行的痛苦而返回了鹿特丹，其余三艘船要么沉没，要么被俘，只有博爱号带着躲过各种灾难的各位船员成功抵达了日本，成为第一条通过太平洋航线抵达日本的船只。

1600 年 4 月 9 日，博爱号驶入丰后的一个港口，此时船上只有 24 名幸存者，包括继任船长雅各布·扬茨·夸克内克（Jacob Jansz Quaeckernaeck，简称夸克），扬·约斯滕·洛登斯滕（Jan Joosten Lodensteyn），梅尔奇尔·范·桑特沃特（Melchier van Santvoort），科克斯的"桑福德先生"（Mr. Sandford），扬·阿贝尔森·范·奥德瓦特（Jan Abelson van Oudewater）等人。

在博爱号上，不仅有 18 门火炮（迪尔克格里茨佐恩说有 26 门炮），还有五百支火绳枪、五千发铸铁炮弹、三百发链弹、五十公担（一公担相当于一百磅）火药和三百五十支火箭。船尾有一座伊拉斯谟的木制雕像（这艘船最初的名字就是"伊拉斯谟"号）。至于威廉·亚当斯，作为第一个抵达日本的英国人，有很多关于他的文字记录，里面将他描写为一个典型的伊丽莎白时代的水手；但大部分资料（甚至可能是全部）

都没有提到过，他还指挥过一艘叫"理查德·达菲尔德"（Richard Duffield）的物资运输船，参加过对抗西班牙无敌舰队的作战。这段经历不可避免地影响了他对西班牙人、葡萄牙人，以及对他们的贸易和宗教的看法。

在经历了漫长而痛苦的航行后，这艘船不仅为德川家康带来了广受欢迎的英国枪支和弹药，还带来了一位精明强干、见多识广、忠诚可靠的欧洲事务顾问。在他们抵达日本后，德川家康"根据本国法律"没收了这艘船和上面的武器，并扣留了船员。此时，葡萄牙人迅速求见了德川家康，说他们是一群海盗和异教徒，应该全部处死；但是，开放的德川家康根本不可能如他们所愿——他只会考虑他们可能会有哪些用处。

在威廉·亚当斯与"这片土地上伟大的国王"的交谈中，他发现德川家康是个高瞻远瞩的人，还说德川家康听到他们经由麦哲伦海峡航行时，感到非常惊讶，听得饶有兴致。当德川家康问道："你的国家当时正处于战争之中吗？"威廉·亚当斯回答说："除了与西班牙和葡萄牙的战事外，一切太平。"随后德川家康又问道："你的宗教信仰是什么？"威廉·亚当斯则做出了一个安全而老练的回答：自己相信"开天辟地者"。

交谈结束后，德川家康下令，要将他们妥善安排好，然后将"博爱号"停到浦贺去。随后，德川家康也前往浦贺，虽然他一路上不紧不慢，但却在亚当斯等人之前到达。

德川家康向东行军是因为他收到消息：上杉景胜正忙着修建神指城，以代替不利于防守的若松城。为了实现这个目的，上杉景胜雇佣了八万人，日夜不停地在这个地方和周围的七个战略要地赶工，还整修了许多军用道路。为此，五大老中官位最高的德川家康要求他到京城来说明情况。但是，上杉景胜并没有顺从他，反而找了很多借口让自己待在原地。上杉景胜的首席参事直江兼续则写了很多信，大意是说：上杉景胜一两年前从蒲生氏乡手中接管自己的封地会津，他觉得有必要加以修缮，所以才做了这些准备工作。当然，这些准备工作没有针对任何特定的人。他说，大家必须记住，这是乡下武士收集武器的方式，就像京城的人收集茶具一样。

德川家康派特使藤田信吉劝说上杉景胜去见他，但直江兼续认为藤田信吉是密探，建议上杉景胜处死他。听到风声的藤田信吉连忙逃走，并迅速向德川家康父子禀报了此事（可以预见的是，他在禀报中自然不会对上杉景胜的意图做什么正面评价）。

此时，上杉景胜的邻居、越后藩主堀秀治也与他起了冲突，二人因为一块由堀秀治割让给上杉景胜的领地的征税权而发生了矛盾。堀秀治愤而向德川家康提出抗议，还说如果不约束上杉景胜，这片地区的和平就不可能得到保证。但是，德川家康发出的多次要

德川家康

求上洛解释情况的照会都被拒绝了，直江兼续更是发出了一封著名的挑衅信"直江状"，对所有要求一一表示拒绝。

德川家康被彻底激怒了，他下令向东进攻，以武力解决这些顽固分子。不过，直到这时，他还是希望能够通过和平方式就解决所有问题——只要和平对他有利的话。而上杉景胜也得到了石田三成的消息，他鼓励上杉景胜说：我和反对德川家康的朋友们达成了一些协议，我们将一起行动起来支持你。但他们没有想到的是，德川家康早已秘密派遣黑田长政、细川忠兴和伊达政宗对他们的计划做好了准备。在万全的准备下，德川家康慢慢悠悠地朝江户走去，像往常一样带鹰出猎，并欣赏沿途的风景。

他7月24日离开大坂，8月10日才抵达江户，在短暂停留后，他前往常陆的小山，那里是德川秀忠指挥对上杉景胜战事的基地。在举行军事会议时，大坂传来消息：石田三成举兵讨伐德川家康，大坂已经被完全控制，很多将士家属被扣为人质。面对惊慌失措的将士们，德川家康主动提出：他们可以自由离去，加入石田三成的西军。但是，没有一个人在此时背叛德川家康：他们承诺，将坚定不移地一直支持他。

会议上，大家一致决定：西部是最重要的战场。因此，德川家康号召同盟者伊达政宗、最上义光、佐竹义宣和前田利长从四面攻击上杉景胜。但是，佐竹义宣没有响应，而是倒向了石田三成；前田利长则受到周边的攻击，无力响应德川家康。不过光是伊达政宗和最上义光就已经足够让上杉景胜分身乏术了。这不仅打破了石田三成联合上杉景胜的计划，也解放了德川家康，让他能够趁机亲自带主力部队西进。

此时，德川家康手握两条通往京都的主干道的控制权，因此他还可以迅速调动一支机动部队，去控制主干道沿途的阵地控制权。这支部队兵分两路，同时涌向清州城，一路由福岛正则率领，有一万六千人；另一路则由池田辉政率领，有一万八千人。

清洲城近几年来一直是福岛正则的领地，福岛正则外出后，城池就交由大崎长行守卫。对于双方来说，清洲都是最重要的战略据点，无论哪一方得到了它，都能趁势控制东海道和中山道两条主干道（在清洲，这两条道路相距不过二十里）。

石田三成此时已经到了离清洲不远的大垣，他不断派人说服（或者说恐吓）大崎长行将清洲交给他。但这位勇士顶住了压力，还派人向主君求援。结果，还没等西军发起进攻，福岛正则就抢先一步冲进了清洲城里。后来，德川家康对此评论说，此战能够获得胜利，很大程度上要归功于大崎长行的忠诚。

随后，福岛正则和池田辉政向着岐阜发起了进攻，这里的守将是织田信长的嫡孙织田秀信。本来，二人商定要一起进攻，但池田辉政提早发动了攻势，而这险些令两军发生内讧（福岛正则一度要找池田辉政决斗）。后来，两人总算讲和，福岛正则正面攻城，池田辉政则进攻后方。经过一番激烈的战斗，他们迅速拿下了岐阜，织田秀信被俘。在短暂停留后，他们继续前进，9月30日，他们已经占领赤坂，并在此驻扎下来等待德川家康的主力部队。

留守伏见城的老臣鸟居元忠也尽了自己最后的一份力量。早在离开大坂之前，鸟居元忠就已预见到伏见城会遇到的困难，因此在德川家康拜访这位老朋友时，鸟居元忠十分坚决地表示，自己将坚守此城到最后一刻。在鸟居元忠的劝说下，德川家康虽然极为不舍，但还是离开了。

虽然伏见城足够坚固，但他们的兵力并不多。而且，就在战前，被德川家康留在伏见城、负责守卫松丸的木下胜俊也擅自离开了伏见，前往京都投向丰臣秀吉的妻子北政所那里（他是北政所的外甥）。还有记载说，岛津义弘和小早川秀秋（木下胜俊的异母弟）也曾表示愿意帮助鸟居元忠，但鸟居元忠不信任他们，只愿相信留守的三河武士们。结果，两人只好倒向西军。

8月27日，攻城开始。此后，守军坚守了10天，直到石田三成亲自赶来。在随后的战斗中，伏见周围在火箭等各种兵器的围攻下燃起了大火，城墙也出现破损，最终，城门也被打开了。鸟居元忠阵亡，其余守军也大多战死或自杀。但是，他们足足拖住了西军近两周的时间，还给西军造成了巨大损失，使西军的前进速度被严重拖后。可以说这一战具有无可估量的价值。

第十九章
关原之战

在占据大坂时，石田三成将许多将领的家人作为人质一并控制起来。细川忠兴那性情刚烈的基督徒妻子伽罗奢（Gracia）选择反抗到底：在她的命令下，家臣小笠原少斋先是隔着房门杀死了她（基督徒不允许自杀，而擅自进入女主人的房间也有违武士之道），然后放火烧掉了房子并率其他人一起自杀了。这件事让石田三成感到震惊，为了避免其他将领的家眷也这样做，他放松了对人质的管控，只在宅邸周围设置警卫。结果，黑田长政等人的家眷得以借机逃走。

细川忠兴的父亲、著名诗人和学者细川幽斋也发挥了巨大作用。当时，他已经六十七岁，负责守卫丹后的田边城，手头只有五百士兵，而进攻田边城的西军则有足足一万五千人。但谁也没想到的是，他的文学才华帮他守住了城池：攻城的军官们有些是他的学生，

149

有些则对这位老诗人极为敬重。在这种情感下，他们的进攻显得漫不经心，甚至不少人在开火前都心不在焉地忘了把炮弹放进炮筒里。几周下来，城池几乎毫发无损。后来，细川幽斋直接给天皇的弟弟智仁亲王写信，表示自己手中有数卷极为珍贵的古籍，为了不让它们受损，请尽快派前田玄以过来接收并上呈天皇；而天皇也非常担心这位著名学者有任何闪失，于是直接派出多位高官前往两军军中讲和。最终，在经历了两个月的围城后，细川幽斋在天皇敕命下放弃了城池，但此时离最终决战只有两天——因此，这一万五千人最终没能参加关原之战。

除了田边城前的一万五千人之外，还有一万五千人因受到京都附近大津城主京极高次的抵抗而没有到达主战场。这是九州的立花宗茂率领的一支部队，他奉命在前往尾张跟石田三成会合的途中攻占大津。的确，他只花了两天时间就完成了任务，但他仍然来不及参加九月十五日的战斗。有趣的是，这次攻城为京城的人们带来了有趣的体验。他们带着茶壶和午餐盒，成群结队地涌向对面山上的三井寺，在那里坐下来，夜以继日地将这场攻城战看完。他们认为这场战争至少和一场火灾一样有趣，而且比火灾持久得多。

西军之所以会多次出现拖延的情况，一定程度上是因为部分领导人怀疑盟友的诚意，使得情报系统受到了破坏。因此，当他们听说德川家康已于10月20

德川家康

150

日抵达赤坂时，都非常惊讶。他们本希望上杉景胜和佐竹义宣把德川家康拦在东边，当希望落空时，他们的战意也随之受到了打击。

西军的总帅毛利辉元似乎也没有多大热情。他之所以担任西军总帅，是受到了安国寺惠琼的影响，他带领的部队行进的颇为缓慢消极。此时，他们忽然得知，德川家康决定要绕过大垣，直取佐和山城，然后突袭大坂。对此感到担忧的石田三成决定将部队撤往关原。

当晚，石田三成率领大军开赴关原，并尽可能隐藏自己的行踪。德川家康曾向黑田长政派来的家臣毛屋武久打听这支部队的人数，而毛屋武久则回答说，自己看到的大概只有两三万人。德川家康好奇地问道："怎么只有这么少？他们都说对方有十万大军。"毛屋武久则回答说："整个军队也许有十万，但真正的敌人确实只有这么多。毛利辉元和小早川秀秋事实上都是站在我们这边的。"德川家康十分高兴，于是拿出一盒"馒头"送给他作为奖赏。

不过东军这边德川秀忠的部队也没能赶上关原之战。当时，他率领约三万八千人沿中山道出发。途中，他没有绕过真田昌幸镇守的上田城，而是停下来，想攻克它以后再迅速与父亲会合。真田昌幸非常清楚德川秀忠的意图，于是坚守了足够长的时间来拖住德川秀忠；结果，德川秀忠直到关原之战结束才抵达。对此，德川家康非常愤怒，一度拒绝接见德川秀忠。直到本多正纯出面调解，德川家康的怒火才得以平息。在见到德川秀忠时，已经消了气的德川家康说："也许只是信使弄错了日子罢了。但你要记住，打仗就像下棋一样。如果你得到了关键的棋子，那么，无论你的对手开局如何，或者他有什么棋子，都没有什么用处。只要我们赢了这场战争，像真田昌幸这样的小人物拥有什么城池都无所谓，因为他们一听说战争的结果，就会把城池拱手让给我们。难道你的手下没人跟你说过类似的话吗？"当德川家康得知户田一西曾提出反对意见时，便立刻把户田一西叫来，对他说："因为你的地位不高，所以你的建议没有被采纳。我将提升你的地位，以便你将来的建议会被采纳。"不久之后，在本多正纯的建议下，他被任命为膳所新城的守护，领三万石，而他以前只有三千石。

20日，杭濑川发生了一场激烈的交战。岛左近和蒲生赖乡在安排好埋伏后，便派少部分兵力渡河，向东军发出挑衅。中村一荣的部队果然中计，于是率兵出击，而岛左近的部队见计策成功便立刻佯装不敌，将东军引到了河对岸。在对岸，两支伏兵迅速截断了东军的后路，并将其包围，虽然东军作战勇猛，但在不利情形下，他们损失惨重。随后，有马丰氏率领东军来援，不过西军的明石全登部队也来了。东军形势愈发不利，此时早就在远处山上观战的德川家康便派本多忠胜过来传令全军撤退。

当时，德川家康正在吃晚饭，他便令人把营房门帘卷起来，和几位将领边吃饭边观战。他看得十分专注，以至于米饭掉到了地上也全然不觉。他称赞了中村一氏的指挥，但也指出渡河追击是一个错误。

第二天（1600 年 10 月 21 日）一大早，西军就在关原两条道路的路口摆好了阵势。他们打算封锁东军前进的道路，然后从侧翼和后方进攻东军。很快，东军也抵达了战场。

八点左右，战斗打响了。井伊直政和福岛正则率先扑向了宇喜多秀家，双方你来我往，但都没能取得优势；西军这边的岛左近也发动了进攻，但在敌人的火枪射击下负伤，不得不撤退。

此时，小早川秀秋一直在战场旁按兵不动。他本来已经答应做东军的内应，但在大谷吉继对宇喜多秀家伸出援手后，他开始犹豫了。石田三成给他发信号要他加入战斗，他没有回应；大谷吉继等人要他救援，他也没有行动。德川家康见他并没有像说好的那样倒戈，也开始焦躁起来，甚至开始用力咬手指（德川家康每到紧要关头便会如此）。为了催促小早川秀秋，德川家康命令一些火枪手向他开火，看他作何反应。

随着枪声响起，小早川秀秋终于意识到事态紧急，开始了自己的行动，倒戈攻击大谷吉继。大谷吉继对此早已有所防备，附近的部队也连忙赶来救援，逼得小早川秀秋不得不后退；但他没有想到，本来是用来

德川家康

防备小早川秀秋的胁坂安治和小川佑忠等人也一起倒戈了。在三面围攻下，大谷吉继等人的部队先后崩溃了，已经无力挽回局势的大谷吉继选择切腹自尽。

消息迅速传遍了整个西军，各部队纷纷陷入混乱。小西行长的部队开始溃散；宇喜多秀家发誓要找叛徒小早川秀秋决一死战，但在部下们的劝说下，他也率军撤退；只有岛津义弘还在继续战斗。当他的大部分手下都阵亡，且他的外甥岛津丰久也阵亡时，岛津义弘率领剩下的八十多人杀出了一条血路。尽管井伊直政紧追不舍，渴望斩下岛津义弘的人头，但岛津义弘的手下柏木源藤一枪击中了井伊直政的左臂，逼退了他。最终，他们在大坂附近的港口征用了船只，返回了萨摩老家。

石田三成和小西行长也逃到了山里。至于那些南宫山上的毛利辉元部队，虽然长束正家和安国寺惠琼希望他们尽快参战（他们已经能够清楚地听见不远处的激战声），但早已和德川家康达成秘密协议的吉川广家则想办法拖住了毛利辉元等人。因此，南宫山的军队根本没有出动。后来，在从岛津义弘手下的溃兵口中得知西军已经战败后，他们便各自返回了自己的领地。这支近三万人的庞大部队与岛津义弘形成了鲜明对比：岛津义弘兵力虽少却勇猛凶悍，毛利辉元则犹豫不决且行动迟缓。

那么，如果小早川秀秋没有临阵倒戈，西军有没有可能获胜呢？德富苏峰认为不可能。在他看来，西军战败有以下几个原因。首先，他们没有像德川家康那样真正的统帅，因此军队没有足够的凝聚力，而且他们的士气受到了严重的影响。虽然有些部队和岛津义弘一样没有受到太多影响，但由于缺乏指挥，他们再怎么英勇善战也会因缺乏配合而无法扩大战果。其次，德川家康这个名字对一部分西军将领能够起到震慑作用，而石田三成则引起了东军的憎恨，令他们同仇敌忾。可以说，作为西军的主要人物，石田三成实际上给西军带来了双重不利因素：一方面，他的军事指挥才能不足；另一方面，他比西军中任何其他人都更能引起东军的愤怒和蔑视。这些人对石田三成所作所为的憎恨，所产生的报复心理远超过了他们对丰臣秀赖的忠诚；而西军这边却没有多少人会对德川家康产生如此强烈的反感，这对东军获胜起到了增效作用。他们能在这些不利因素下进行四个小时的殊死搏斗，还挫败东军多次进攻，已经实属不易。

　　下午两点，德川家康见大局已定，便摘下了头巾，戴上白色的头盔，并紧紧系好，随时整装待发——更确切地说，已经为"检视首级"仪式做好了准备。他的行为后来被总结为一句日本谚语："胜利之时不忘系紧头盔。"

　　首先，德川家康把黑田长政叫来，在众将的注视下对他表示赞赏。"今天的胜利，完全归功于您的忠诚和谨慎。为了感谢您的贡献，我承诺：只要德川家族尚存，黑田家族的利益就永远不会受到损害。"他递给黑田长政一把吉光打造的短刀，并亲手插进黑田长政的腰带。

黑田长政走后，进来的是本多忠胜和福岛正则。德川家康重点表扬了他们对军队的有效指挥。接下来是德川家康的四男松平忠吉及其岳父井伊直政，他们都受了伤。当谈到战友的优点时，井伊直政说："虎父无犬子。""那是你驯养得好。"德川家康善解人意地回应井伊直政的赞美。然后，他从随身的医药包里取出一块绷带，亲自为井伊直政包扎伤口。他的下属提议按照风俗唱响胜利之歌，但德川家康不同意，他提议等攻入大坂并解救了人质之后再唱也不迟。他的这一贴心举动赢得了各级将士的拥戴。不久，小早川秀秋走过来跪在德川家康面前，对他未能在伏见围城战中施以援手表示惭愧，并请求担任攻打佐和山城的先锋。德川家康从床几上站起来，热情地欢迎他，对他当时的英勇表现颇为赞赏，并欣然同意他领兵攻打佐和山。

第二天，德川军向佐和山城进发。小早川秀秋、朽木元纲、胁坂安治、小川佑忠率部分美浓士兵从陆上攻打佐和山城，而田中吉政和宫部长熙则领兵攻打水门，总兵力约有一万五千人，由井伊直政统领。只过了一天，佐和山城便陷落了。德川家康同意：只要指挥官石田三成的哥哥石田正澄自杀，那么守城军都可以免死。不过，有很多顽固分子拒绝投降，他们放火烧毁了主城，石田正澄和其他石田氏的亲族（包括石田三成的妻子）也宁死不降。随后，大火吞噬了整座城池和他们的遗体。在城中，德川军找不到任何留下的钱财。也许，这正是石田三成践行自己格言的结果："主公赏赐多少，家臣就应该花销多少。如果他不这样做，他就是盗贼。如果他过度花销而负债累累，他就是蠢材。"

石田三成则逃到关原西北方伊吹山附近的村落，打算从那里去往大坂，再逃到萨摩。他打算到了萨摩之后，再在岛津义弘的帮助下重建军队、东山再起。但是，他一连三天吃的都是谷壳，而且风餐露宿，后来更得了痢疾。不久，衣衫褴褛的他就被抓了，随即转交给了德川家康的将领们。小西行长在他之前就被抓了。当时，有人建议他可以自杀，但他拒绝了，因为他是基督徒。安国寺惠琼则被一名浪人发现了藏身之处，这名浪人一直对他怀恨在心，因为安国寺惠琼曾褫夺了他前任主公的封地。安国寺惠琼本来打算乘轿子逃往东寺，但后来陷入了包围。他的两名随从本打算杀死他，以保护他的名誉，但他似乎并没打算自杀。因此，他只是受了轻伤，而且被活着带到了德川指挥部。德川家康赐予浪人十锭黄金，浪人坚决拒收，说他纯粹只是为了报仇，并未想过从中牟利。德川家康非常

德川家康

高兴，但还是坚决地将黄金赐给了他，而这名浪人则将黄金分给了附近的村民。

长束正家和安国寺惠琼一样，并没有参加很多战斗，因为他主要负责粮草。西军战败后，他就逃回了沟口城。德川家康派人前往沟口城，勒令他立即自裁。他知道别无选择，所以自杀了。他过得十分节俭，因此死后留下了大量金银财宝。

石田三成被押送到德川家康的营地后，有人给他上了药，还取来了合身的衣服，让他稍微舒服一些。此时，本多正纯前来看望他。互道寒暄之后，本多正纯说道："丰臣秀赖还小，如果您能尽力让大老和奉行达成停战协议，从而防止帝国陷入混乱，那将功德无量。但您却无端挑起这样一场叛乱，孤注一掷，结果却输了。这似乎并非明智之举。我想知道您为什么会选择这条路呢？"

"像您这样的二次封臣，"石田三成反驳道，"不太可能会关心帝国的稳定。您就像一只看不见大海的井底之蛙；策划这样一件事，并把它付诸实践，对您来说相当困难。无论如何，宇喜多秀家、上杉胜景、毛利辉元，还有前田玄以、增田长盛、平塚为广都不可能对这一切坐视不理。我可以马上告诉您，这一切都是我的责任，与他人无关。所以您可以告诉德川家康把我的头砍下来，而宽宥其他人，因为他们只负责执行而已。他们竭尽所能，只不过有些人背叛了我们，

158

还有些人没能及时赶来，所以我们失败了。如果没有这些原因，如果他们能精诚团结，输的就会是你们。现在，我们战败了，沦为阶下囚，您当然可以指责我们、嘲笑我们。但是，即使出了叛徒，宇喜多秀家、大谷吉继、岛津义弘和我仍坚守阵地，毫不动摇地战斗到底，没有让我们的失败变成溃败。所以，无论我们受到怎样的差辱，我们都问心无愧。"

本多正纯也毫不示弱："您真是能说会道。但是，一位明君必须知人善任、洞悉人性。如果他对将士们的想法一无所知就冒然开战，那他当然容易遭到背叛。众所周知，只有部下忠诚才能获得胜利。虽然宇喜多秀家、平塚为广和您自己可能如您所说，从尾张出兵，要么战，要么死，但最后所有人都撤退了，大谷吉继留在战场上等死，您成了俘虏。这也是您的计划吗？"

石田三成笑了。"的确，主君遭到下属背叛是无可原谅的罪过。但是，您把其他人撤退留大谷吉继等死这事，归罪于宇喜多秀家和我，则未免有点狭隘了。如您所知，他多年来一直身患残疾，他死得越早遭受的痛苦就越少。我们逃走，是为了改日再战。当田中吉政的家臣来到我的藏身之处时，刺死他然后自杀，对我来说轻而易举。但我想，如果有必要的话，最好是让敌人来杀死我。同时，我应该能听到自己或者别人的英雄事迹。这样，当我在阴间见到太阁时，我可以给他讲这些有趣的故事。关于冥府的事，我就只能说这么多了。"此后,石田三成再也不说一句话了。

后来,石田三成、小西行长以及安国寺惠琼,被贴上"帝国和平破坏者"的标签,在大坂和堺市游街示众。随后,他们在六条河原被斩首,头颅被挂在三条河源示众。

在临刑前,石田三成感到口渴,于是向卫兵要水喝;卫兵也没有水,于是给了他一个干柿子。但是,石田三成却拒绝了,理由是它会生痰。卫兵冷冷地说:"马上要被斩首的人还要担心生痰?"石田三成却慷慨地回答:"胸怀大志的人,直到被斩首的那一刻前,都会珍惜自己的生命。"

对于挑衅德川家康,从而点燃了战火的直江兼续,本多正信曾建议严惩,但德川家康却认为不应该过于严苛。他解释说:"直江兼续无疑是罪魁祸首之一。不仅他,还有毛利辉元和岛津义弘的谋士们,都有这个问题,因为他们都在石田三成的唆使下怂恿自己的主君参与叛乱。但是,如果我惩罚直江兼续,其他人就会人人自危,然后逃回封地。到时候我们还会遇到新的麻烦。"

第二十章
黑田如水与九州的野心

　　黑田长政在关原立下大功时，他的父亲黑田如水（教名西蒙尼）也在召集反对石田三成的人。他调动了所有的社会阶层，包括浪人、老人、隐士、商人、农民和工匠。由于当地所有的壮年武士都被长政带到了关原，在听到黑田如水的号召后，他们纷纷响应，以至于有些没有盔甲的人只穿着纸做的羽织、没有头盔的人只带着破旧的竹斗笠就跑来参军了。他们拿起了自己能找到的任何废弃的旧装备，骑上瘦骨嶙峋的马，尽可能地表现出自己的勇气。很快，黑田如水便召集到了三千六百人。

　　黑田如水十分清楚，面对不同的人要用不同的沟通方式。面对老年人，他会说阅历是最重要的事，并祝贺他们过去筑就的功业；面对年轻人，他会说他们精力充沛、精神可嘉。骑兵将会得到三百枚银币，步兵则会得到一贯永乐通宝，而黑田如水会亲自将这份奖励发放到每个人手中。有手下提醒他说，有人为了多领钱，已经来过不止一次了，应该对他们进行标记；

但黑田如水则回答说，我已经注意到了，但现在不是进行这种令人反感的调查的时候。

当黑田如水宣布将在初九出发时，他的两位家老母里太兵卫和井上九郎右卫门说，这天不吉利，并且说最好等到德川家康动身往西行军再出发。但这一建议被黑田如水否决了，他说，他不希望被人看作是在坐观成败。至于吉利与否，他们完全可以等到自己的幸运日再出发，到时能够追上他就行。于是，这些家老只好同意与他一同出发了，还说他们主要考虑的是他的安全，还随时准备好为他而死。

首先，黑田如水乘船前往杵筑，这里是细川忠兴封地中的一片飞地。此前，石田三成建议将丰后分给细川忠兴，还说这是已故太阁的遗愿。他的打算是，通过将领地分开，分散和削弱细川家的实力——那时控制丹后的细川忠兴和德川家康有着十分密切的关系，而这对大坂和佐和山城又是个威胁。德川家康看穿了这个阴谋，但并没有提出明确反对，而是顺水推舟地同意了石田三成的意见。他对细川忠兴的父亲细川幽斋说："石田三成正用这种方式分散您的封地，想把您的封地移到西边，从而削弱您的势力。但在九州，我只有一个支持者，那就是黑田如水。现在您的新封地紧挨着他的封地，所以您务必派几名得力干将去镇守，这样在需要的时候，你们就能联合起来发挥作用。"细川家也接受了他的建议，派松井康之和有吉立行掌管杵筑。

关原之战爆发后，松井康之和有吉立行想回援细川幽斋，并把城池交给黑田如水代管。所以，他们到名岛找到黑田如水，让他找船带他们绕过下关和山阴海岸，绕过敌人的大片领地。然而，黑田如水此时也没有闲置的船只了，而他们派去找船的人也一无所获，他们不得不返回杵筑。黑田如水告诉他们，如果有敌来犯，他们坚守不出即可，自己会在三天内派兵救援；随后，他还送给松井康之三门大炮和一些大号火绳枪。

此时，加藤清正的妻子也刚从大坂逃出来，黑田如水赠送给她一些衣物，送她回到了加藤清正的熊本城；他还把从黑田长政那里听说的东军已经攻陷岐阜城的消息也转达给了加藤清正。这令加藤清正改变想法，不再固守城池，转而主动出击。

然后，黑田如水占据了高久、臼杵、佐伯和小仓等据点，并进入了邻近的筑前国；日向的伊东祐庆在他鼓动下占领了重镇宫崎城；而得到德川家康将肥后、筑后两国赐给他的承诺的加藤清正则进攻小西行长的宇土城，很快便迫使对方投降了。随后，黑田如水与加藤清正一起围攻立花宗茂的柳川城。

佐贺领主锅岛直茂的儿子锅岛胜茂此时也加入了他们。此前，锅岛直茂打算支持德川家康，但在德川家康的建议下，他没有离开九州；而胜茂则在与东军汇合的路上被石田三成大军包围。在形势所迫下，他只好暂时加入西军，随后参加了围攻伏见城和安浓津城的战斗，但没能参加关原合战。后来，他听说东军获胜，便立刻赶去见德川家康，而德川家康也同意不追究，但要求他去攻打立花宗茂。

在黑田如水的劝说下，立花宗茂同意投降，但黑田长政也要帮他在德川家康那里说情。正当他们准备继续进攻萨摩时，他们收到了好几封信，分别来自德川家康、井伊直政和本多忠胜。信中的内容大致相同，都指出那时已经是十一月，如果在冬天冒险发动攻势，可能会对健康产生不利影响。

但是，萨摩是日本最温暖的地区之一，有着如同地中海沿岸般的气候，此时这三人无视这一常识写下这封信，究竟是为了什么呢？恐怕，德川家康早已看穿了黑田如水的想法。他断定，黑田如水想要借着关原大战的机会，征服整个九州；万一德川家康出现什么意外，他就会立刻出兵关西。那时，黑田如水将会处于非常有利的地位。

据说，黑田如水曾要求井伊直政去向德川家康提议，将宇喜多秀家在备前的领地或是关西的其他领地分给黑田长政，而他自己则继续保有九州的领地。但他很快意识到，自己追逐私利的意图太过明显，这并不是明智之举；而德川家康的冷淡态度也说明他的意图早已被看穿。那时，伊达政宗也在借着关原的机会四处攻城略地，在德川家康当面指责之后，他爽快地承认了一切并立刻停手了；而黑田如水不仅比伊达政宗大了二十一岁，身体也每况愈下。黑田如水的卓越才智促使他做出了判断：虽然他在很多方面都像德川家康一样精明能干，甚至可能是唯一一个能与德川家康争夺天下的人，但此时大势已定，他毫无胜算，那些轻率的举动不仅不会带来利益，反而会让黑田家族陷入险境。

后来，德川家康邀黑田如水前往大阪，在那里他受到了盛情款待。德川家康说："完全得益于您和您儿子的军事力量，帝国才得以统一并恢复和平。因此，我打算分给您大片土地，并将向朝廷申请提升您的品阶。"但黑田如水恭敬地拒绝了。"我老了，身体也不好，所以我没有精力继续了。您慷慨地赏赐了我儿子，他会用这些赏赐来赡养我。我对财富和领地没有更大的野心了。我只希望您能允许我平静地度过余生。"德川家康欣然同意。德川秀忠也非常钦佩这种超然出世之姿，称他为"当世的张良"。

黑田如水对儿子的灵活多变非常满意，他曾对儿子说："我曾效力于织田信长和丰臣秀吉。我曾因与他们意见不合而三度隐退。但是，你却成功地和德川家康父子达成了一致，没有任何分歧。我是个大赌徒。为了得天下，我愿意付出一切，哪怕是你的生命；但你不必冒这种风险。以前，我行动之前不会深思熟虑，因为我本就一无所有。但是，你能干、精明且有远见，所以你想得周全，也能准确地把握机会。"

黑田如水曾在京都一条区的一座庄园里居住，那里特别适合他研习美学和哲学。在那里，他为他在九州的主要敌人大友义统求情，最终成功改变了德川家康的决定，保住了他的性命。他还十分关注岛津义弘的利益，想方设法帮助岛津义弘增加收入。他的这些行为很可能与德川家康的态度有关：德川家康觉得九州的地理位置很重要，他想平衡当地的势力，不让某个领主过于强大；而岛津家是出了名的骁勇善战。

1601 年 5 月，德川家康在伏见城宴请多位大名，黑田如水也来了。那时，德川家康忽然想要捉弄黑田如水一下，便在房间里摆出四五个早已闻名天下的茶罐，然后用开玩笑的语气对黑田如水说："若您能在不借助外力的情况下，自己把其中任意一个茶罐带回家，那个茶罐就归您所有。"黑田如水心中明白，德川家康是在戏弄他的跛足，于是站起来，挑选了其中最大的一个茶罐，一瘸一拐地搬走了。包括家康在内，在场的所有人都被震惊了。后来，这个名叫"南条"的茶罐一直都是黑田家族最重要的珍宝之一。

第二十一章
江户开府

关原之战后，德川家康开始按照他的治国规划重新分封领地。也就是说，他要没收对手的封地，增加自己部下的封地。但这种分封并不是以他们的能力为参照，而是要考虑当时的实际情况。因此，不少领土只是临时分封，将来一旦形势有变，还会做出相应的调整。德川家康一如既往地小心谨慎，"一边敲着石桥一边往前走"①，因为那些支持丰臣秀吉的势力仍旧十分强大。

岛津义弘是西军中最幸运的人。撤回自己的封地后，他抵御了邻国的进攻，随后被劝降了。他将所有责任揽在自己身上，让出家督地位并出家，而岛津家族则没有受到任何影响，保留了原有的60.9万石领地。做出了决定性的倒戈行动的小早川秀秋则获得了51万石的领地，不过他并没有享受太久就去世了：两年后，他忽然暴病死去，年仅21岁，身后无子，领地被收回。前田利长增加到119万石，成为众多大名中最富有的人。

---

① 日本谚语，形容谨小慎微。

负责拖住上杉景胜的最上义光从 24 万石增加到 57 万石;伊达政宗虽然只多了 2 万石,但也达到了 60.5 万石。

毛利辉元则是最大输家。起初,德川家康通过吉川广家告诉他,如果他悄悄撤军回家,他的领地不会有任何问题。可是,当他这样做了以后,德川家康又改变了主意,说不能无视他的背叛行为,于是剥夺了他的大部分封地,只留周防和长门两国。这意味着,他从 112 万石直接减少到 29.8 万石(1610 年土地调查后为 36.9 万石)。上杉景胜从 120 万石的会津减转封到了 30 万的米泽。坐观成败的佐竹义宣则从常陆减转封到了秋田,从 54.5 万石减少到 20.5 万石。

在这些大诸侯之外,还有 90 名小诸侯失去了一切。他们的领地共计 446.4 万石,被德川家康用来奖励他的盟友和功臣们。黑田长政转封到小早川秀秋曾拥有的筑前,获得了 52.3 万石;细川忠兴得到了黑田长政原有的丰前,再加上追加的赏赐,总共获得了 39.9 万石;福岛正则取代毛利辉元,获得了 49.8 万石的广岛;浅野幸长获得了纪州和歌山的 39.5 万石;藤堂高虎去往今治,获得 20.3 万石;山内一丰代替长宗我部盛亲得到了土佐 20.2 万石,后者则直接沦为浪人——其实,山内一丰只是主动把自己的挂川城提供给了德川家康,并带头表示支持德川家康,就得到了如此丰厚的回报。加藤清正获得了小西行长的领地,增至 52 万石。此前因太过年轻、无法管理领地而被大幅减封的蒲生秀行则重新取回了属于他父亲的会津，得到了 60 万石。

值得关注的是，德川家康并没有给忠诚的谱代家臣或亲藩井伊直政、本多忠胜、酒井家次、榊原康政、奥平信昌和武田信吉以很大的封地。这看起来很奇怪，但这也是他的策略——他们都被封在江户周围最重要的位置上。井伊直政在彦根（18 万石），酒井家次在上野的高崎（5 万石），本多忠胜在东海道的桑名（10 万石），榊原康政在上野的馆林（19.5 万石），奥平信昌在宇都宫（10 万石）和美浓的加纳（也是 10 万石），而鸟居忠政在陆奥的磐城平（10 万石），在通往北方的干道上。本多康重获得了冈崎（5 万石），本多忠胜的次子本多忠朝则继承其父原有的大多喜（5 万石）。对于这些谱代大名或者说亲密家臣来说，他们获得了巨大的荣誉，但实际的俸禄却很少。而对于自己的儿子们，德川家康就慷慨得多：松平秀康得到了越前 67 万石，而松平忠吉得到了尾张 52 万石。

1602 年，德川家康将自己的孙女、德川秀忠的女儿嫁给了丰臣秀赖。他自诩对丰臣秀吉的继承人非常友好，但通过孙女的随从，德川家康就能够密切地监视这位年轻人。德川家康很清楚，但凡他想对丰臣秀赖不利，加藤清正、黑田长政、福岛正则、池田辉政等太阁遗臣就会疏远自己。一旦失去了这些人的支持，他可能会陷入困境。因此，他没有急着消灭丰臣秀赖，而是派人监视他。为了表示自己对丰臣秀吉的尊敬，他还亲自担任对丰臣秀吉的"丰国大明神祭礼"的主催。

1603年，天皇正式宣布任命德川家康为征夷大将军（幕府将军）。随后，德川家康要求将他"内大臣"的头衔改授给丰臣秀赖。在关原之战前的1597年，足利幕府的最后一任将军足利义昭去世；不过，早在1573年，在织田信长将其逐出京都后，足利幕府就被认为已经灭亡了，1588年足利义昭辞去将军职位后，这个职位就一直空缺。现在，藤堂高虎开始积极运作此事——当时，德川家康似乎并没有想过这件事情，但一些大名早就开始支持他就任幕府将军了。在他认为时机已经成熟后，他联合以心崇传，向德川家康直接提出："我们从各种渠道听到，诸侯们都在焦急地等待着阁下被任命为幕府将军的好消息。"而德川家康的回答非常有个人特色："不用着急。国家必须整顿，人民的福祉必须得到保障。这才是当务之急。然后，各领主必须就任新藩。待诸事已定，才能有时间关注我的个人地位。"

其实早在1600年，后阳成天皇就已经亲自向德川家康询问过继承人问题了。天皇本人喜欢次子政仁，其母亲是前任关白近卫前久的女儿。但天皇还有位长子，他的母亲是大纳言中山亲纲的女儿。前田玄以支持这位大纳言，还说服丰臣秀吉安排右大臣菊亭晴季（正是他帮助丰臣秀吉升任关白）宣布由长子继任皇位。而这一命令将意味着次子必须出家。当时，考虑到长子良仁背后的支持者，德川家康并不希望他继承皇位，所以他给出了自己的意见："古往今来，众所周知，知子莫若父。我自己也有很多儿子。但是，在选择继承人的问题上，我从来没有征求过别人的意见，而是自己做决定。同样，皇位继承权无疑只能由威严的您自行决定。"天皇对这样的建议自然是满心欢喜。于是，政仁亲王被宣布为天皇继承人，后来登基成为后水尾天皇。至少在未来的一段时间以内，这是令天皇和幕府将军都满意的决定。

1610 年 2 月，四大家族受命在红叶山举办付费能剧演出。德川家康亲自出席，并赐予所有大名及家臣在包厢里观看演出。当有关包厢的计划事先提交给幕府将军审批时，他立刻说道："为什么水谷和皆川家族不在此列？我没有看到他们的名字。他们是自三河时代起就效忠德川家族的家臣，地位不亚于任何资深的封臣。"随侍在侧的本多正信和大久保忠邻回答说，这两家都在笠间城值勤，因此未能出席。"但是，武士非常看重声望，"德川家康回复道："如果不邀请他们去观看演出，他们就会失去应得的尊重。如果他们自己不能参加，那就邀请他们的家老，并给他们安排一间包厢。这说明我们没有忽视他们。"两家对此深感欣慰。

1612 年 3 月，德川家康收到了任命他为帝国宰相（太政大臣）的圣旨，并允许他使用皇室的菊花纹和桐纹。然而，他拒绝了太政大臣的头衔，而是要求追赠他的家族祖先新田大炊助义重为镇守府将军，以及先父冈崎次郎三郎广忠为大纳言。天皇非常赞赏他的孝心，立刻答应了他的请求。对于授予他使用皇室饰章一事，他也表示了真诚的感谢。但是，他力劝天皇说，自从源氏家族分为新田和足利两支以来，足利氏已经掌握了军权，并采取了专制统治。而且足利尊氏从后醍醐天皇那里得到了这些饰章，从那以后，他们家族一直在使用它们。但他自己代表的是忠诚的新田家族，如此一来，效仿那些先辈就不太妥当了。

同年 11 月，德川家康前往京城答谢天皇的好意，并派土井利胜和成濑隼人正（成濑正成）去加津佐的新田寻找新田义重的墓地。他在那里捐建了一座寺庙，名为"义重君太阁院"，并把《钦定诏书》放在里面。此外，他还在冈崎修建了松意寺。次年（1613 年）1 月，他从骏河出发前往三河，来到大树寺视察先祖的纪念碑。他用自己的指甲刮掉一些远祖碑上的苔藓，并仔细检查碑身。然后，他参观了松意寺，为他父亲的新陵揭幕，并向赠送了银两和其他物品。他所做的这一切对于在整个帝国弘扬孝道具有极大的价值，提醒所有人都不要忽视他们的祖先。一时间，孝道风行全国。毫无疑问，尤其是在内战期间，人们无暇敬祖，就像无暇顾及在世的父母一样。

第二十二章
大建江户

　　江户有好几年都没有发生很大的变化了，因为它只是关东的都城，而德川家康一直忙于其他事务。但丰臣秀吉死后，经过关原合战，关东的领主成为了帝国最强大的势力，并于 1603 年被任命为幕府将军。从此，江户开始成为日本的主要城市和行政中心。德川家康立即着手兴建，力争使它名副其实。在 1602 年的大火后，政府下令以后新建的房屋都要以木板作为房顶，从前的茅草房顶则被禁止使用。就在这个时候，有位名叫泷山弥次兵卫的人想要扬名立万。于是，他把自家房屋正对着大街的一面用瓦片盖上屋顶，而把另一面用木板盖上，江户人还给他起了个绰号"半瓦弥次兵卫"。这似乎是这座城市第一次用瓦盖房。

　　1604 年 7 月，德川家康命令所有大名准备好为建造居城和重建城市提供劳动力和材料。于是，他们立即开始收集木材和人力，并建造运输船只。为了营建护城河和城墙，大名们必须从伊豆运来大量石头。为此，这些负担沉重的大名们必须提供三千艘船。单单萨摩的岛津氏就提供了三百艘，另外还捐献了一大笔钱。每艘船都装载着两块石头，每块需要一百人才能搬动，每个月往返伊豆两次。这些大名每收入 10 万石，就要送出 1120 颗这种"百人石"，总价足有 192 锭黄金，此外还需要 385 艘船来运送它们。

　　与此同时，为了给当时涌入的大量人口准备居住用地，德川家康决定开发深川和日比谷之间约两平方英里的区域，当时那里只是一片被海水冲刷的沼泽。为了实现这一目的，在今天骏河台附近的神田山被夷平了，山上的土石被带走，并填埋在了这片低洼的土地上，最终在数百年后，这里成为今日东京的商业中心。为了完成这项巨大的工程，大名们被分成了十组，每组都有一个领导。根据他们的收入，每 1000 石就得提供一名劳力。他们的总资源不可能少于 1000 万石，所以大约有一万人参与了这项工程。完工后，这座城市是一片大致平坦的平原，一边是九段山绵延到品川，另一边是浅草。填埋的区域确实不是上等的居住用地，但对市民来说已经足够好了；如其他记载所述，这片区域被"好心"地捐出去，建成了城市的娱乐区。

　　正是在这个时候，这座城市著名的中心——日本桥建成了。由于河道比较宽，河岸便从两边用石头砌成堤岸，桥面从河面上的较狭窄处横跨过去。即使在那时，它也有 226 英尺 5 英寸长、26 英尺 5 英寸宽。关于为什么取名日本桥，有一种解释是说，因为所有日本人都参与了它的建造。这似乎是最好的说辞了。其实，这个名字也指日出，而且适合作为计算距离的参照点。对于喜欢多义词的民族来说，这无疑是一个很正式的提议。附近街区被命名为"尾张町""加贺町"和"出云町"，它们很可能是指那些领主们，因为他们有负责这些工程的尴尬特权。从留存下来的信件中可以清楚地看出，兴建城池对于这些领主来说是一项沉重的负担。在这些信件中，他们提到了徭役的一些细节，而且，他们很担心自己的付出达不到监役官员的要求。老幕府将军的眼光向来挑剔，这些领主务必达到他的标准。等德川家康辞任并退居静冈之后，他们又必须达到他儿子德川秀忠的标准。德川秀忠每天早晚都要巡视工地，事无巨细都要检查，路上到处都有茶室供他休息。他的信多半以这样的话语结尾："现在的确是最着急的时候""一定要特别小心"或"我们一刻也不能放松警惕"。曾前往伊豆监督石船装载的毛利辉元家老益田元祥也写道："近来大御所（德川家康）大人脾气暴躁，我非常担心。我怕自己笨手笨脚，没有能力处理这些事情，这就是我感到如此不安的原因。的确，我们必须非常小心。毛利氏和吉川氏又一次没能及时提供物资。这没什么可笑的，一切都失控了，我很着急。"

如果这些大领主都在筹集资金、船只和及时运送物资方面遇到困难，那么较小的封臣就更难了。在这个阶段，江户城需要建造 1400 码长 70 到 80 英尺高的石墙，而江户的石材价格也随着需求而上涨。浅野曾抱怨说："今年比去年贵，一块百人石现在要卖十二锭白银，六立方尺的中砾石要卖三两黄金。"而且有时船只会在风暴中失事，造成更大的损失和烦恼。一次，数百艘石船在前往江户的途中沉没了：锅岛的一百艘，加藤嘉明的四十六艘，黑田的三十艘，还有若干由小户人家四五艘船组成的船队。还有一次，加藤清正的七艘船在前往江户的路上遭遇飓风而沉没；但这一次，由于它们沉没在距品川只有十英里的地方，渔民们便能在石材沉到海底后将船只打捞上来，获得了一笔意外之财。

1606 年，在休息了几个月之后，幕府又颁布了重启工程的命令。今治的领主藤堂高虎一如既往地自愿监工。现在，大奥开工了，黑田长政完成了大部分，而其他六个人建造了主城（本丸）。6 月，这座建筑的第一部分大部分完工了。幕府将军称赞了那些参与建设的人，并赠送了礼物，但只有藤堂高虎得到了实质性的奖励。因为监工有功，他在 9 月获得了备中两万石的封地。这时，主城、宫殿和城墙（二之丸、三之丸），以及从东北的雉子桥门到西南溜池的石墙都建好了。

到了 1607 年，在休息了一年之后，大家又在藤堂高虎的监督下开工了。这次工程的主力是东部和北部的领主，而不是以前的西部领主了。那些总计 100

万石的关东领主们分工协作，其中80万石提供石材，20万石完成大奥，他们包括：伊达政宗、上杉景胜、蒲生秀行、佐竹义宣、堀秀治、沟口秀胜、村上义明。在大奥旁边，已经建好的城墙由高约48英尺增至60英尺，宽约120英尺。石材是从上野国的中濑运来的，每1000石就要负责20平方米的石材。此前已经建成的约48英尺高的城墙被提高到60英尺，宽度为120英尺。然后他们又建造了大手门和中雀门。此外，环绕整个城池的外侧土墙也增高了12英尺，达到40英尺，从北侧的雉子桥门到东南侧的溜池的外侧护城河也得到了拓宽。

同年，已经将将军之位让给德川秀忠的德川家康移居骏府城（静冈）。这座城池也要重建，因此，大名们的压力比以前更大了。他们之所以压力大，是因为在1602年至1614年间，他们不仅彻底重建了江户的居城和市区，还兴建了以下城池：1601年建成膳所，拆毁大津；1602年建成伏见，1604年扩建；1604年建成彦根；1606年建成长滨；1607年建成骏府；1611年建成高田。所有这些城池都是由外样大名（外部领主）建造的，他们的财政收入因此受到影响。不过，普通老百姓似乎并没有抱怨劳役太重。

1611年，幕府将军又动员了北部的大名们，而伊达政宗亲自督造了更多西之丸周围的城墙和护城河。本多正信负责所有的事情，而德川秀忠则像往常一样每天亲自检查工程进度和质量。这次，工程得到了大力推进，因为幕府将军很着急，雇佣了大量工人，而且提供了十分丰厚的报酬。这些工人主要是江户地区的农民和市民。藩国的统治阶级至少在某种程度上必须为这项工程支付一定的费用，因此他们可能心生不满。不过，幕府将军从矿业中获利颇丰，这在一定程度上减轻了自己封地内的负担。

第二年，也就是1612年，信浓和周边地区的几位领主受命提供大量木材用于1614年的后续行动。因此，1613年底，酒井忠世、土井利胜、浅野重信向西部各国的大名下达命令，要求九州、四国、山阳和山阴为修建防御工事提供物资和劳动力。已经完工的部分涵盖了相当大的区域，包括西之丸、北之丸、大手门或正门前面的防御工事、以及带有护城河的围场（大名居地）。大名居地是各大领主居住的地方，在西之丸前面有外围工事。这一区域周长约五英里，面积五十英亩。但是，要使之达到德川家康和德川秀忠所要求的水平，也就是现在的规模，还有很多工作要做；而在这次工程后，就再也没有对城池再进行加固。此后，在德川家光和德川家纲时期，只增加了一道护城河，把北面筑城地域的外围圈起来而已。

这些西部领主奉命接手修建主城。细川忠兴建造了主城上部的石头堡垒，岛津氏则在主城周围建造了高高的石墙。像锅岛胜茂一样，蜂须贺至镇、黑田长政、松浦隆信、有马丰氏、池田忠继、藤堂高虎和土屋利直都开始认真修建主城。在伊东佑庆的协助下，锅岛胜茂的任务就是在主城、城门以及其他地方建造石墙，因此他还必须监工虎门。毛利秀就负责二之丸和内樱田见付，其他人被派去完成西之丸和二之丸前的城墙。遗憾的是，当时正值雨季，由于暴雨的影响，一些城墙倒塌了。有一次，浅野的150名手下被埋在了废墟里。其他几位大名也有类似的经历，他们的麻烦和花费都大大增加了。最后，在那年九月，他们解散之后回到了自己的藩国，并得到了幕府将军的金钱、衣服、马匹和嘉奖等赏赐。他们之所以能得到喘息的机会，是因为不久之后幕府将军会另外要求他们为大坂战役提供军事物资。

在开展这项工程的地方张贴了以下通知：

重建期间，所有人必须在此下马或下车，但妇女和儿童除外。

禁止携带长剑。此条规定不适用于工程监理（普请奉行）。

须知：以前执行的禁止吸烟和蒙面（影）的规定，现在也必须遵守。

任何违反这些规定的人都将受到严惩。

专员令

为了让德川秀忠不至于因为每天视察工程进度而过度劳累，江户城内到处都设有茶室，茶室周围都种了树，形成了"露地"。这里金屏环绕，他可以休息和饮茶。由于德川家康和他同时代的詹姆斯一世和阿克巴一样，认为吸烟是一种经济上不健康的嗜好，于是幕府颁布了一项禁止吸烟的法令。这一法令明显是由欧洲人在关原合战前的十年间引入日本的。根据这一法令，任何出售烟草的人将被没收房屋和财产，而那些发现烟草过境的人将被赠予运送烟草的马匹和车辆。虽然德川幕府能够根除赌博和基督教，他们却无力禁止吸烟。吸烟很快就流行开来并积习难改了，最终他们放弃了禁烟。他们对酒类的监管却成效显著。

大名们在江户居住，加快了城市的繁荣。但他们并不是完全受到了幕府的强迫，他们对江户土地的要求反而是为了讨好幕府。这种风气可以追溯到1600年，为了安置前田利长派来作为人质的母亲和妻儿，德川秀忠便在江户城正门对面划出一片上好的地块。随后，藤堂高虎、堀秀政、浅野长政和细川忠兴群起效仿。在那次划时代的战斗之后，几乎所有人，包括毛利氏和锅岛氏这样的大领主，当然还有伊达政宗，都要求获准在新首都居住。在此之前，每当他们来江户时，都寄住在寺庙里。

据记载，德川家康起初不赞成这些领主蜂拥而至，并告诉他们，如果他们在大坂有住宅，就无须在江户也有；但在这些领主们再三请求下，他将江户城的樱田门外的一片地方（也就是大名居地）作为他们的府邸。这块地荆棘丛生、凹凸不平、坑坑洼洼，所以一时之间难以投入使用。但是，当他们拓宽和加深护城河时，挖出的泥土正好用来填平了这块地。这样，就有了建造宅院的好地方。领主们必须在城内轮流执勤，因此，在城内居住为他们提供了很大的便利。起初，这些领主经常前去大坂，向丰臣秀吉致敬。后来，他们前往江户，向幕府将军致敬，停留一段时间后再返回封地，还有人干脆把家眷直接安置在江户。很快，大名们的家眷就都搬到江户了。

江户名为三河町的地区是早期封地较少的三河武士们轮流值勤的地方。平川是位于平川门外的一个村庄，得名于同名河流①，而麹町似乎是最古老的地名之一。猿乐町得名于观世大夫，他是一位猿乐大师，他的住所就在那里。著名的半藏门以德川家康的家臣服部半藏命名，而有乐町则未必像人们说的那样与织田有乐斋（织田长益）有关，因为在那个时代，有乐町还是一片水域。

当时，从日本桥往土佐堀这个方向修建护城河时，挖出来不少土壤。这座城市似乎是在这些堆积起来的泥土中成长起来的。未来的商人也获得了一片土地，只要他们需要，就可以在上面修建商店和住宅。刚开

---

① 即今天的神田川上游中游部分。——译者注

始并没有那么多人自愿参加这项艰苦的开拓工作，但不久之后，伊势人受潜在利益的吸引而大量涌来。

随着城市人口越来越多，这些早期的定居者自然得到了丰厚的回报。据记载，一块以一二两购买的土地在12年后竟飙升到五百两。土地升值以后，边界的问题就变得尖锐起来，因为早期的这些界线非常模糊，后来就被人遗忘了。于是，这种情况引发了很多诉讼，邻居们争吵不休，慢慢就疏远了。

本来，江户市的纯净水就不富裕。尤其是在那些填埋的地面上，由于海水的渗透，井水带有咸味。但早在德川家康入城之前，就已经给水利专家大久保主水忠行下了命令，让他修建沟渠。他在目白山脚下建了一个水坝，将高田河的水通过小日向、小石川和汤岛，沿着神田山引入城市的西北部地区。同时，他从溜池或赤坂水库引来更多水，供应东南地区。大约半个世纪以后，多摩川沟渠完工，城市供水已经够用了。

第二十三章
江户城的三位甚内

在幕府设立初期，江户周围有不少令幕府头疼的问题，但它们都被德川家康一一化解了。我们可以通过当时著名的三位"甚内"的遭遇来进行一番窥探。

第一位甚内（高坂甚内，或称向崎甚内）是一位臭名昭著的强盗。他师从剑术大师宫本武藏，剑术出众，但挥霍无度。为了满足需求，他开始在街上杀人越货。宫本武藏得知此事后，便带他去河边散步，在谈话中，宫本武藏暗示他应该自杀谢罪。高坂甚内听懂了他的意思，便跳进了河里——然后从水下游走了，逃到了江户到京都的路上，继续当盗贼，令官府颇为头疼。后来，他患上了回归热，而官府趁这个机会，在我们将提到的第二位甚内（鸢泽甚内）的协助下，抓获了他，并将他处以磔刑。死前，他大喊道："如果不是瘟疫我不会被抓住。你们谁得了瘟疫，就向我祈祷吧，我会治好你。"此后，江户百姓就真的开始向他祈祷，效果还颇为灵验，很快，他便被江户百姓称为"甚内大人"。直到今天，在他被处死的浅草附近，还有一座甚内神社。

那位立了功的鸢泽甚内同样也是盗贼出身，但他将功赎罪，得到了赦免，还摇身一变，成为有官方许可的二手服装销售商。表面上，他通过销售二手服装盈利，实际上他却是官府的线人。官府认为，同为盗贼出身的鸢泽甚内对盗贼的行为方式了如指掌，通过日常的生意，他就能轻易获取附近的盗贼和可疑人物的情报，如果有人来销赃，他还可以及时报告官府将罪犯一网打尽。后来，他的事迹也流传后世，因为在整个江户时代，二手服装交易都在这条以他的名字命名的街上进行——如今，这条街已经改名为富泽町。

在生意上，后两位甚内也许还能达成合作，因为最后这位庄司甚内的生意规模比他还要大上许多。庄司甚内出身要比前两位高得多，他的家族一直是小田原城北条氏的家臣。在北条氏被丰臣秀吉驱逐后，庄司甚内成了一名浪人，沦落到以抢劫为生。但是，他有自己的原则：只抢为富不仁的人，然后劫富济贫，宣扬善有善报。

不过很快，他就厌倦了这种生活，决心过一种更诚实、更有价值的生活。于是，他在1613年向官府提出了一个绝妙的建议。他说，人们越来越旺盛的娱乐需求使江户的歌舞伎和妓女越来越多，但这一行业现在缺少秩序，总有人在这些地方流连忘返，直到一贫如洗。更为严重的是，总有泼皮无赖将良家女子绑架到这里，然后卖掉她们——这也让这些地方变成了图谋不轨的浪人们会面的地方。因此，应该将她们统一进行管理。

官府对这一提案十分赞同，当时的江户北町奉行米津田正还将此时上报给了本多正信和德川家康。不过，直到1618年，幕府才批准这份提案，并划拨了一片土地。这片土地面积约5英亩，虽然后来成为城市的商业中心，但当时，它还只是一片芦苇荡，一文不值，到处都是狐狸和山贼。幕府认定这是一桩好买卖，打算借此机会稳定江户城的治安问题，而这份工作交给浪人出身又经常出入这些场所的庄司甚内再合适不过了。

因此，幕府颁布了一项命令，要求在遵守下列规则的前提下，开设一个娱乐场所：

1. 所有妓女在该区域内营业，不得外出。

2. 任何客人不得停留超过一天。

3. 本地区内，不得穿着金银刺绣服饰；所有服装应采用普通染料制成。

4. 该区域内所有房屋装饰应保持一致；该区域与江户的其他区域都由同一官府管辖。

5. 如发现任何可疑人物，无论是武士还是百姓，均应向町奉行署报告。为此，官府必须对这一地区的所有客商进行仔细检查。

该区域四周有围墙，仅有一门出入，入口处设有了一支由町奉行下属的与力①组成的警卫队。城内还粘贴了通告，大意是说，即使是大名也不能坐轿子穿过大门，只有医生除外。还有，进入该区域不得携带任何武器，所有武器必须放在区外的警卫室。因此，从该区域建成开始，幕府就为坏人设置了非常有效的陷阱。如果他们试图在鸢泽甚内打理的二手服装店销赃

---

① 与力是日本中世以来，大名及上层武士属下的下级武士，战国时期常与"家子"同意。江户时期正式成为幕政下的职务。当时以江户町奉行属下的该职较为有名，他们主要协助町奉行，执行江户城的行政、警备任务。

时没有被抓，那他们也逃不掉，因为他们还会去庄司甚内专门操办的娱乐场所里寻欢作乐——如果有人幸运地离开了这个陷阱，那也绝非是他们能力出众，而是那位大人物不想杀鸡取卵：他甚至比这些人自己还要关心他们的钱袋子。

与德川家康同时代的阿克巴也曾为这样的问题而头疼。文献记载："这些妇女必须登记在册，并集中安置在一个名为'魔鬼堡'（Shaitanpur）的小镇里。在这里，她们的生意是合法的，但需要缴纳赋税。而诱奸处女会遭受严厉的处罚。"德川家康对这个问题持什么态度呢？我们从他在自己的封国处理这一问题的方式中可见一斑。

在骏河的阿部川地区，有一个地方住着许多妓女。因为它离居城很近，所以卫戍部队的年轻士兵经常去那里。由于担心他们玩物丧志，町奉行彦坂光正提议将这处风月场所往远处搬迁两三里。德川家康听闻此事，召来彦坂光正，问他把一直住在居城附近的居民搬到远处会有什么后果。町奉行回答说："这对她们的营业额很不利，因为她们没有生意可做了。"德川家康继续说道："嗯，这些妓女在做生意，对吧？如果你把她们搬到那么远的地方，阿部川的百姓也将无法谋生。你最好把她们留在原地。"因此，她们没有受到打扰，而这个地区变得比以往任何时候都更加活跃和繁荣。

不过，去那里消遣的年轻武士们就变得愈发贫穷了。他们把钱都花在了消遣上，因此处境艰难。德川家康很快也听说了这一情况，于是他又派人去请奉行。这时正值秋天，德川家康说："最近百姓歌舞升平，我在居城里都能听见他们的欢声笑语。我也想见识一下他们的娱乐，所以，请你把他们带到我这里来表演吧。他们的服装可以随意一些，不用太过正式。"按德川家康的命令，奉行将城市划分为三个区域，在各区域里分别召集舞者和乐队，依次前往德川家康的居城，表演了三个晚上。

看完表演，德川家康忽然问彦坂光正："阿部川百姓呢？"彦坂光正则有些不知所措："我没有邀请那些妓女。"德川家康则继续说道："我老了，不太喜欢那些男人的粗犷舞蹈了。我还是想看一些女人的舞蹈。"于是，彦坂光正急忙派人到阿部川，让那里最有名的表演者马上前往居城。当晚，她们在居城为德川家康表演了舞蹈。德川家康看完节目后，把其中最好的演员叫了过来，记下了她们的名字；等她们退下后，德川家康的心腹过去悄悄告诉她们，大御所随时可能召唤她们中的任何一人，她们必须做好准备。

这一消息很快便传到了年轻武士之中。他们十分惊慌，生怕姑娘们会把自己的事情告诉德川家康。他们很快意识到了事情的严重性，此后，再也没有人去阿部川地区了。百姓的利益和军队的利益都得到了充分兼顾，两全其美。

不过，德川家康平时并不会过于严苛地要求他的部下们。当时，骏河的侍卫们经常会去城中看一些相扑之类的表演，只留下一两人放哨。一天晚上，碰巧他亲自出来巡逻，发现只有一个人站岗。但是，他没有大发雷霆，只是指责说："你们是一群胆小鬼，还是一群糊涂虫，就这样跑掉，只留一个人看守这个地方？"侍卫们从此便不敢再擅离职守了。

还有一次，他意外撞见年轻武士们正在一个小房间里进行相扑比赛。他看着四脚朝天、惊慌失措的武士们，平静地说："你们想要做些运动，这当然可以，但要把地垫翻过来。不然，一旦被别人发现你们弄坏了地垫的包边，你们就要付一大笔赔偿了。"

第二十四章
荷兰人访日

和威廉·亚当斯一起乘坐"博爱"号来日本的荷兰人中，有几个被带到平户藩主松浦镇信麾下，为他制造枪支和弹药。在 1605 年，船长扬茨·夸克内克和押运员梅尔奇尔·范·桑特沃特获准返回荷兰（他们还得到了一艘帆船）。威廉·亚当斯也想回国，并安排英国船只来到日本，但德川家康发现他懂得很多造船和其他有用的事情，所以不让他去。德川家康认为，与欧洲的这种交流和谈判可以由那些可有可无的人来完成。后来，夸克内克在马六甲与葡萄牙人交战时被杀，桑特沃特则去了北大年，写了一封信，并附上德川家康的邀请函，请荷兰商人来日本。1609年，"布拉克（Brak）"号的斯佩克斯（Specx）船长来到平户。当年7月，德川家康在骏府接待了斯佩克斯，后者奉上荷兰总督的来信，还有酒杯、丝绸、铅和象牙等礼物。对此，德川家康给出了以下回信：

日本领主源德川家康，致荷兰国王殿下：

虽然您的信远道而来，但见字如面。尤其是您送给我的四件礼物，我非常喜欢。现在，您从贵国派遣的战舰，载着船长、部分官员和众多船员，已经抵达了我国松浦港。应我的要求，他们已与我国建立了友好关系。如果我们两国都有意向，虽然远隔千山万水，但年复一年的交流将使我们求同存异。在我们国家，我们纠正无用的东西，把它们带回正确的轨道上来。因此，那些远渡重洋来与我们做生意的人，一定可以平安无事。所以，如果您精挑细选的人们来到我们这片土地上，我们必将提供合适的土地来建造工厂和港口。只要您的同胞愿意，在任何地方都可以找到避风港。

我相信我们的友谊会越来越牢固。未尽事宜，我会再与船长沟通。现在是秋天了，但天气还是很热。天气变化莫测，阁下多多保重。

庆长十四年（1609年）七月二十五日

与此同时，四份执照（御朱印）的副本被交给了这四名荷兰官员，附言如下：

当荷兰船只来到日本时，它们持此状可进入任何想进的港口。根据这项法令，它们可以畅通无阻去任何想去的地方。任何人不得违抗此令。特此声明。

由此，日本开启了与荷兰长达三百年的贸易往来，而对其他所有国家都闭关锁国。日本对荷兰的欢迎与葡萄牙人和西班牙人的期望背道而驰。他们立刻煞费苦心地指出，荷兰人是一群臭名昭著的海盗，他们试图干扰自己与日本进行了这么久的和平贸易，并企图拦截自己从澳门出发的船只。不过，德川家康并未在意，因为他能够从威廉·亚当斯那里了解到欧洲各国事务的真实情况。德川家康对所有侨民都非常友好，由此可见，威廉·亚当斯的各种评论似乎相当公正。

后来，1612年，斯佩克斯与荷兰工厂的负责人亨德里克·布劳威尔（Hendrik Brouwer）再次来到日本，带来了另一封"荷兰国王莫里茨·德·拿骚致日本国主源家康的信"。

您是这个时代无与伦比的伟大领主，尤其以英勇善战而闻名，是一个拥有千年历史的繁荣国家的君主。收到您从遥远国度寄来的信件，我的感激之情难以言表。您慷慨地允许来到日本的荷兰商人在贵国自由贸易，对此我感激不尽。如果我们两国离得更近一些，且日本人也很乐意访问我国，那我们将非常热忱地欢迎他们。当时，扬茨·夸克内克船长因饥饿难耐而在贵国海岸登陆，而您此前对我国并不了解。尽管葡萄牙人说荷兰人是强盗和海盗，并一再诽谤我们，但您没有听信他们的话，反而帮助了我们的人。为此，我们也欠您一个人情。

我们的一些国民到中国去做生意，我们的使节受到了接见。但是，葡萄牙人向当地官员赠送礼物，还用各种方法迷惑他们。虽然他们前后一共试了三次，但一事无成，只好无奈驶离中国。荷兰人走到哪里，葡萄牙人和西班牙人就跟到哪里。他们说自己行商日久，经验丰富，而荷兰人只是新手，所以和他们做生意只会亏本。但他们谎话连篇。事实是，到目前为止，他们在世间恣意妄为，然后荷兰人来了。他们认为，只要自己说了那些谎话，他们就会重新将一切玩弄于股掌之间。但在这件事上，正如您所言，我们真心实意。葡萄牙人总是嘴上说得天花乱坠，实际却是口惠而实不至；而我们将竭尽所能如您所愿。当荷兰人到达葡萄牙人去过的万丹和北大年时，荷兰人对当地人很客气，但葡萄牙人却用各种方式阻碍他们。欺骗了当地人的葡萄牙人后来再也不去那里了，但荷兰人却仍然与所有人友好地做生意。

西班牙人和葡萄牙人的心思很难猜，因为它们深藏在教士心中，而这些教士却深藏不露。此事您务必再三斟酌。教士们想让所有日本人逐渐皈依他们的信仰，因为他们厌恶其他宗教。教派之间肯定会有斗争，而国家也会因此陷入动荡。然后，教士们就会坐收渔利。

现在来到贵国的荷兰人会做任何您想让他们做的事，并且乐此不疲。因此，他们将来还会继续如此行事。

我们希望与遥远的国度做生意，我们很想去朝鲜。为此，我们相信您还会助我们一臂之力，授予我们在那里进行贸易的朱印状。

对于这封信中的许多事情，我们必须道歉，但我们已经详细地、毫无保留地写明了所有事情。

如有所请，来信告知，必当尽力。

1610 年 2 月 18 日

通过这封信，荷兰人不仅反驳了西班牙人和葡萄牙人的指控，而且转守为攻。毫无疑问，这些言论帮助幕府证实了自己的观点，即传教士的活动对国家治理是一种威胁。

此后，荷兰人在平户建立了工厂，并没有按照德川家康的要求搬去浦贺。虽然布劳威尔承认浦贺交通便利，但他们已经在平户投入了大量资金，用于建房和送礼。而且，当地居民对他们非常友好。在一封写给荷属东印度群岛总督波特（Pott）的信中，布劳威尔附上了一张威廉·亚当斯送给他的日本地图。这张地图是威廉·亚当斯从本多正纯那里得来的，而德川家康曾指示本多正纯，务必充分地宣传浦贺的优势以及它与江户的关系。值得一提的是，布劳威尔说，德川家康经常邀请他们去京城，目的是看看他们会给自己带来什么礼物。在他看来，德川家康是一位贪婪吝啬的老人，希望得到贵重物品，却舍不得高价钱。无论如何，他的说辞并不讨喜，因为即使在当时，很多事都被认为是"荷兰人的错"。例如，有人曾问德川家康是否愿意购买六门黄铜大炮和六门铁质大炮，而德川家康在听到价格后则表现得犹豫不决，因为这些金属在日本很便宜。

此外，布劳威尔还为东印度群岛招募了不少日本劳动力。1613年，他曾给波特写信，信中提到：

按照您的命令，我派出了一艘载有68人的日本小船。日本人很聪明，工资却很低。他们只需要米饭和咸鱼来维持生活即可。这些人中，九个是木匠，三个是铁匠，三个是泥水匠，其余的是水手和士兵。如果您觉得这些人有用，那么您想要多少，我就可以给您送去多少，因为君主已经签发了书面许可，任何想出国的人都可以出去。

第二十五章
德川家康与新西班牙

当德川家康希望增加与西班牙殖民地的贸易时，罗德里戈·德·比韦罗·贝拉斯科（Roderigo de Viveroy y Velasco，通称唐·罗德里戈）①恰好因"圣弗朗西斯科"号失事而于1609年来到了日本。唐·罗德里戈曾担任过一段时间的马尼拉总督，他乘坐的这艘船在返回新西班牙（Novispania）②的途中，被风吹离了航线，撞到了上总国的岩和田村海岸。这个地方离江户非常近。另外两艘同行的船中，"圣安东尼奥"号仍在原来的航线上航行，"圣安娜"号则在丰后国搁浅了。在登陆后，唐·罗德里戈受到了大多喜城主

---

① 本名罗德里戈·德·维韦罗·阿贝罗萨（Rodrigo de Vivero y Aberrucia），但多有日语文献将他与其父罗德里戈·德·维韦罗·贝拉斯科混同。本书作者似受此误导。——译者注

② 新西班牙，指西班牙管理北美洲和菲律宾的一个殖民地总督辖地，首府位于墨西哥城。新西班牙总督的管辖范围包含今墨西哥、中美洲（除巴拿马）、美国加利福尼亚州、内华达州、犹他州、科罗拉多州、亚利桑那州、新墨西哥州、得克萨斯州以及亚洲的菲律宾，是西班牙帝国最主要的组成部分。——译者注

本多忠朝的热情接待，并将他送往江户觐见幕府将军德川秀忠；然后，他被带到了骏府，受到了德川家康的接见。所有这些仪式都由威廉·亚当斯安排，他指导唐·罗德里戈学习幕府的各种礼仪规范。唐·罗德里戈曾就自己的经历写过一份报告，从这位知书达理的西班牙贵族眼中，我们可以瞥见德川家康的做派和他周围的环境。他说，江户有 15 万人口，骏府有 10 万人口，而且江户的建筑也比较精致。

在我到骏府的第二天，君主派了一位大臣到我所住的官员家里来见我。他给我带了一些漂亮衣服和四柄剑，并向我保证他绝不会伤害我。两点半的时候，来了一顶轿子和一支由两百名火枪手组成的卫队。在队长的命令下，他们放下轿子，我坐了进去。另一名军官率领我们和一支三十人的小队穿过城镇，最后我们来到了一扇坚固的铁门前。军官命令打开门，然后我们看到了另外两百名火枪手列队以待。队长领着我在队列中穿行，大约往前走了五百步之后，我们来到了另一条有吊桥的护城河前。在这里，另一位官员继续为我引路。再次开门之后，我们走进去，我看到了由两百名长矛兵、辅以若干火枪手组成的队列。再往前，当我们经过宫殿的入口时，士兵们庄严地向我们敬礼。在第一个走廊或门厅里肯定有一千名披甲武士和各色士兵。我们经过了大约八九个房间，每个房间里都有官员和内侍。这些寓所的风格和装饰都值得一看。天花板上金光闪闪，墙上挂着如屏风一样的画。这些屏风由日本出口到西班牙，非常精致，但墙上的画要比屏风好得多。这时，来了两位大臣，他们让我休息一会儿。然后，他们进去请示君主。大约过了十五分钟，他们又出来了。他们通知我，殿下将给予我空前的礼遇。

随后，我跟随指引，来到了君主面前。在一间宽敞寓所的中央，有一个三层的高台，它周围有一圈双层栏杆。在西班牙，这些物什只是镀金的，但据我所知，在日本它们是纯金的。在高台上，君主坐在一个绿色的圆座上；在他右手边大约六步远的地方，还有一个同样的天鹅绒座椅。他穿着一件宽松的绿缎子长袍，上面镶着金丝锦缎。他的腰带上插着两把剑，头上没戴帽子，但头发用一条色带扎成了一个结。他的长袍上绣着星星和半月的图案。他是一位六七十岁的壮实老人，英姿焕发。他的脸很像幕府将军（德川秀忠），脸上挂着笑意。按照我所学的宫廷礼仪，我没有走近他并亲吻他的手，而是站在他面前六七步远的地方。他示意我戴上帽子，然后坐下。他仔细打量了我一会儿之后，又拍了两下手掌，于是，十多名俯伏在栏杆里的内侍中，有一位走上前来招呼坐在我旁边的大臣。然后，君主转身对他的大臣说，他很高兴见到我，认为我不会感到焦躁，因为士兵们经常在海上遇到意外，但他们几乎不会受到太大的影响。他说，如果我有任何需要，他希望我可以像告诉西班牙国王那样直率地告诉他。对此，我这样回答：虽然我的损失和不幸在某种程度上使我感到不安，但我为能受到这样一位伟大的君主的接见而感到高兴；而高兴将我所有的不安统统都带走了。同时，我期待着他向我提供持续性的帮助。

德川家康和那位大臣一再要求唐·罗德里戈毫无保留地表达他的意愿，于是后者提出三项要求：

一，在日本的基督教神父和兄弟们不应该受到迫害，而应该像日本佛教僧侣一样，在足够安全的情况下进行布道。

二，由于经常出没于日本港口的荷兰海盗是西班牙国王的敌人，因此君主不该再继续保护他们。他相信他们会被立即驱逐出境。

三，根据日本和西班牙的友好政策，日本也应该欢迎来自马尼拉的船只。

德川家康听了这些话，说以后再答复。

唐·罗德里戈继续写道：

我准备退下，但他让我稍等片刻。某国的一位大名，在一名家臣的陪同下，端着盛满金锭的托盘，匍匐在寓所门口，谦卑地亲吻着地面。我知道那些黄金的价值大约是 10 万达克特。然后，君主下令带我参观宫殿。

德川家康

两天后，上野殿下向我转述了君主的回信，大意是说：日本政府不该伤害基督教传教士；他不知道荷兰人是海盗；荷兰人已经得到了他的许可，两年之内可以自由进出日本各港口，但两年之后，他会重新考虑这个问题；由于他非常渴望与像西班牙国王这样强大的君主建立友谊，他很乐意与西班牙国王达成贸易协议，并尽他所能以其他方式促进西班牙商船的到来；如果我需要任何条文，我可以马上告诉他。他再次建议我们向日本派遣一些采矿工程师。

这位西班牙人随后提出了一些要求。他会请求西班牙国王和新西班牙总督向日本派遣 50 名矿工。但是，如果他们来了日本，他们应该得到矿山利润的一半，而另一半则由西班牙国王和日本天皇平分。为了让西班牙国王能够掌控这些收入，应该可以派遣部分官员来到日本；他们也可以带任何等级的教士同来，并且能公开传教。因为荷兰人是西班牙国王的敌人，所以他们应该被驱逐出日本。西班牙船只应该享有和日本政府船只一样的权利，可以自由进出任何港口；为了建造前往摩鹿加群岛和马尼拉的船只，日本必须为西班牙国王提供必要的物资和人员；西班牙派来的船长和特使应该在日本受到与他们品阶相称的待遇；他们应该有权引进传教士，在他们的礼拜堂公开传教。在日本的西班牙居民应该有自己的法院，并有权自行惩罚任何罪犯。

德川家康立即拒绝了驱逐荷兰人的请求，但告诉唐·罗德里戈说，他会考虑其它要求。最后，尽管这位西班牙人认为西班牙国王的那份银两收入肯定会达到一百万甚至更多，但德川家康还是不同意这样分配利润。德川家康本打算派阿朗佐·穆诺斯（Alonzo Munos）神父作为特使与索特洛（Sotelo）神父一同前往新西班牙。但是，由于索特洛神父病了，他便安排唐·罗德里戈带上阿朗佐·穆诺斯乘坐威廉·亚当斯建造的 120 吨船回家。在骏府待了几个月后，这位西班牙人终于可以回国了。对于他的要求，德川家康除了对其中两条存在异议外，其余的都批准了。唐·罗德里格计划，如果有机会卖船获利，他就会在回国后卖掉这艘船，用这笔钱购买货物并将其送往日本；船从马尼拉出发，在日本过冬，然后前往新西班牙。德川家康承诺，对西班牙国王或新西班牙总督派出的任何特使给予应有的尊重，并提供他们可能需要的任何劳动力和造船材料，以及按当前价格提供的住所，并且不允许敲诈。作为回报，他要求对任何前往新西班牙的日本人给予特殊待遇。他还向西班牙国王赠送了三套盔甲和一把剑。随后本多正纯将约定整理为一份文件，并交给唐·罗德里格一封以幕府将军名义写给西班牙国王的信。

1610 年 8 月，这艘名为"圣布埃纳文图拉"（San

Buena Ventura）的船离开江户湾，船上有80名船员及23名商人，包括日本的朱屋立清以及田中胜介。他们似乎在新西班牙受到了热烈欢迎，一年后，特使索托马约尔（Sotomayor）又带着他们回来了。据德富苏峰所说，唐·罗德里戈也跟他一起回来了，并向德川家康禀告说，他已按要求卖掉了那艘船，而且用一艘新船带来了很多货物，还有给德川家康的贵重礼物，包括久野钟、葡萄酒、鲜红布料、披风，还有西班牙国王及其继承人的肖像。

此前，德川家康通过耶稣会士赫罗尼莫·德·耶稣（Hieronimo de Jesus）第一次与新西班牙取得了联系。此人当初被丰臣秀吉驱逐出境，但他听说现在是德川家族当权后，又返回了日本，因为德川家康的心胸开阔似乎已经声名在外了。显然，他的心胸开阔在一定程度上被误解了。当然，德川家康在见到他时并没有表现出任何不悦，在询问了马尼拉的情况后，他建议赫罗尼莫回到马尼拉，努力促进贸易，同时雇用任何可能在日本服役的造船商、领航员、船长或采矿工程师。

对于西班牙人的表态，德川家康并不完全满意，因为没有谈及多少关于贸易和采矿的内容。"我们不想让他们宣扬佛教（基督教），"他对以心崇传说，"我们需要的是贸易商船。按照这个意思，给他们写封信吧。"以心崇传照做了，信件如下：

新西班牙统治者阁下：

您的来信我已收到，并且迫不及待地拆阅了。您送来的礼物，我也已经按照清单悉数收到了。在过去的一年里，由于我国海岸上的大风，贵国商人常常在这里遭遇海难。我已经派遣他们回来见您，听到他们平安到达，我很高兴。贵国和我国因此巩固了友谊。如果往来的船只每年都能交换两国的贵重商品，那么，哪怕当地政府治理得再好，给这片土地及其人民带来的利益，也无法跟贸易收益相提并论。但这是一个神圣的国度。从一开始它就尊神敬佛，因为这些神佛本质上是一致的，只是初始形态和外在表现不同而已。在领主和家臣之间的忠诚以及各国统治者之间牢固和可信的协议中，有各种神明为他们的信任作证。正义的人受到奖赏，邪恶的人受到惩罚。它们的神奇功效就像伸出的手掌一样显而易见。这不就是仁、义、礼、智、信之道吗？

但贵国所信奉的宗教却有着完全不同的倾向。在这片土地上，它似乎与任何事物都格格不入。在我们的经文中是这样写的："我们无法评价没有人情味的人"，于是，经过再三考虑，停止传教布道且永不重启才是最佳的方案。但是，随着商船的到来，互惠互利的贸易将是最理想的状态。因此，我们不反对贵国船只停靠我国任何港口。我已向各级官员下达了严格

德川家康

命令，请你们放心，你们大可以摒弃一切疑虑。我将敝国的部分产品随信寄送给您，我相信您定会笑纳。在越来越热的天气里，请您保重身体。

1612 年 7 月

这封信虽然写得很客气，但意思却很清晰。它代表了从当时到现在一直没有改变的一种坚定的观点。德富苏峰谈到德川家康时说，他关于贸易的观点会赢得科布登和布赖特（Cobden and Bright），以及曼彻斯特学派（the Manchester School）的认可；他看不到负面后果，只想着从与外国的交往中获益。但是，他和丰臣秀吉一样坚定地反对基督教，反对的原因也一样：基督教的信仰和目标，与日本的历史文化及民族心态水火不容。如果德川家康知道"登山宝训"和类似的典故，他就不可能会反对基督教了。他肯定会说，这些都可以用一个词来概括：仁。但政教合一的基督教又是另一回事了。日本人根本不需要它。

1611 年，新西班牙特使索托马约尔抵达日本，他提出了以下要求。

1. 允许西班牙人在日本建造他们喜欢的船只。

2. 允许他们对日本海岸进行勘察。

3. 允许西班牙船只在他们喜欢的地方出售他们的货物，并且不应该被搜查。

4. 禁止荷兰人在日本进行贸易，允许西班牙人派他们的军舰去烧毁荷兰船只。

德川家康同意了前两条，对第三条只字未提；至于第四条，德川家康告诉他们，自己不能干涉外国纷争，也不能把他们驱逐出日本。

但是第二年，德川家康因为几个原因改变了他对外国传教士的政策。首先是冈本大八事件。冈本大八是本多正纯的秘书，是一名基督徒。他声称可以帮有马晴信夺回失去的领地，并收取了有马晴信的贿赂。但是，有马晴信等了很久，也没能见到赏赐，于是直接找本多正纯对质，结果发现了冈本大八的阴谋。随后，这件事被报告到德川家康那里，在经过调查后，冈本大八承认了一切，随后被处以火刑；但是，冈本大八在狱中也将此前有马晴信也是基督徒，还试图谋杀长崎奉行长谷川藤广之事供出，导致有马晴信也被流放，最后被处决。此后，德川家康下令，禁止大名信仰基督教。

另一件事是德川家康发现了一个利用外国人推翻幕府的阴谋。1613 年，大久保长安去世时，有人策划了这个阴谋。大久保长安原是武田家族的猿乐能剧演员，后来被提升为武士阶级，然后成为江户附近八王子的大名。他享有三万石领地，但因为他能为德川家康挖矿，且为德川家康在关原和大坂的各种战事提供资金，这让德川家康免除了当地百姓的税收。1606 年，他被任命为伊豆代官。德川家康很喜欢钱，而大久保长安当时恰好掌握了从欧洲传过来的采矿技术，在他的技术支持下，德川家康获利颇丰。因此，他得到了德川家康的信任，甚至连账目都很少过问——而他刚好利用这一点挪用了很多钱。他变得越来越有钱，也越来越奢侈，巡视时甚至要带上七八十名女伴，妻妾更是成群结队。据她们说，他承诺在自己死后会给她们一大笔钱。但是，他死后，这些妾室并没有得到钱，因为继承人坚持先解决政府的账目问题。随后她们向幕府将军申诉，结果在调查之下，大久保长安常年挪用公款的事情终于被曝光——更严重的是，有信件显示他有召集外国士兵推翻德川家康的计划。随后，愤怒的德川家康没收了他的封地，处决了他的七个儿子。

当时，大久保长安的六子娶了松平忠辉异父同母的姐姐的女儿。松平忠辉是越后大名，是德川家康的第六子。而且，大久保长安自己也成了松平忠辉的家老。松平忠辉的正室是伊达政宗的长女，而伊达政宗曾派人前往西班牙，这也导致他们被卷入此案。后来在德川家康死后，担任将军的德川秀忠以密谋造反、大坂战役迟到等罪名直接将这位弟弟流放了。他一直在流放地被幽禁到1683年，以92岁高龄辞世。他是德川家族中数一数二的长寿者。

当德川家康问威廉·亚当斯为什么西班牙人想要勘测日本海岸时，他得知这在欧洲是一种敌对行为，而且这些传教士此前已经被驱逐出英格兰、荷兰、斯堪的纳维亚和德国的部分地区，在南美和印度也是劣迹斑斑。亚当斯的叙述和兰德乔（Landecho）船长在"圣菲利佩"（San Felipe）号上夸下的海口几乎完全一致①。他还说，西班牙人和葡萄牙人会为了伤害对方而相互出卖。

作为一名净土宗佛教徒，德川家康不仅虔信佛教，还十分信任那些能力出众的僧侣，比如天海和泽庵。他进入江户，做的第一件事就是在江户建立自己的家庙。他治理国家的策略就是利用佛教僧侣来帮他治理；在他眼中，佛教就是人民的精神鸦片。

1614 年，德川家康下令所有耶稣会士离开日本，但外国商人除外。虽然他禁止武士和贵族信奉基督教，但他并不禁止农民和商人信奉基督教。当年 9 月，63 名耶稣会士和一些日本籍耶稣会士在几位日本名流的陪同下前往马尼拉。这些日本名流最后死在了国外，其中包括 70 岁的如安（John）内藤飞驒守②，他的妹妹朱莉娅（Julia），他的儿子托马斯（Thomas），以及不久后于 1615 年去世的儒斯定（Justo）高山右近。

为了执行"为远近贸易创造机会"的政策，幕府鼓励对琉球的行动以及与欧洲的交流。1608 年，因受

---

① 兰德乔对日本人侵占他的货物感到愤怒，因此，他试图向丰臣秀吉的使臣炫耀西班牙国王的实力，并指出了国王的主权范围。在回答国王如何获得这些领土的问题时，他说，首先派传教士去改变当地民众的信仰，再派士兵和这些皈依者一起行动，进而征服这个国家。
② 本名为内藤忠俊，"如安"是其教名 John 的日语音译。——译者注

宠而拜领德川家康名讳的岛津家久 [1]，也许是急于表明自己配得上这个名字，于是致信琉球国王，提醒他注意这一事实：琉球国王十代以来一直是岛津家族的附庸，而且每年都应按惯例向幕府派遣使节，但他已经很长一段时间没有遣使朝贡了。其实，岛津家久是受了幕府的鼓励才这么做的，而且幕府还表明，如果琉球国王不同意上述提议，就会派兵远征琉球。岛津家久派来的信使是两名僧人和一名俗人。他们觐见了尚宁王及三名大将，说明了他们的处境并要求进贡。然而，这一要求遭到了拒绝，于是这些使节又匆匆赶回了岛津居城。不过，他们走前已经绘制了一幅群岛的地图，并偷走了一尊由大隅的日秀上人雕刻的"弁天乘浪"雕像——这是尚宁王十分崇信的神明。

随后，岛津家久立刻决定出兵。次年 2 月，他派出了一支 1500 人的军队，其中 734 人是火枪手，携带了 37200 发子弹，由他的一名家老桦山久高担任总指挥。凭借先进的武器和强悍的战斗力，他们很快就打败了琉球军。不过，萨摩藩一方阵亡了 300 人，这说明琉球军显然已经尽力了。琉球国王在首都被俘，于五月战役结束后被押送到日本。德川家康从捷报中得知了这一消息，写了一封非常简洁的回信，三言两语就将被征服的领土授予了岛津氏。内容如下："此信

---

[1] 日本战国时代，有两位岛津家久。一位是岛津贵久的四子（1547-1587）；另一位是岛津义弘三子岛津忠恒（1576-1638），关原之战后，继父亲岛津义弘出任家督。不久他上京拜谒德川家康，拜领德川家康所赐"家"字和松平姓氏，改名为岛津（松平）家久。文中此处指的是后者。——译者注

关乎琉球事宜。你在如此短暂的时间内获得大捷，实为大功一件。现将该国分封予你，稍后将作更为详尽的说明。7月7日。德川家康。"岛津氏的领地由此增加了8万至9万石。

第二年，岛津家久带着琉球国王来到骏府报答德川家康的恩惠。琉球国王带来了一万两白银，还有大量织物和一把剑。岛津家久也赠送了其他贵重物品。接下来的两天里，他们受到了德川家康的款待，连德川家康的两个儿子德川赖宣和德川赖房也出来献舞助兴。岛津家久还被赐予了两把由贞宗锻造的名刀。显然，这位老人非常高兴。

随后，这一幕在江户重演，幕府将军接见了他们。德川秀忠和他的儿子德川家光也得到了一万两白银、华丽的锦缎和刀剑。德川秀忠也为他们举办了宴会和茶会，并亲手为他们奉茶。然后，岛津家久给琉球官员写了一封专函，告诉他们幕府想与中国进行贸易往来的迫切心情，并指出他们完全有资格充当中间人，鼓励两国船只停靠彼此的港口，并找出最适合交换的商品。

虽然德川家康与外国的关系几乎都是礼尚往来，但如果他认为这是一种侮辱时，他会毫不克制地予以惩罚。例如，他下令在长崎摧毁了葡萄牙帆船"圣母"（Madre de Dios）号的事件就是明证。当时，德川家康想要一些名为伽罗的香木，遂要求长崎奉行长谷川藤广从占城带回日本。但由于近期无人从占城来日本，长谷川藤广不可能完成这项任务。后来，有马晴信听闻了此事，便将自己的部分存货送给了德川家康，后者欣然接受。为了表示感谢，德川家康送给有马晴信一份礼物和一笔钱，想让他帮忙采购更多香木。

1609 年初，有马晴信在一位名叫九兵卫的归化中国人的指导下，装备了一艘船，带着六名家臣，前往占城。但在他们驶入澳门港等待顺风的时候，日本人和葡萄牙工厂的一些差役发生了争吵，导致部分葡萄牙工人被杀。随后，在佩索阿的指挥下，许多葡萄牙水手进行报复，攻击并杀死了五名日本人，抢走了他们的财产。此后，九兵卫逃到中国，又从那里折返长崎，并于 9 月抵达。

获知此事的有马晴信迅速向在骏府的德川家康报告，随后得到了命令：留意下一艘葡萄牙船抵达长崎的时间，一旦入港马上报告。结果，来的这艘船刚好是佩索阿指挥的"圣母"号。在得到德川家康允许后，有马晴信决定，将其击沉。

一开始，有马晴信打算把佩索阿引到岸上然后俘虏他。长崎奉行长谷川藤广先是与佩索阿展开交涉，但是传教士们提前得知了消息，警告了佩索阿，让他不要过来。随后，佩索阿做好了战斗和离开的准备。有马晴信见状，便派出两名表面上不带武器，实际上在怀中藏着匕首的武士试图上船；但是佩索阿没有上当。不过，佩索阿也没能逃走，因为当时风浪并不站在他这边。

随后，有马晴信派出了六艘军舰攻击他们。最初他试图派火船去点燃"圣母"，在计划失败后，他又派出两艘大船，上面建了一座和葡萄牙船一样高的塔楼，与此前的六艘军舰一起围攻"圣母"。在激战中，葡萄牙人丢出的一个火罐却意外地掉在了自己脚下的甲板上，随即点燃了船帆和绳索，引发了大火。佩索阿意识到自己已经无能为力，于是点燃了船上的弹药库，随后，"圣母"在爆炸中分为两段。

有马晴信立即向德川家康报告了此事。德川家康非常高兴，不仅送了他一把宝剑以及船上的所有货物，还将养女国姬嫁给了有马晴信的儿子。在这次事件中，有马晴信大赚一笔，因为收回的货物包括20万两白银，还有同等价值的丝线、金链、戒指、锦缎、武器和乐器等。相反，传教士则损失惨重。他们失去了商船每年一次的补给，因此不得不缩减开支，关闭学校，还有些人只能靠慈善救济才能勉强度日。此外，由于物资短缺，京都的丝线价格上涨了一倍。

当然，葡萄牙当局不可能让这事不了了之。1611年，一名特使从印度果阿来拜访德川家康，带来了当地总督和马尼拉总督的信件。他们在信中询问了摧毁"圣母"的原因，要求恢复贸易关系，并向他保证葡萄牙人会尊重日本，保持对日本人的善意。

　　他们受到了德川家康和幕府将军的盛情接待。荷兰人则记载，德川家康收下了他们的礼物，但未发一言。无论如何，所有的说法都显示，葡萄牙特使要求幕府提供赔偿并解雇长崎奉行，因为他认为长崎奉行提供了错误情报。但德川家康对此颇为不满，他说他不反对恢复两国关系，但绝不允许任何外人干涉国家内政。林罗山也以"日本国臣上野介藤原正纯，即日本帝国行政长官本多正纯"的名义起草了一份书面回复。他在信中指出，船长是他们唯一怨恨的人，这也仅仅是因为日本政府一再传唤他来商讨此事，但他拒绝了，还向日本船只开火。于是，日本船只予以回击，并根据国法逮捕了他。日本船只本无意攻击或伤害任何人。因此，只有佩索阿一人应对所发生的一切负责。随信附上了幕府将军的贸易朱印状，简写如下：

　　果阿信使要求允许黑船进入日本，我对此没有异议。根据商业规则，他们可以像从前那样进行交易。如果有人反对，他将作为罪犯受到惩罚。祈望周知。

　　　　　　　　　　　　庆长十六年（1611年）春

　　　　　　　　　　　　幕府将军朱印

第二十六章
英国东印度公司

　　当伦敦的英国商人听说荷兰当局收到德川家康的信，邀请他们到日本进行贸易时，他们认为自己也可以分一杯羹，于是派约翰·萨里斯（John Saris）决定去碰碰运气。当时，威廉·亚当斯经常向国内写信，描述他在日本的状况，约翰·萨里斯便想寻求得到他的帮助。

　　彼时的英国东印度公司远不如荷兰东印度公司那样实力雄厚，其注册资本只有7万英镑，而荷兰则是60万英镑左右。不过，他们比荷兰更早接触印度皇室：1583年，英国人访问了印度莫卧儿帝国皇帝阿克巴的朝廷（阿克巴刚好和德川家康同龄，两者的行事作风也很像）；后来，约翰·米尔登霍尔（John Mildenhall）还带去了一封伊丽莎白女王的亲笔信。对于英国人的行动，葡萄牙人也试图通过贿赂的方式阻止他们，但被英国特使巧妙地躲过了。最终他们从阿克巴那里得到了想要的特权。

　　1612年，托马斯·贝斯特率领的四艘英国大帆船在苏拉特海域击败了葡萄牙人的四艘大帆船和 26 艘划艇，扫清了通往远东的道路，降低了葡萄牙人在莫卧儿帝国心目中的地位。次年，约翰·萨里斯率领"丁香"（Clove）号抵达平户。在平户领主松浦镇信的不懈努力下，荷兰人在平户建立了自己的工厂。这次，英国商船也受到了松浦镇信的热烈欢迎。很快，通过威廉·亚当斯，德川家康也得知了英国商船到港的消息。德川家康告诉萨里斯等人，他很高兴那些陌生的国家对日本有如此良好的评价，以至于不远万里前来访问。

不过，萨里斯很快便对亚当斯产生了意见，他认为亚当斯已经丧失了英国人的做派，觉得他是一个"归化的日本人"。在亚当斯的引见下，萨里斯抵达骏府，觐见了德川家康，随后又到江户觐见了德川秀忠。

关于这段觐见，史料记载如下：

庆长十八年（1613 年）8 月 4 日，英格兰国王的使者来到骏府，朝见德川家康。这是英国人初次来访。特使带来了一封在厚厚的蜡纸上写的信，这张纸宽 2 尺，长 1.5 尺。信纸三面的空白处绘有图案，先对折了三次，然后再对折了两次，最后用纸封好。信件使用'南蛮'①字母写成，日本国人无法识别，所以我们请'三浦按针'（威廉·亚当斯）使用假名重新抄录下来。

① "南蛮"本来是中国中原文明对南方不同文化的民族的称呼。日本借用该词后，用以指称东南亚地区，并引申用以称呼在印度至东南亚的港口与岛屿建立殖民地和贸易据点并试图向东北亚扩展交易范围的葡萄牙、西班牙等国。由此，欧洲传来的物品、文化等亦被冠以"南蛮"之名。——译者注

信件的内容大致如下：

感谢上天的恩典，我已经成为英国、法国和爱尔兰的国王十一年了。日本幕府将军的威名举世皆知，在我们国家也早有耳闻。因此，我们派约翰·萨里斯将军作为我们的代表，远渡重洋向日本幕府将军转达我们的问候。如此一来，我们两国的事务将会畅通无阻。对此，我们由衷地感到满意。因此，如果今后每年都有商船往来，那么双方的商人将会更加友好，也能各取所需。此外，如果日本幕府将军大人同意，他的亲善商人可以留在英国，从而增加两国人民之间的和谐交流。然后，我们将大量邀请日本商人前来我国进行贸易。我们可以一直与日本保持坦率真诚的沟通。祈望知悉。

大不列颠国王

于威斯敏斯特

詹姆斯敬上

致日本幕府将军大人

因为德川家康渴望从对外贸易中获利，也愿意对威廉·亚当斯的同胞采取开明政策，他随即赋予英国人广泛的贸易专利之权，并附上了一封致英国国王的信，内容如下：

德川家康

源家康回复英国君主殿下。

这是我第一次从长途跋涉的特使那里得到殿下的消息。从您的信件来看，您的治国方略确实值得称道。在已经取得巨大成功的航运方面，尤其如此。

鼓励我们两国之间的交流，并为海上贸易提供便利，您的这一愿望我非常赞同。我们虽然海天相隔，却胜似近邻。

另外，我随信附赠了一箱小小的礼物。不成敬意，还望笑纳。天气变化无常，尚望珍重。

> 1613 年 10 月 8 日
>
> 家康朱印

附赠五套金屏。

该贸易朱印状包含七条条款：

1. 允许这些初到日本的船只从事所有商品的贸易。它们都有正式的航行许可。

2. 它们可以按照自己的意愿卸货。

3. 它们可以在日本的任何港口登陆。如果它们偶遇风暴或因风帆、器械损坏而无法航行，它们可以在任何港口或海岸停靠。

4. 如果他们愿意，幕府可以在江户授予他们土地和场所。他们可以在那里建房、居住和从事贸易。此外，只要对英国人有利，他们随时都可以回国。他们建造的房屋将按他们的意愿进行处置。

5. 如果有英国人死在日本，他的财产将毫无疑问地移交给贵国。

6. 至于货物，他们不得强卖或者有违法行为。

7. 是否有英国人不守规矩，罪行是否严重，以及如何惩处，将由英国将军来判断。①

尽管幕府邀请萨里斯把总部设在江户地区，他还是决定留在平户。显然，他认为在平户可以少受亚当斯的影响。萨里斯并不信任亚当斯，觉得他完全可能为了自己以及他的荷兰和日本朋友的利益，而利用英国东印度公司。后来的事实证明，在平户他们要面对荷兰人的竞争，而江户的条件则好得多。

萨里斯是个刚愎自用的人，但他没有意识到，要想在日本成功地做生意，必须具备相当多的专业知识。例如，他不知道，给大名及其家臣送礼，比给不缺钱的幕府送礼要贵得多。"一件给天皇，一件给将军，另外两三件给大臣"。在日本，这是唯一的生存法则。至于大臣，本多父子是出了名地对贡品不感兴趣（也可能是因为他们的君主太过英明，他们不敢造次）；大名们则在幕府的压制下总是资金短缺。很快，萨里斯便发现，松浦镇信不仅频繁索要礼物，还总是向他借钱。他在日记中写道，松浦镇信经常以各种理由向萨里斯索要钱财；在他们看来，松浦镇信只是个小小

① 德川家康还询问英国人是否打算寻找北方或西北航道，并承诺：如果他们有此打算，他会把他们介绍给虾夷的官员。（虾夷为北海道的旧称。）

的领主，而且生活拮据。

在经历了各种不便后，萨里斯还是只能雇用亚当斯做顾问，因为"语言不通，完全没法交流"。经过一番讨价还价，亚当斯以一百英镑的年薪开始为英国公司服务。不过，萨里斯不让他经手任何财务。

亚当斯此时已经在日本积累了巨额财富。他是幕府将军的"旗本"（直属家臣），在浦贺附近的逸见拥有一处封地，有八九十位领民。他还娶了一位据说是天主教徒的日本女孩为妻，其父马达勘解由在大传马町担任传马役，是位有钱人，不过身份地位尚不清楚。① 他还在江户有一处宅邸，其所在地后来被命名为按针町（今属东京中央区），就像根据同时代的荷兰人扬·约斯滕·洛登斯滕 ② 一样。

亚当斯还有任何时候都能觐见德川家康的特权，"即使王公贵族被拒之门外时，他也能自由出入。"德川家康似乎把他当成了目付 ③，因为科克斯在他的日记中写道："1615 年 11 月。科平多尔船长告诉我，君主（德川家康）确实收到了他送的礼物，并回赠给他一些礼物。同时，船长致信萨摩藩主，要求在他的领地内开展贸易。"他还写道："君主派威廉·亚当

① 马达勘解由很可能是科克斯（Cocks）日记中提到的"Migmoy"，绰号"马基雅维利"。他好像是英国公司在江户的代理人，但从日记的记录来看，他这位代理人并没有受到很大的信任。
② 扬·约斯滕·洛登斯滕的日本名为Yayōsu，译为耶扬子，音近"八重洲"（Yaesu），即是今天东京都中央区八重洲町的来源。——译者注
③ 目付是江户时代的官职，主要职责是监视家臣的行动，也指战国大名合战之后为了论功行赏检视敌人首级的人。战国时代，监视自己的部队和敌人动向，然后向主君通报，是这个名称的由来。——译者注

斯船长去江户会见新西班牙来的传教士，想知道他们来日本的原因，因为他曾将他们的同胞都驱逐出去了。他还宣布，从今以后日本人不得进入新西班牙，违者处死。"

不过，并没有证据能证明萨里斯的怀疑是合理的。默多克（Murdoch）认为萨里斯是个不太受欢迎的外国商人，"本质上并不比贪财好色的俗人好多少"。他的处境艰难：荷兰公司资本雄厚，给他和他的继任者科克斯施加了强大的竞争压力；垄断了摩鹿加群岛（今马鲁古群岛）贸易的荷兰人又经常将捕获的英国商船作为战利品送到平户，大大降低了英国人在日本人心中的地位。

德川家康死后，日本政府对外国人的态度发生了改变。德川秀忠认为，欧洲人及其宗教与贸易对国家和德川家族很可能是一种威胁，便开始阻碍传教及贸易，拒绝提供商业设施。正如许多信中所写的那样，"在那位老人统治的时代，很多事情并不是现在这样。"对外贸易只能在平户进行，不能延伸至其他地方。

1619年，英国与荷兰曾签订过一份《防御条约》，约定共同攻击葡萄牙和西班牙的船只，并瓜分战利品。虽然这种"生意"比诚实守信的贸易赚得多（英国人大约获得了十万英镑的战利品），但双方的矛盾已经不可调和，最终他们都不再履行这份条约。在1623年的安博伊纳大屠杀中，英国船长和其他九名英国人、九名日本人和一名葡萄牙人在遭受了荷兰人的严刑拷打后被处决，罪名则是阴谋袭击驻防部队。事件发生后，英国人撤出了这附近的势力，集中经营印度市场，当地的建筑设施都被放弃，而平户的贸易也产生了数千英镑的损失。

第二十七章
庆长遣欧使团

意识到日欧贸易好处的并非只有西部的大名。1613 年，仙台的"独眼龙"伊达政宗，设法派遣一位名叫支仓六右卫门的家臣，在方济会修士索特洛（Sotelo）神父的陪同下，前往罗马朝见教皇。在幕府禁止传教后，索特洛神父因返回江户传教而被判处死刑，但伊达政宗为了达到自己的目的而帮他得到了赦免。那时，为了方便传教，传教士往往会兼修医学，索特洛也是如此。他曾治好过伊达政宗一位女眷的某种疾病，伊达政宗非常高兴，赠予这位神父大量金银和丝绸。然而，索特洛拒绝了，宣称自己做这些事都是"道义"使然，还赠给伊达政宗许多面包、丁香、蜡烛和胡椒。伊达政宗十分尊重他们，不仅为他们建立了一座教堂，还亲自听他们布道。

索特洛能说一口流利的日语，因此，伊达政宗提议让他代表自己出使罗马。为此，他还想方设法得到了德川家康的许可。伊达政宗的目的则有多种可能，一般认为是为了谋求与新西班牙建立贸易关系，也有人提出他想要借机打倒德川家康。德川家康也看到了从商业活动中谋利的机会，因此同意了此次出使，借助伊达政宗之手实现自己的目标。而索特洛也希望利用这次出使，从教皇手中获得教皇特使的身份，从而登上日本大主教的宝座。

还有一个西班牙人也想利用这次出使免费回家，他叫塞巴斯蒂安·维斯卡诺（Sebastian Viszcaino），他对外声称是为德川家康送信的特使，真实目的则是寻找传说中的金银岛。那时的人们普遍认为金银岛就在日本境内或周边，为了找寻有关金银岛的蛛丝马迹，他给德川家康带来了各种各样的礼物，包括西班牙国王和王后的画像、衣服、酒和时钟。虽然他没能带来德川家康最想要的采矿专家，但当他提出勘测日本海岸以找到黄金国时，德川家康欣然同意，还专门为他写了一封信，要求沿海的大名为他提供一切便利。

对此，英国人和荷兰人表示激烈反对，他们声称这只是西班牙人的间谍活动，他们在勘测结束后将派军队征服日本。德川家康却回答说，如果他们真敢来，自己也有足够的武力对付他们。在他看来，如果维斯卡诺发现了金银岛，他就会马上宣称这座岛屿归自己所有；就算没能发现，他也有与新西班牙进行贸易的打算。在德川家康的支持下，维斯卡诺勘测了从秋田到长崎的海岸。当然，维斯卡诺什么都没能找到，除了德川家康和伊达政宗这些"毫无用处"的人——他也因此变得急躁而举止粗鲁。失望的他急于离开日本，而伊达政宗正好需要一位经验丰富的船长，双方一拍即合。

他们乘坐的船由德川家康的水军将领向井忠胜督造。这艘船由柳杉木做成，宽 36 英尺，长 108 英尺，桅杆高 99 英尺。船员包括支仓常长等 11 名仙台藩家臣、向井忠胜等 10 名幕府家臣、40 名"南蛮人"以及一些商人，总共 180 人。

德富苏峰将这艘船形容为"希望用贸易来换取天国的人和那些希望用天国来换取贸易的人组成的联合体"。在船上，维斯卡诺总是在与日本人发生争吵，日本人甚至公开威胁要他的命，逼得维斯卡诺只好辞职，当一名普通乘客。当船抵达阿卡普尔科后，维斯卡诺立刻下船，然后返回了西班牙。他的日记被收录在一本未出版的文件集中，内容涉及西班牙在美洲和大洋洲发现、征服和分配领土的诸多事宜。

抵达阿卡普尔科后，他们前往墨西哥城，在那里，一部分随从在圣弗朗西斯科大教堂受洗，而支仓常长则被建议等到了马德里再参加洗礼，这样将会产生更加轰动的效果。然后，他们从陆路抵达韦拉克鲁斯，在圣胡安德乌鲁阿再次登船，途经哈瓦那、塞维利亚、科尔多瓦、托莱多，最终抵达马德里。在马德里，他们觐见了西班牙国王菲利普三世，索特洛还呈递了一封德川家康写给西班牙国王的信。

此后，由于索特洛生病，他们不得不在西班牙待了八个月。在此期间，支仓常长接受了洗礼，成为托莱多（Toledo）大主教的副手。他的教父是莱尔马（Lerma）公爵，教母是芭拉琦雅（Barachia）伯爵夫人，菲利普三世也出席了洗礼仪式。在参观萨拉戈萨、巴塞罗那等地后，他们前往意大利，10月25日抵达罗马。在罗马，支仓常长受到了教皇的接见，呈递了伊达政宗的信件，还获得了罗马市民权的荣誉证书，这份授予该项荣誉的拉丁文献至今仍然存放于日本伊达家族的编年史中。伊达政宗的信件原件，也仍然保存在西班牙。

在信中，伊达政宗说自己非常尊重基督教。不过，他却因为一个障碍而无法皈依基督教。他曾说："我成为基督徒有很大的障碍，但我希望我所有的臣民都成为基督徒。为此，我希望你能派遣一些圣弗朗西斯级别的'伴天连'①到我这里来。我会善待他们。"这个障碍当然是指德川家康。他还说，他将每年派遣船只到新西班牙，并希望他们能得到国王的帮助。他认

---

① 葡萄牙语"Padre"的日文音译，指神父或传教士。——译者注

为方济会修士们会经由这条线路前来日本。

不过，使团的诚意很快便受到了质疑。耶稣会士写信抗议，说使团并不是日本的实际统治者派出的，而是来自一位臣民。维斯卡诺也指责说，日本人对基督教没什么兴趣，他们的真正目的是贸易，德川家康和德川秀忠也都是佛教徒，伊达政宗不可能在德川家康等人不知情的情况下派使臣访问欧洲。他还说，索特洛所说的"日本人欢迎传教士"是子虚乌有，日本人不仅排斥传教士，还认为基督教和他们的生活格格不入。此外，他还提到荷兰人曾在德川家康和德川秀忠面前污蔑西班牙，说西班牙国王意图利用宗教皈依来吞并日本。

威尼斯驻罗马大使西蒙·康达里尼（Simon Contarini）的信中也体现了这种说法。他提到，使团最后并没能得到满意的结果，三项要求中只有一项在经过修改后得到了批准，那就是教皇陛下应"以国君之礼接见伊达政宗，因为他即将登上天皇的宝座"。在另外两件事上，教皇为自己辩解说，在任命主教或派修道士之前，他必须征求西班牙国王的意见。康达里尼担心，国王会将这些地方划为西班牙领土，而不是教皇领土。他还提到，索特洛说"他的主君权力和地位仅次于君主（幕府将军），将取而代之。然后，他不仅会宣布自己是基督徒，是罗马教会的忠仆，而且还会迫使日本的其他王公贵族也这样做"。

塞尔西拉（Cercyra）主教在给耶稣会领袖的信中也谴责了这个使团。他说，他已经竭尽所能去阻止它，因为它的真正目的根本不是传教，而是"伊达政宗期望通过到港的西班牙船只来帮自己获得巨大的物质利益。如果这事成功，就会产生巨大危险，因为日本帝国的君主和他的继承人不想在关东见到任何方济会修士。如果传教士来了，可能会激怒君主，使他对伊达政宗感到不满，并怀疑伊达政宗和西班牙人之间存在着某种于己不利的联盟。这样，他就可以宣泄自己的愤怒，让伊达政宗彻底毁灭。毕竟，伊达政宗的财产完全来源于君主的赏赐，而君主可以在必要时剥夺他的财产和生命。"

1620 年，使团返回日本，此时日本已经颁布了禁教令。支仓常长说，这次出使在欧洲"只是一场徒有虚名的作秀"。因此，除了幕府从它带回的信息中获利之外，这次出使的发起者都没有得到什么好处。

第二十八章
方广寺钟铭事件

1601 年，德川家康修筑了二条城（朝廷称二条亭），

223

作为统治京都的据点。1603年，按照丰臣秀吉生前的要求，丰臣秀赖与德川秀忠的女儿千姬结婚了。1605年，接任幕府将军的德川秀忠率领七万人的庞大队伍前往京都，接受天皇的任命。当时，德川家康想让丰臣秀赖随着这支队伍返回江户，但淀夫人阻止了这一想法。她说，她宁愿手刃自己的儿子，也不让他离开大坂。

在丰臣秀吉去世时，帝国有214名封地达一万石以上的领主。其中，87人在关原为西军而战，最终80人献出了生命、封地或自由，剩下的则被德川家族视作眼中钉。在他们之中，岛津氏和锅岛氏保留了原来的收入，毛利氏和上杉氏等人的收入则大大减少。活下来的每个人都觉得自己是幸运的，不愿再去冒险，因此幕府也不必再担心他们会对统治构成威胁。此外，帝国现在拥有190名新的万石以上大名，其中一半是德川家族成员及其谱代家臣。而其他外样大名中，超过三分之二的人实际上与谱代家臣处于同等地位，他们对丰臣家族的命运毫无兴趣。

在江户城的建造过程中，大名们为了不得罪德川家康，甘愿付出属于自己的全部人力物力，很多人因此一贫如洗。他们还和家人们在江户定居，在这座他们费尽心血建造的城市里尽心尽力地当了人质。

1609年2月，发生了一件也许具有标志性的事件，那就是伊达政宗宣布将自己的名字从以前的称号羽柴越前守改为松平陆奥守。在丰臣秀吉还在世时，他使用"羽柴越前守"这样的称号，目的当然是为了向丰臣秀吉致敬。现在他没有必要再这么做了。

在日本，也许没有比伊达政宗更会见风使舵的人了。他为了获得这个头衔付出了很多，包括上百锭黄金和两匹马等贵重礼品，还送给五位宫女每人五锭黄金。毕竟，很多事情都需要她们来打通关系。

此后的几年里，形势变化很快。短短几年间，丰臣秀吉的老朋友们便相继去世了。1611年，浅野长政、加藤清正和堀尾吉晴去世；1613年，池田辉政和浅野幸长去世；1614年，前田利长也随他们而去。

这些人中，最有影响力的当属加藤清正和浅野幸长。我们虽然不能断定他们能在多大程度上阻止大坂悲剧的发生，但在他们去世后，就再也没有人能阻止德川家康推翻丰臣氏了。可能有人会提到福岛正则，但当时的德川家康是可以轻易地把福岛正则扣押在江户的。

这些人离世的时间如此巧合，以至于有传言称，平岩亲吉曾建议德川家康在一场娱乐活动中将他们全部毒死。这种说法认为，为了让他们放下戒心，平岩亲吉甚至不惜与他们一起品尝有毒的菜肴，最终因此而丧命。不过，事实证明这样的传言并不可信，因为这场娱乐活动实际发生在他们去世之后；一些史料也显示，加藤清正、浅野幸长、前田利长、结城秀康等人都染上了梅毒；在某些娱乐活动后，这种疾病传入了那些大人物的宅邸。

其实，德川家康早就开始着手孤立丰臣秀赖了。他曾给西部和中部大名下了几道命令：第一，在到访骏府或江户之前，无须在大坂停留并谒见丰臣秀赖；第二，出行不要带太多家臣；第三，脸上不要蓄太多胡须。而加藤清正则带头反对说：不去大坂失了礼数；家臣人数要根据环境是否安全而定；蓄了胡须戴头盔会更舒服。

1611 年，德川家康邀请丰臣秀赖访问他自己修筑的二条城，为了打消丰臣秀赖的疑虑，德川家康将自己的七男德川义直和八男德川赖宣交给丰臣秀赖当作人质；而丰臣秀赖也如德川家康所愿来到了二条城。不过，在会面中，丰臣秀赖表现的似乎过于"聪明"了，反而让这位老人心生不快。

在会面中，德川家康提出让丰臣秀赖和他的母亲在京都重建方广寺大佛。1603 年，方广寺的大佛因寺庙失火而被烧毁。淀夫人曾为此向她的妹妹，也就是德川秀忠的妻子崇源院传信，要求他们帮她重建佛像；而当德川家康从本多正信口中听闻此事时，他却发了火："这尊佛像不过是丰臣秀吉的某种怪癖产物，根本没有重建必要。他们觉得需要重建，那就让他们自己去建。否则，如果我们国家的每一间神社都要求将军资助，那幕府很快就会破产。为什么要做这些劳民伤财的事情呢？用钱来维持帝国的和平与安宁比用来造佛要好得多。"

德川家康自己很反感这些"劳民伤财"之事，但很快他意识到如果能削弱大名们的实力却是再好不过。他非常喜欢通过这些事让大名们破产，从而确保帝国太平无忧。而丰臣秀赖也如他所愿，开始修建大佛和寺庙。

1614 年春，新的大佛和寺庙完工了。随后便是收尾工作：为寺庙铸造合适的大钟。大钟很快也顺利完成，它高 14 尺，重 72 吨。按照惯例，钟上面需要刻上一篇精美的汉字铭文，这个工作则交给南禅寺的高僧清韩完成。清韩不仅擅长写诗文，还与加藤清正关系不错，曾随加藤清正入侵朝鲜。

但是，正当丰臣秀赖准备举行落成庆典时，京都所司代板仓胜重忽然要求推迟所有庆祝活动。面对人们的惊讶和躁动，板仓胜重给出了理由：铭文对幕府将军及其家族不敬。

对铭文提出的正式的反对意见如下：

在"国家安康"这句话中，"家康"的名字被"安"字分开。

"家康"的名字应该紧跟在年号后面。

自古以来，这类铭文就由五大寺庙之一的某位高僧所写，但这篇铭文却由一位乡野和尚所写，真是闻所未闻。

在没有通知五大寺庙且没有得到寺庙批准的情况

下，就写了这篇铭文，此为不可饶恕之罪。

中国和日本都有避讳的传统。本文滥用天皇、摄政王或幕府将军的名字，此事不容忽视。

此外，还有些非正式的反对意见：有人反对"君臣丰乐，子孙殷昌"这句，因为他们认为，"君臣丰乐"实际是"乐丰臣君"，这句话的本意是"为我们的统治者——丰臣家族子孙的辉煌荣耀而欢欣鼓舞"。还有人认为"东迎素月，西送斜阳"暗指关东的江户与关西的大坂，将其解释为江户代表邪恶的"阴"，而大坂为代表正义的"阳"。

1614 年 9 月，本多正纯将负责整个工程的片桐且元招至静冈，要求丰臣家应谢罪，将不敬之辞抹掉。同时，淀夫人也派大野治长的母亲大藏卿局及两名近身侍女来向德川家族道歉。德川家康亲自接待了这些使者，以便进一步实现他自己的目的。他对这些女士们只字不提钟铭之事，反而亲切地安慰她们，只是提出了以下要求：丰臣秀赖无须做军事准备，也不用招揽浪人。

片桐且元则没能得到德川家康的接见，只见到了本多正纯。在会面中，本多正纯暗示他：必须要想办法安抚德川家康的愤怒；至于办法，也许只有让丰臣秀赖交出大坂城而移居他地了。片桐且元没办法和其他人商量，只好一边思考安抚德川家康的办法，一边返回大坂。在路上，他遇到了大藏卿局等人，便将自

德川家康

228

己的想法全部告诉她们，还强调说自己根本不赞同移居，最好的办法应该是让淀夫人或者丰臣秀赖去江户做人质。

但是，在经历与他截然不同的大藏卿局等人看来，这是片桐且元自己提出的计划，目的是从丰臣家族的损失中获利。

在分别后，大藏卿局等人又比片桐且元先一步抵达了大坂（这可能是因为德川家康故意让他顺路拜访板仓胜重而耽误了时间），并有机会将片桐且元的建议添油加醋地告诉淀夫人。在她们口中，片桐且元的建议变成了：丰臣秀赖改易封地；淀夫人去江户做人质（甚至还暗示她要嫁给德川家康做侧室）；丰臣秀赖亲自去江户。此外，还得附加一些不利条件。淀夫人闻言大怒，在联想到片桐且元和德川家康有姻亲关系后，便怀疑片桐且元是叛徒，扬言要砍了片桐且元的头。

片桐且元辩解说，自己是想争取时间等德川家康去世。如果淀夫人听从安排去江户，只是准备住所就需要相当长的时间，住所准备好后淀夫人还可能以生病等原因不宜远行，这样出行准备就需要更长的时间了。也许，淀夫人还没到江户，德川家康就已经去世了。

片桐且元单方面地以为，德川秀忠会按照那种传统、合理而可敬的原则行事；而德川家康则难以捉摸，只要是他认为有利的，任何事他都会去做。他们觉得德川秀忠并不懂得像父亲那样灵活变通地使用这些秉公处世的方法，一旦德川家康去世，丰臣秀赖就能凭借父亲留下的声望和才智大展宏图。后来的事实证明，他们低估了德川秀忠；而且对他们更不利的是，德川家康早就做出了自己的决定：不能再等下去了，必须要让事情有个了断。

在德川家康的掌控下，片桐且元被彻底架空了。虽然片桐且元的盟友邀请他攻击大野治长及其党羽，但他出于对丰臣家族的忠心而拒绝了：他不想再造成丰臣家族的分裂。于是，他回到了自己的封地，此后再也不能影响任何事情。后来他的家族在大坂战役中都为德川家康而战，这令他无法再为丰臣家族效力；他虽然想拯救丰臣秀赖和淀夫人，但当他发现一切都已不可能后，他选择了自杀。

那时，英国东印度公司的记录显示，早在大坂表现出需要枪支弹药的迹象前，德川家康就已经对英国枪支弹药有了强烈的需求。然后，德川家康又开始不断散布丰臣秀赖意图反抗幕府的传言；而当大坂的领导人们发现冲突无可避免，开始明目张胆地备战时，德川家康便以此为借口，公开宣战。

第二十九章
大坂冬之阵

丰臣秀赖向所有大名发出勤王通告，但无人响应。无奈之下，他只得依靠九万名浪人来守卫城池。与此相对的是，来自日本东、西、中、北部的大名们纷纷派遣私军加入德川军。史料认为，德川军多达九万四千人。德川家康自骏府城起兵，其子德川秀忠从江户发难，须臾之间大坂城就陷入重重包围之中。不过，他们并没有猛攻城池，且战斗场次并不频繁。也许，正是坚固的大坂城逼得他们不得不考虑其他办法。

大坂城外，方圆八又四分之三英里均设有防御工事，到处都是尺寸不一的火炮。其中，名为太郎和次郎的两门号称帝国最强的加农炮安装在二之丸御殿樱花门前的塔楼之上；经由炮眼发射的大小军火分布于各处城墙和塔楼；每隔一百码左右就有一台防御投石机。此外，真田幸村（原名真田信繁）还在八丁目门前建造了一座拥有城墙和壕沟的碉堡。这座碉堡设有三重栅栏，分别在壕沟的两侧及中间；士兵通过塔楼和炮眼来俯瞰并守卫这堵城墙。这座碉堡用真田幸村的名字命名，称为"真田丸"（真田出城）。

为了激发守城将士的斗志，丰臣秀赖的母亲淀殿穿上盔甲，与乔装之后的三四名侍女一起巡视哨所。但是，在将士眼中看来，这并不能鼓舞士气，反而更像是暗示：丰臣家已无可用之人。还有这样一则奇怪的传言：织田有乐斋之子织田赖长在巡逻时，身边不仅有一名和他一样身着镶有秋色花边的镀金盔甲骑兵，还有一名穿着猩红色盔甲的随从女兵，负责打醒每一位犯困的士兵。

丰臣秀赖则对巡视毫无兴趣，将士们根本就见不到他。谋臣们劝他见一见将士们以鼓舞士气，他虽然照做了，但在盛大的排场和已故太阁丰臣秀吉的金葫芦帅旗登场后，不情不愿的丰臣秀赖只是简单地挤出了一句"大家辛苦了！"就回去了。面对此情此景，本来满怀期待的将士们犹如被浇了一盆冷水，士气反而更低落了。

大野治长向淀夫人提出，要抢先攻占京都及附近郊野，因为从关原来看，德川家康可能会来不及援救。真田幸村则表示反对，因为德川家康已经可以号令全国，他会毫不犹豫地投入所有兵力。他提出，应该立刻出兵宇治和濑田的战略要塞，攻占伏见并烧毁京都。这一明确有效的军事行动，可能会给那些摇摆不定的大名们施压，使其站在自己这边。后藤基次等人也同意这一作战方案，但除了他们之外，大部分人并没有支持这个方案，而丰臣军也没有做出任何行动。

德川家康这边的形势显然乐观得多。细川忠兴在一次会议上曾对形势做出了精辟的总结。当时有人说，当年织田信长足足用了七年才平息了这里的一揆众，德川家康任务艰巨。细川忠兴则反驳说："今时不同往日。丰臣秀赖年幼，丰臣家上下全听淀夫人指挥，那些城内的浪人很难为了她豁出性命拼死作战。与此相对的是，由于亲属都在江户当人质，举国上下的武士，无论地位轻重，都会奔赴江户。当年的织田信长仇敌遍布全国，到处都有后顾之忧，因此不能将军队集中；现在，整个帝国在德川家康统治下团结一心。有了这些优势，再坚固的城池也坚守不了多久。"

在行军途中，德川军颁布了严格而详尽的军规：服从上级命令，严禁扰乱军心，行军途中禁止擅入他营，不得为了抢功而牺牲他人利益，不得滋扰百姓，不得克扣军饷，等等。有一些扎营的命令体现了德川军的要求严格。比如，某人使用了宿主的木柴，就得支付每晚三文钱的住宿费用，但如果他自供木柴，就无须支付任何费用。士兵们必须自带盘缠，为了方便补给，幕府命令老百姓在路边出售大米、豆子、麦麸、稻草等物品。这样，人和马的食物就都不难解决了。

此前，本多正纯曾起草过一份军规条款，德川家康在看过之后却说："我想，这就是你们心中将军该有的样子了吧。但在我年轻时，从不下达如此详细的命令。如果下属奉命行事却进展不顺，那就说明问题出在将领身上。反过来说，如果下属不尊上命却大获成功，你若因此称赞他们，将会导致将令不行。因此，这些细节最好能随机应变。"

12月15日，德川家康离开二条城，经奈良前往大坂。途中，他在奈良的法隆寺住了一晚，然后到了天王寺。在那里，他与大将们进行了会谈，并决定将他的司令部设在大坂城对面的高地茶臼山。18日，他抵达茶臼山与德川秀忠会师。在军务会议上，他说："内城很坚固，就算能够突破外城，内城也很难攻克。我们必须要打持久战，用防御工事把他们包围起来，切断他们与外界的一切联系。让幕府将军处理此事吧，我现在要去畿内鹰猎。"

接下来的几天，德川军接到了天皇就近期各种事端发来的慰问信。同时，他们抓到了一名从大坂城出来的信使，砍断了他的手指，并把丰臣秀赖的名字烙在他的额头上，从而打消了他送信的念头，随后又将这名信使送回了城内。除此之外，他们再没有做其他事情。

几天后，德川家康下令：在护城河修筑堡垒，并设置栅栏保护堡垒，谨防敌人炮火造成任何伤亡；九鬼守隆在河口派驻一艘警卫船，防止敌人从水路逃跑。当晚，他告诉伊达政宗，自己已经决定不久之后发动总攻，命他准备大量云梯。

德川秀忠判断，丰臣秀赖有求和意愿，打算通过猛攻尽快结束战斗。因此，他派土井利胜去请求德川家康下令，并定好攻城日期。但德川家康的回答只有一句话：务必让幕府将军记住，不能因为敌军人数不多而掉以轻心。对此，德川秀忠颇为不悦。

与将领商议后，德川家康命令：每天从晚上十点至黎明时分炮轰大坂城，连续轰炸三天；同时，派人通过地下挖掘开始破坏塔楼。为了削弱守军的士气，他们还向城内射箭，上面附有敦促守军弃暗投明的信息。德川家康和德川秀忠曾多次身犯险境，亲临前线侦查敌情。一天，他们登上有马晴信阵线的一座攻城塔，以很大的排场来宣扬自己亲临前线从而鼓舞士气。一些守军看到德川家族的帅旗迎风飘扬，便毫不迟疑地用各种口径的枪炮向塔上开火，甚至调用了能发射32磅炮弹的大炮，但一无所获。

战斗主要发生在大坂城北面的鸭野和今福。佐竹义宣和上杉景胜在两地突袭了一些设有围栏的防御工事，赶走了守军，巩固了阵地；但是第二天，木村重成和后藤基次带来了增援部队，并在沙袋的掩护下突然发起冲锋，再次将德川军赶了出去。佐竹军一度打算撤退，但在向堀尾和榊原等部队求援后，他们再度发起了反攻：先是五百名火枪手齐射，然后长矛兵冲锋，最终在付出了部分损失后，成功赶走了敌人。德川家康此时提出，上杉景胜应该后撤作为预备队，让将士休息。于是，德川家康命令堀尾忠晴代替他的位置。但是，上杉景胜愤怒地拒绝了："虽然这是大御所大人的命令，但我出身武士世家，家族的传统是战斗一旦开始就永不退却。"

在战役期间，德川家康采取恩威并用的方式，一边轰炸和威胁敌人，一边与敌人谈判。他试图收买几位包括真田幸村在内的敌方领袖，但没有成功。他还传话给江户，要让自己的侧室阿茶局出使，与淀夫人的妹妹常高院交涉。那时，淀夫人专横跋扈而野心勃勃，虽然她在执政方面表现得十分出色，但她还是会像当时大多数出身高贵的女士一样，因缺乏与外界交涉的经验而心胸狭窄，而且容易迷信和感情用事。

12月16日，一百多门大炮开始轰击大坂城，炮声震天，使城内的民众，尤其是女士们不得安宁。除此之外，德川军还会突然众炮齐射，并在夜间不定期地发出巨大的喊杀声，让敌人以为他们随时会发动进攻。只过了一天，大坂城的女士们就受不了这种担惊受怕的生活了：一发炮弹精准地落在了淀夫人的房间，击碎了淀夫人的茶柜。这令当时正在和侍女喝早茶的淀夫人惊慌失措，不得不开始考虑采纳和谈的建议。

与此同时，德川家康通过后藤庄三郎提出了一个打破僵局的办法：要么让淀夫人去江户当人质，要么就把大坂的护城河和城墙全部夷为平地，彻底消除丰臣家反抗的可能性。大野长治和织田有乐斋都赞同第一种方案，希望通过这种方案争取更多时间，同时还要求一些领土，以犒赏大坂城内的支持者。但是，大坂的领导人不希望丰臣秀赖离开大坂，而德川家康也毫无兴趣，于是故意提出将丰臣秀赖改封东部的阿波和加津佐——而这一明显不怀好意的提议也被大坂方面立刻拒绝了。

当时，德川军认为丰臣秀赖可能会去城内的神社祭拜丰臣秀吉，于是再次发动了炮击。结果，炮弹没能击中丰臣秀赖，而是击中了一根柱子，倒下的柱子砸死了淀夫人的几名侍女。

此后，大坂方面的谈判意愿更加强烈了，但德川家康并不想让人们以为他急于求成。17日，后水尾天皇派了两名朝臣去茶臼山见德川家康，要求他去京都和谈，却被德川家康立刻拒绝了。史料记载，德川家康表现得十分恭敬，但他解释说，如果谈判没能成功，将是对天皇的大不敬，因此还是不要开始任何谈判更好。而以心崇传的信件则显示，德川家康根本没有接见特使，还说不希望朝廷进行任何干预。

18日，阿茶局和本多正纯在德川军京极忠高的营地与常高院谈判。德川方面提出的条件是：将大坂城的二之丸和三之丸城墙夷平，只留下本丸（内城）；大野治长与织田有乐斋向德川方派遣人质，确保二者循规蹈矩；其他领导层以及新老家臣则不受牵连。经过一番讨论后，守军同意了全部条件。以心崇传的信件和日本关于围城战的记载也印证了这次谈判成果。

在耶稣会教士的记载中，守军的战果则被夸大了：攻城者损失了三万人，其中包括很多因无法忍受寒冷天气而当了逃兵的人。德川家康担心会出现大规模的倒戈，被迫达成了和解协议；但丰臣秀赖这边也缺乏应对长期围城战的物资，而且浪人部队的忠诚度也值得怀疑。

耶稣会传教士说，双方签订的条件实际是：第二和第三护城河系统将被填平，丰臣秀赖发誓不再发动叛乱，而会永远保持和平。他们还补充说，在日本，除非参战的一方被彻底打败，敌对双方是绝无谈判的可能的；在这次事件中，幕府将军无意遵守协议，只是想破坏大坂城的防御设施，以便日后能更顺利地攻克城池。他们还说，这确实"不是一份追求和平的条约，而是一份为进一步战争做准备的协议"。

至今，我们也不明白为什么守军为什么会同意填平护城河。他们可能觉得这就能实现永久和平，也可能只是对德川家康的要求产生了误解，认为只有外围的护城河要被填平。可是，德川家康在这件事上十分"热情"地派出了很多人，他们夜以继日地工作，最后把内城以外的所有防御工事全部夷平了。据说，守军当时试图向本多正信投诉，但那时的本多正信已经太老且长期患病，以至于无法接见他们，而这些投诉也就不了了之。如果这种记载可信，那么德川家康就是通过欺骗的方式达到了这场战役的真正目的，而"大坂冬之阵"也就成了和平主义者的愚蠢行为的代名词。

20日，在阿茶局引导下，淀夫人的妹妹常高院前往位于茶臼山的德川家康司令部，希望能与他达成最终协议。丰臣家送给德川家康三套服装和三十匹锦缎，本多正纯也亲自为常高院斟酒，德川家康则给了他们一份带有自己小拇指血印的协议。这份文件规定，丰臣秀赖的地位和他手下的收入都不受任何影响，而双方之间应该增强互信、摒弃欺诈。织田有乐斋和大野长治的两个儿子仍然要赴江户为质。三位女士一致同意：丰臣秀赖应派人拆除二之丸的城墙和塔楼，而京极忠高担任特派代表，以确保这项工作顺利开展。

次日，木村重成、织田有乐斋和郡宗保来到冈山，从幕府将军德川秀忠那里得到了一份类似的协议。这份协议中关于丰臣秀赖及其家臣的条款，与德川家康那份一样。另外，这份协议还补充说：丰臣秀赖的母亲无须前往江户；如果丰臣秀赖选择离开大坂，可以自由选择他自己喜欢的任意藩国。这份加了幕府将军正式印章的协议被带回了大坂城，但幕府对这一切并不满足，在22日又派板仓重昌和阿茶局前往大坂城，与丰臣秀赖及其母亲会谈。他们从后者那里得到一份誓词："从现在起，丰臣秀赖不会再起兵反对德川家康和德川秀忠；如果有意见分歧，他须立即与幕府直接商议；其他事情一切如旧。"

几天后，织田有乐斋和大野长治去茶臼山拜访德川家康，还带了常见的丝绸之类的礼物。德川家康表现得（或者说伪装的）非常亲切和蔼，还说：与自己孙子辈的年轻人们进行武力对抗是一件多么痛苦的事啊。而现在，和议达成了，战争时他有多痛苦，现在他就有多高兴。而大野治长确实无愧于是丰臣秀赖最忠诚的仆人，他在防御战中的英勇表现令人印象深刻；而幕府将军也将为自己拥有这样的勇士感到骄傲。

德川家康还特别要求大野治长把他的上衣披到当时也在场的本多正纯身上，要把他的忠诚转移到后者身上。对于德川家康如此纡尊降贵的表现，大野治长感激涕零，而织田有乐斋则郑重地强调说，这份条约标志着一个长期的和平时代的开始。他还做了一个茶道的姿势，说："现在，我们都可以去做这些愉快的事情了。"

随后，德川家康离开了茶臼山，前往京都的二条城，留下德川秀忠负责填平护城河。他还发布了一道命令，感谢所有大名的帮助，并免除他们三年的工程赋税和徭役。28日，天皇接见了他，正式宣布了和平的结局。

第三十章
大坂夏之阵

大坂冬之阵后达成和平协定时，伊达政宗和藤堂高虎通过本多正纯提出，由于这种和平不可能持久，而且大坂城的护城河也很快就填平了，所以可以竭尽全力发动一次突袭，然后毫不费力地摧毁整座城堡。

但是，德川家康表示了反对。他说："你们说得也许有一定道理，但'多行不义必自毙'。我们有很多离我们并不远的例子，比如废黜了将军足利义昭的织田信长和放逐了父亲武田信虎的武田信玄。他们的子孙已经得到了报应，家族也几乎覆灭了。出于与信长公的友谊，我帮助了织田信雄，与他一起对抗丰臣秀吉，在长久手打败了他的三名将领。为此，他把他的母亲送到我这里来做人质，与我和好，而我也忠实地与他合作，帮他取得了整个帝国。

"我支持他的儿子丰臣秀赖继承他的事业，但石田三成嫉妒我、痛恨我，密谋以丰臣秀赖的名义杀我；他的作为令人神共愤，上天降下惩罚，在关原之战中将他与他的同党一网打尽。当时，很多人叫嚣着要给丰臣秀赖以同样的惩罚，但我清楚，他年纪尚小，还不懂事。我于心不忍，不仅宽恕了他，还给了他三国封地，上奏朝廷让他升官。

"然而，他忘恩负义，竟然发起叛乱，反抗幕府。现在，他已经答应痛改前非，同意讲和，我自当顺其自然。如果他再行不义，我也必将替天行道；但目前和平已成定局，我又怎能轻易食言呢？"

我们很容易就可以看出，德川家康口中的"上天"指的是什么。在这一点上，他和同时代的欧洲人物几乎如出一辙。

不久，德川家康就开始接到有关丰臣秀赖在大坂进一步活动的报告。大坂的指挥官们已经下令秘密重启工程，挖开护城河，建造栅栏和其他防御工事。同时，他们也在收集资金，并从诸藩招揽更多浪人。还有些民众陆续离开京都，因为有传言说大坂军队打算占领这座城市。毫无疑问的是，大坂的领导层并不相信幕府，担心幕府军迟早会卷土重来，因此必须提早做好准备。他们认为，一旦开战，他们能够重创幕府军，而他们的战斗也有一定正义性。

面对毫不遮掩的挑衅，德川家康当然不会坐视不管，而事态也正向着他预想的方向发展。4月4日，幕府将军德川秀忠再次出任最高统帅，率军西进。虽然大坂修建了许多新的防御设施，但已不能和从前那座坚不可摧的要塞同日而语了。

部队浩浩荡荡地向西进发。德川家康端坐轿中，本多正信骑马随行，他们两人都没有带武器，其余随行者则是全副武装。他身着白色夹袄和茶色羽织，头戴蓑衣草帽，脚穿一双凉鞋。他把盔甲放在身旁的铠甲架上，没带采配。石川忠总砍了一根青竹给他，他就用作采配了。当他的旗杆断了，属下想要替换时，他告诉属下，可以随便找根竹子，只要将士们能看到旗帜就行。

在夏之阵中，德川家康的大工头中井正清通过拆分为的方式，把房屋带到茶臼山总部之后，再将它们拼装起来。但本多正纯告诉他们："我想，殿下不会喜欢这些大部件的。"而德川家康也给出了同样的意见："不要太大，至多不要超过六帖（六块榻榻米）。"于是，手下们按照他的要求布置了六帖的房间，三帖作为他的房间，另外三帖作为接见用的房间。

大约中午12点，德川秀忠来平野见德川家康。德川家康说："我去茶臼山，你去冈山。"德川秀忠却反对道："冈山周围的路况不好，很难走，所以我想敌人不会从那里进攻。"面对儿子的反驳，德川家康满脸愠色："再说一遍，我去茶臼山，你去冈山。"而德川秀忠也满脸怒色，一言不发。此时，本多正纯赶忙上来打圆场，劝德川秀忠照做。德川家康也说："我们必须抓紧时间，现在正适合前往驻地。"

随后，德川家康向全军发布命令："现在，所有人听从幕府将军的指挥。包括义直和赖宣在内，都要从这次战役中学到些什么。所有人要记住不要轻率行事。先把战马向后勒一两步，然后再刺出长矛。"

战前，德川家康请大野治长和速水守久到他的营地和谈，但谈判并不成功。不过，这次谈判带来了意外的效果：当他们回到大坂时，大坂的将士们情绪低落而疑虑重重。这一军心动摇的时机刚好被德川家康抓住，他立刻下令发动进攻。

虽然德川家康未能瓦解西部大名对丰臣氏的忠诚，但他们的作战计划显然受到了德川家康外交策略的很大影响。他们打算派明石全登率领一支部队绕过大坂城，攻陷德川军后方。同时，毛利胜永、真田幸村和大野治长等人在德川军正面发动猛烈攻击。如果一切顺利，丰臣秀赖将突现阵前，鼓舞士气。遗憾的是，整个战术最终只有正面进攻得到了实行——但这已经让形势开始变得有利了。当时，由于浅野长晟的部下忽然在海岸最左边发动进攻，德川军内一度出现谣言，说浅野长晟临阵倒戈，而这也鼓舞了丰臣军的士气。在那个时候，这种事在两军阵营中都是很常见的事情。

在正面战场，毛利胜永率队突破了德川军的先锋部队，德川家康本队也受到威胁。松下重纲、本多正纯、本多忠纯、立花宗茂等人见状，纷纷率队挡在本队前面，奋力发起反击，虽然他们一度取得优势，但在毛利胜永的猛攻下，本多忠纯的部队率先败退了。

此时，松平忠直的越前军正在战场一侧迟迟没有行动，因为他们怀疑左边的浅野长晟可能临阵倒戈。丰臣军的真田信繁立刻向他们发起了攻击，很快便突破了士气低落的越前军，随后直接冲向德川家康。

面对危急的形势，德川家康的属下们蜂拥而上，不顾一切地阻挡真田信繁；德川家康则亲自牵马到一边观战。此时，他身边只有小栗正忠一名随从了。但是，德川家康依旧保持冷静，在他的指挥下，士兵们迅速列阵，凭借巨大的人数优势艰难地挡住了真田幸村。

随后，越前军收拢残兵，占据了茶臼山，截断了真田信繁的退路。真田信繁此时也已疲惫不堪，浑身是伤，无力再战了。当他在树下休息时，越前军的西尾宗次发现了他。再也没有力气反抗的真田信繁说："拿着这颗头颅去立功吧。"随后他摘下了头盔，被对方杀死。

担任德川秀忠先锋的藤堂高虎和井伊直孝见形势危急，也顶着大野治长部队的火力开始冒险进攻毛利胜永。毛利胜永则偷偷布置了地雷，在藤堂高虎追击时引爆，给藤堂高虎造成了极大损失。但是，由于缺乏支援，毛利胜永被迫撤退。

令伊达政宗臭名远扬的一件事也正好发生在此时。当时，神保相茂所属的水野胜成队被击退，神保相茂率部后退，退到了伊达政宗面前；伊达政宗不仅没有保护友军，反而下令全军开火，导致神保相茂所部三百余人全军覆没。后来，伊达政宗辩解说：神保相茂形迹可疑有倒戈风险；伊达家的军法不分敌我，敌人和逃兵是一样的待遇；如果放任神保相茂部队溃逃，就可能导致恐慌蔓延，甚至让自军一起崩溃。事后来看，德川家康接受了他的解释，但其他将领则一边批评一边将其引为笑料。

在形势扭转后，德川军再次向大坂推进，但又遭遇了顽强反抗。大野治房、大野智胤和内藤长宗等人率军猛击德川秀忠部队，使德川秀忠的亲卫队中的不少士兵慌忙逃窜。幸好，在冷静而勇敢的加藤嘉明和黑田长政的指挥下，士气得以稳定下来，德川秀忠的亲卫队也渐渐站住了阵脚。

丰臣军攻势凶猛，井伊直孝部队的两名旗手一度被杀，井伊直孝虽然英勇作战，但还是无法阻止敌军攻势，只好艰难地向德川秀忠本阵靠拢。土井利胜和酒井忠世的旗本部队则冲得过猛脱离了本阵，也陷入了混乱。德川秀忠见状，打算纵马亲自出战，但是安藤重能紧紧地勒住了他的缰绳，无论将军如何怒斥，也没有放手。此后，本多正信骑马赶来，不仅说服了德川秀忠，还将他的作战命令传达给各级将士。

对于那些临阵脱逃的人，德川秀忠感到十分反感，于是下令列出一份临阵脱逃者名单，打算回到江户后一一清算。但这一打算被他的父亲否决了，因为这看起来并不明智。不过，士兵们还是用他们的方式表达了自己的不满："打不过的对马守（安藤重信）、跑得快的大炊头（土井利胜）、不作为的雅乐头（酒井忠世）。"

随后，幕府军包围了大坂。丰臣秀赖想要亲自带兵出征，但属下告诉他，时机早已过去。据说，德川家康还派人警告丰臣秀赖，不要轻易离开，否则他会被叛变的人断绝退路。丰臣秀赖的厨师大角与左卫门就是在此时被人收买而叛变的，他纵火烧毁了厨房，令火势蔓延到其他建筑物中；幕府军也趁势发起进攻，在城内纵火。走投无路的丰臣秀赖母子最终撤退到城内的山里丸，并在那里自杀了。

有记载认为，当时井伊直孝和安藤重能在没有征得德川家康同意的情况下就擅自炮轰主城，因为他们担心德川家康可能会饶恕这对母子。也有人说，是德川家康和德川秀忠亲自下的命令，他们在催促丰臣秀赖尽快自杀。

在《萩藩阀阅录》中有一段记载，大意是说大野治长请求德川家康赦免丰臣秀赖，但是后者回答说这件事必须由幕府将军裁决，而德川秀忠拒绝饶恕他。这一说法得到了毛利秀元的的认可。不过，很显然在这种事上，德川秀忠必须要遵循德川家康的意见。后来德川家康的态度也证明了这一点：丰臣秀赖年仅八岁的儿子国松，以及国松乳母的丈夫田中六左卫门都在六条河原刑场被斩首，只有国松的乳母得到赦免。德川家康的决心很明显：不能让丰臣家族的人活下去，以免让德川家族在未来遭受威胁。正如德富苏峰所言："德川家康是一个情感淡漠的人，甚至连血缘关系也可以弃之不顾，他曾为了讨好织田信长而杀死了自己的长子，还为了保持丰臣秀吉的信任而舍弃了他的女婿北条氏直。在他看来，帝国的利益等同于家族利益。但凡涉及到这些利益时，他从不放过任何一个人。"

后世之人都对丰臣军将领们的英勇无畏进行了赞赏。《萨摩国风土记》写道："他们的英勇前无古人后无来者。真田信繁、木村重成、后藤基次和薄田兼相这四人鞠躬尽瘁、死而后已。当时幕府将军的卫队们仓皇逃窜，德川家康只是运气好才取得了最终胜利。在真田信繁的攻击下，许多人逃了三里远，只为保住自己的性命。直到第三次攻击后，真田信繁才倒下。毫无疑问，他是帝国的第一勇士，古往今来从来没有比他更伟大的战士。"

人们很自然地会把德川家臣在这次战斗中的表现与德川家康早期战斗中的表现进行比较，但这些家臣是年轻的一代——三方原之战已是四十年前的事了。他们的心境也与从前不同，因为这次是大坂军在殊死搏斗，而幕府调集了帝国的全部兵力来对付大坂，这场战役只能有一个结局。现在这些发了财的旗本，很难再像以前与武田信玄和丰臣秀吉作战的三河武士那样来势汹汹和野心勃勃了。他们再也不是以前那种乡下人的做派了，反而奢侈了很多。不过，德川家康还是一如既往，正如德富苏峰所总结的那样："在大坂时他74岁，就像他31岁时在三方原一样。他所处的环境丝毫没有改变他。对于他的过往以及他所得到的一切，他都紧紧抓住不放。他虽然阴险，但的确是一位无与伦比的英雄。"

这次胜利无疑决定了帝国的命运，因为幕府现在已经没有对手了。所有的敌对势力都被彻底而系统地消灭了。许多丰臣军领导人自杀，土佐的前领主长宗我部盛亲及其他七十二人则被斩首示众。对于那些效力于丰臣秀赖的浪人，德川家康也认为需要根除后患：毕竟，只要有雇主，浪人就可以再次成为帝国未来的威胁。据传教士所述，幕府将他们的头颅钉在京都和伏见之间的木板上，足足有十八排，有些木板上多达1000个头颅。默多克说，丰臣秀吉本可以派他们去征服菲律宾，但德川家康却没有他这样的非凡才华。他是一个更为典型的日本人，而普通日本人都不怎么看重海外事业。最令他高兴的事情可能就是丰臣秀吉的藏宝库被发现一事了，因为里面有价值五十万英镑的金条。

丰臣秀赖妻子的命运，从一个侧面反映了当时幕府的行事作风。大坂城沦陷后，千姬前往德川军营恳求幕府饶了她丈夫及其母亲的性命。随后，虽然城内起火，但她还是冒着生命危险返回城内，加入了她丈夫的行列。据说，德川家康发出命令，如果有人救他孙女一命，就可以娶她孙女为妻。当时，千姬的一名侍女用床垫将她包裹起来，然后让她顺着塔楼滚下，结果被当时正好在下面的石见国津和野领主坂崎直盛接到。

可是，当坂崎直盛满心欢喜，以为能够得到千姬时，却听到了幕府将千姬嫁给姬路领主本多忠刻的命令。颜面尽失的坂崎直盛恼羞成怒，声称幕府故意怠慢于他、不守信用，还打算在路上强行劫走千姬。后来，消息传到幕府耳中，幕府一面派兵包围了他的宅邸，一面秘密联系了坂崎直盛的家臣，让他们为了和平考虑，最好劝他立刻自杀。这些家臣们更是一不做二不休，在将坂崎直盛灌醉后，斩下了他的首级，送到江户，说他已经自裁。又过了不久，坂崎直盛的真实死因曝光，幕府便以"家臣弑主大逆不道"的理由，没收了坂崎氏的封地。

第四部

二百五十年的和平

第三十一章
大久保忠邻的覆灭

如果德川家康的家人没有履行自己的职责，或者做了任何可能损害家族利益的事情，他会毫不犹豫地严厉处置他们。他对家人本就严格，对家臣们则更加苛刻。虽然他是一个独裁者，任何重要事情都由他自己决定，但他仍然依赖这些老谋深算的谋臣来提供建议和信息。此外，他还寄望这些家臣的家族在他离世后维护家族利益，因此他有必要剔除任何可疑的势力。

值得注意的是，这些得到家康信任的谱代家臣并未获得丰厚的封地。据说，这引起了一些人的不满。比如，井伊直政、榊原康政和本多忠胜在接收封地后，有人对他们的资产进行了调查。结果显示，他们每人的实际封地比账面少了大约八万石——他们账面上也不过二十万石而已。岛津氏和前田氏等外样大名的高额收入与他们微薄的薪俸形成了鲜明的对比。渐渐地，他们在经济上遇到了困难，但德川家康当时根本没有时间去管这些事。

253

当初，丰臣秀吉曾借机向这些谱代家臣施以恩惠，而早就熟知丰臣秀吉这些伎俩的德川家康故意只说了原定数值的一半，当丰臣秀吉提议加倍封赏时，德川家康也没有产生太大的损失。但在丰臣秀吉死去、德川家康成为幕府将军以后，情况也没有产生任何变化。当家臣们开始起疑心后，家族代代传承下来的君臣关系便开始产生裂痕了。

大久保忠邻是德川家康最信任的家臣之一。他是大久保忠世的儿子，他们所在的大久保家族则是德川家最古老的谱代家臣之一。大久保忠邻在姊川之战和三方原之战时就曾与德川家康并肩作战，在长久手更是担任德川家康的侍卫队长，屡立战功。他还曾担任德川秀忠的监护人，在丰臣秀次想要将德川秀忠诱到府上扣为人质时，多亏他的沉着应对，德川秀忠才能成功逃脱。后来，德川家康将自己的外孙女（也就是奥平信昌和龟姬的女儿）嫁给了他的儿子。

大久保忠邻和本多正信关系一直不好。据说，他们的矛盾起源于关原之战，当时德川秀忠的部队遭到真田昌幸的阻挠，大久保忠邻坚决主张进攻上田城，结果与本多正信发生了争论。而且，他们两人还是本质上的竞争对手，他们的不和也就不足为奇了。有人据此认为，他的垮台也是因为本多正信的谗言；但是，德川家康不是个轻易听信谗言的人，他的行动往往有更重要的深层原因。前面提到的掌管金银矿山的大久保长安，也是得到大久保忠邻的信任后被赐姓大久保；当大久保长安东窗事发后，幕府也开始怀疑大久保忠邻是否知情不报，或是存在失察行为。事实上，大久保忠邻一定知道大久保长安那臭名昭著的奢侈和傲慢，但他并没有尽到自己的义务，对大久保长安进行责备或规劝。

大久保忠邻的态度也引起了幕府的怀疑。有一段时间，大久保忠邻对江户周围地区的各大名都非常热情，不惜花费巨资举办各类款待活动，对各类闲杂人等也都敞开大门。江户和骏府对此都颇为不满。后来，大久保忠邻的嫡子忠常在封地骑西藩病逝，许多在江户任职的官员出于朋友关系，在未经幕府批准的情况下纷纷前往小田原吊唁。这一举动令德川秀忠大为恼火，便下令软禁了一些擅自前往小田原的官员。

此后，大久保忠邻便再也没有去过江户，而是一直留在小田原，还给这里挖了一条护城河——那是他父亲大久保忠世在丰臣秀吉的建议下才获得的封地。虽然封地不过 4.5 万石，但那毕竟是关东的前都城，战略位置十分重要。

1613 年，山口重政未经幕府允许，擅自与大久保家族结成联姻，让自己的儿子娶了大久保忠邻的养女。这一行为导致其领地被幕府没收。因此，大久保忠邻对幕府的不满逐渐加深。

也正是在这一年底，在德川家康从江户前往骏府的途中，一位名叫马场八右卫门的老人拦住了他的去路，并面呈了大久保忠邻的罪状。这位老人曾是甲斐穴山梅雪的家臣。德川家康对此非常重视，所以他返回了江户，和德川秀忠以及本多正信进行秘密磋商。不久之后，幕府命令大久保忠邻上洛，以确保对基督徒的审判顺利进行。因此，他离开了小田原，去了京都。

随后，幕府发表了一份声明，大意是说，指责大久保忠邻未经许可擅自联姻，决定剥夺其封地。随后，德川家康和德川秀忠在本多父子、土井利胜、安藤直次和安藤重信等家臣的陪同下迅速赶往小田原。经过再次商议后，幕府决定：立即拆除这座城池。城墙、城门和其他防御工事很快被从当地征来的民夫推倒和摧毁。不少专程从江户赶来的人员也参与了这次拆除工作。此后大久保忠邻被流放近江。

1614 年 2 月，众位谱代家臣发布了一份保证书：

我们对幕府将军或大御所没有丝毫的可疑意图。如果我们知道任何人有任何这样的邪念或违反他们制定的法律，即使这些人是我们的父母、子女或兄弟，我们也将立即报告，绝不隐瞒。由于大久保相模守引起了幕府将军的不满，我们将与他或他的儿子断交。

酒井雅乐头　水野监物

酒井备后守　井上主计头

土井大炊头　米津官兵卫

安藤对马守　岛田兵次郎

　　任何违背幕府意愿或政策的大名，都将面临这样的命运，直到 250 年后仍会如此。现在，我们仍不清楚大久保忠邻的真正罪状是什么，但人们都赞同对他进行处分。当时德川家康的反应似乎也说明了问题：当他和德川秀忠从小田原返回江户时，封锁了位于三岛至大矶和平冢之间的东海道要道，而箱根关口沿线，每隔 30 英尺就有带着弓箭和火绳枪的警卫站岗。

　　大久保家族的编年史中记载，片桐且元曾通过马场八右卫门通知德川家康：大久保忠邻正与丰臣秀赖密谋叛乱。不过，这似乎不太可能。之所以会有这样的指控，很可能是因为大久保忠邻同情丰臣家族，并且敢于反对德川家康打倒丰臣家族的计划。作为幕府最资深的成员之一，大久保忠邻突然受到惩罚，无疑会对那些意图分裂、炫耀权势或不尊重王权的大名产生强烈的震慑作用。

第三十二章
本多正信父子

　　德川家康身边有许多忠实的家臣，他可以依靠他
们来完成自己的各种计划。但这些人中，与他关系最
为亲近的还是本多正信和他的儿子本多正纯。本多正
信出生在三河的一个武士世家，他们的家族自祖父辈
起便侍奉松平家了。本多正信善于鹰猎，所以他从少
年时就随侍德川家康左右，直至一向宗暴动爆发。在
这次暴动中，本多正信站在了他主公的对立面，因此
被迫离开故乡，流浪四方，最后定居加贺，成为当地
一向宗的领导人之一。因此，从 1563 年到 1582 年，
他独立谋生，后世对他这段时期的经历也少有记载。
但是，他肯定花了很多时间在他最喜欢的汉学上，因
为他是三河武士中著名的学者。著名的鉴赏家松永久
秀曾对他有过这样的评价："我见过很多德川家族的
家臣，他们几乎都是纯粹的战士。但本多正信与众不同。
他刚柔并济，不卑不亢，是非常之人。"
　　丰臣秀吉似乎也认可他的能力，并有意将他纳入
自己的麾下。但是，在与德川家康商议后，本多正信

巧妙地找到了一些借口，回到了他以前的主公那里。就在织田信长去世前，德川家康派人去找他，他又重新回到了德川大家庭，不久就成了家康的亲信。凭借丰富的学识、见识广博以及与主公同样深谋远虑的智慧，他在谋士一职上发挥出了极大的作用。虽然德川家康移封关东之后才分封给他两万石收入，而且此后一直没有增加，但本多正信对这个职位非常满意，一直忠诚地为主公效力，直至生命终结。

本多正信比德川家康稍长几岁，他和主公一样老谋深算。他是一名完美的谋士，因为他将自己和主公的利益完全结合在一起，根本不考虑个人得失。他从不追求财富或地位，而是心甘情愿地忠于主公，从不会利用职务之便为自己谋取私利。当时英国公司的记录显示他拒绝接受任何价值的礼物，荷兰的代理商斯佩克斯、塞巴斯蒂安·维斯卡诺以及约翰·萨里斯也都有过类似的描述，而西班牙人更是将他与造币主管后藤庄三郎光次进行了对比——哪怕光次已经有了六百万磅的总财产，他还是来者不拒。

自加入德川阵营一来，本多正信一直是德川家康在关键时刻的最信任的谋士，后来他的儿子本多正纯也和父亲一样。本多正信曾向德川家康提出过许多重要的建议：比如关原之战前提议处置石田三成、大坂之战前提议填平护城河等。江户城的规划，尤其是城门、护城河及一些陡坡的设置也都是德川家康和本多正信共同拟定的。

德川秀忠继任后，本多正信担任了他的贴身秘书，本多正纯则随德川家康留在骏府；这父子二人通过他们巧妙的手段，化解了不少德川父子之间的困境。在关原之战中，德川秀忠表现不佳，这令德川家康开始怀疑他的能力是否能接任；然而，在本多正信的多方斡旋下，虽然德川秀忠没能避免父亲的指责和处罚，但他的位置并没有受到影响。这也让未来的幕府将军对他心存感激。

关原之战后，井伊直政等人只获得相对较少的封地，因此颇有微词。相比之下，本多正信却一再拒绝晋升和封赏。据说，当德川家康要求他接受更多赏赐时，他解释了自己的立场："我一直受到殿下的厚爱，虽然我不富裕，但也无贫困之虞。何况，作为一名战士，我寸功未建。现在我年事已高，不堪大用了。但是，一个军事国家永远需要能征善战的士兵。因此，如果能把赏赐给我的收入用来供养更多的士兵，那么帝国的和平就有了保障。对我的晚年而言，这是最让我开心的事了。"

本多正信精明地意识到，这样的做法最能取悦德川家康。即使在临终之际，他还是向德川秀忠强调，希望儿子的收入能保持不变，幕府只要不忘记他们的付出，保证本多家族平稳发展，就已经足够了。《藩翰谱》对本多正信与德川家康父子的关系做了如下描述："大御所视其为朋友，而幕府将军（德川秀忠）敬其为德高望重的长者。本多正信总是称前者为'大殿'，即'大主公'，而称后者为'中若殿'，即'少主公'。在军事讨论中，他总是言简意赅，一两句话就能说清楚他的观点，而且他还擅长打比方。"虽然本多正信年轻时就因伤跛足，不能参加太多军事活动，但他总是坚持随主公上战场。

德川家康并没有设置各种大臣，在施政方面，他主要依靠这两位"高级秘书"，其余的幕僚大多是他的军师以及学者。虽然只依靠本多父子会有视野受限等危险，但德川家康性格强势且精力旺盛，而本多父子也从未想过要利用信任独揽大权。他们很清楚，他们的主公生性多疑且善于听取他人意见，一旦他们有独断的迹象，立刻就会失去信任。可以说，本多正信虽然能力出众，但还是需要一位足够英明的主公来对他的能力善加利用——而德川家康恰好能做到这一点。德富苏峰说："三十五年来，本多正信都为德川家康而活，为了德川家族的利益而奋斗。他们彼此之间没有任何秘密。秘书与主公之间亲密无间，即使魔鬼也找不到任何嫌隙。"

这段话也适用于本多正纯，从他十八岁起，他就一直受到幕府的信任。这里有一件很有趣的事，据后藤庄三郎光次所说，德川家康在与本多正纯交流时会使用更多敬语。他说："我想知道，为什么权现大人对本多正信说'佐渡守'并指示他去完成某个任务，而对儿子本多正纯则总是称呼'上野殿'，请他去处理某些事务。"

本多正纯像他父亲一样高效而勤勉，一直协助父亲处理行政和外交事宜，并在德川父子间斡旋，尽可能地减少他们之间的摩擦。通过对德川家康的所思所想的精准揣摩，本多父子也得到了德川父子远胜其他所有人的信任，成为幕府最重要的谋臣。当然，他们也同时得到了其他家臣的嫉妒，尤其是在其他家臣的部分人（榊原康政、井伊直政和高力清长）遭到疏远和冷落、大久保忠邻更是遭到剥夺封地后。对他们来说，本多父子完全占据了他们的空间。

有传言说，本多正信导致了大久保忠邻的倒台，而曾经得到大久保忠世照顾的本多正信后来也遭到了报应。这种说法虽缺乏证据，但也有一定的道理，本多正信曾参与对大久保长安的揭发，这直接导致大久保忠邻倒台。不过，大久保忠邻并非一心一意忠于德川家康：同样是儿女过世，大久保忠邻意气消沉到不能处理政务，本多正信却能坚持上朝。也许正是这种态度的差距，让德川家开始怀疑大久保忠邻的忠诚，进而考虑他们是否对幕府的安全构成威胁。这可能是他们最难反驳，但又最容易招致的罪状了，无论以往有过多少功劳，都无法抵消这样的重罪。毕竟在日本，身居高位者往往要承担巨大的风险，因为统治者只会根据现行的政治需要，而不是一时的个人利益得失做决定。

第三十三章
东照大权现

在攻陷大坂、清除对手之后，德川家康开启了一场从静冈到江户的鹰猎之旅。通过鹰猎，把政治和锻炼结合起来，这是他多年以来形成的习惯。德川家康喜欢鹰，就像丰臣秀吉喜欢精美的建筑一样。有位仆人曾经伤害了一只鹰，德川家康随即下令将他处死。此事足以证明他对鹰的狂热，就像当年丰臣秀吉以磔刑处决几名在他的门上乱写乱画的小孩子一样。

后来，德川家康回到小田原附近的三岛，下令在那里为他建造一座隐居之所，但不久后他又取消了这一命令，理由是那些大名已经在大坂之战中竭尽全力，后来又为"天下普请"提供了大量劳力，他不想再给这些大名们增加负担了。

回到静冈的家中后，他吃了商人茶屋四郎次郎推荐的香油煎海鲷，吃了很多之后就病倒了。当时，德川家康向这位老朋友询问是否有新的菜式推荐，茶屋四郎次郎便将这种新奇的菜式拿了出来。不过,这并没有让他难受太久。至于后世传说"德川家康死于食物中毒"就更是无稽之谈了。按照文献描述的症状,德川家康那时可能已经患上了胃癌。

第一次感到不舒服之后,他吃了一颗自己觉得非常有效的药丸[①],然后恢复了一会儿。德川家康虽然不怎么注重养生,但他一直很关注自己的健康状况;而他的身体也十分健康,一生中只有两次患病记录,分别是感冒和痈疮。他避免任何暴饮暴食,而且积极地参加户外活动,睡眠也很好(他几乎能在任何情况下随时入睡)。然而,随着年岁渐长,他的病情开始严重起来,身体也越来越虚弱。

当时,他在朝廷中的朋友们向天皇进言,封他为太政大臣将大大彰显皇室风度,而天皇也答应了这一请求。于是,朝廷官员们便带着天皇的敕令来到德川家康所在的静冈,举行仪式任命德川家康为太政大臣。这位老人已经别无所求了——虽然他成为史上第四位武家出身的"从一位太政大臣",但这份荣誉对他来说,不过是一份告别这个世界的礼物而已。

虽然病痛缠身,德川家康还是穿上朝服,接受了大名们的祝贺。仪式辉煌而庄严,一切都很顺利,大家还按照惯例都进行了和歌创作。大约十七年前,帝国的实际统治者丰臣秀吉去世,当时他的境况与德川

---

① 在德川家康调制的药丸中,有一种叫作"万病圆",还有一种"宝肾药"。他称后者为八号,因为他将它放在随身药箱的八号抽屉里。

家康现在有很大的不同。当年，丰臣秀吉唯一的儿子和继承人只有 6 岁，他的前途吉凶未卜，因此，丰臣秀吉临终前对自己家族的未来充满了焦虑。所有的辅政大臣都是有权有势的领主，和平的局面不可能持续太久。丰臣秀吉料定会有一场争夺最高权力的斗争，但却无法肯定这最高权力是否还会归他的家族所有。而德川家康虽然也有焦虑，但那只是他生性使然——他喜欢预想一切可能发生的意外，无论这些意外发生的概率有多小。"所有人都是小偷，明天会下雨"。

不过，德川家康已经把整个家族变成了一个巨无霸，已经没有任何领主能与德川家抗衡了。德川秀忠已经当了 12 年的幕府将军，他的儿子德川家光也已经 12 岁，聪明而又活泼。秀忠的弟弟们，包括德川义直、德川赖宣和德川赖房，也得到了德川家康的告诫：要处处服从幕府将军。对于可能发生的叛乱，德川家康则安排藤堂高虎和本多正信随时准备足够的军队，一旦有异动就立刻施以打击。

德川家康曾说："帝国不属于任何一个人；帝国属于帝国本身。"为了帝国的和平，再微小的细节也不能被忽视。据说，德川家康曾告诉德川秀忠，在他死后，把所有大名扣在江户三年；而德川秀忠则回答说：他更愿意让他们只待一年就回去，然后再召集他们。谁敢不从，他就立刻发兵讨伐。德川家康听后十分满意。

虽然德川家康明白自己大限已到，但他不会因此心慈手软。当初撰写方广寺钟铭的僧侣清韩被他监禁；六子松平忠辉在大坂之战中行动迟缓且行为不端，因此直到德川家康临终也没能见上一面，即使他的母亲茶阿局恳求德川家康原谅他，也只得到了这样的回答："他可能是个有用的家伙，而且一表人才，但他在大坂之战中行动迟缓，根本没有参与战斗。更有甚者，他还在途中任意处死了幕府将军的一名家臣。我活着时，他已如此肆意妄为；待我离世之后，又有何事是他不敢做的呢？"

德川家康在与秀忠评判各位大名时，曾特别提到加藤嘉明："自从太阁死后，他一直对我们家忠心耿耿，他是一名真正的三河人。若善待他，他必忠心，若因事令其愤怒，他便心生不满。因此，你要多加注意。"德川秀忠回答说："他不过是个小人物，不足为虑。"对此，德川家康反驳说："绝非如此！你永远不要因为势力小就小看他们。在舞蹈中，一个跳得好且懂得把控节奏的年轻人不仅能成为领舞，还能把老年人也吸引过来，让大家都不由自主地跟着他起舞。国事也是如此，如果在局势动荡的时候忽然出现一个非常适合担任领袖的人，那么，即使他本无意造反，他也能轻易召集很多仰慕他的追随者。这就非常危险了。你断不可掉以轻心。"

德川家康还命令榊原照久，在他死后，要像他生前一样供奉新鲜的鱼和蔬菜，还要建立一尊面向西方的雕像，他要亲自抵挡从西方而来的一切麻烦。他明白，帝国西部是唯一可能出现问题的地方了——事实也如他所想，德川家族的麻烦也确实来自于帝国西部。

对于自己的墓所，德川家康则叫来以心崇传、天海和本多正纯，告诉他们就选定为久能山，葬礼在江户的增上寺举行，灵牌则放在三河的大树寺。此外，将来时机合适就在下野的日光建一座小堂，供后人瞻仰。同时，在京都南禅寺的金地院也要做同样的安排，京都所司代和武士都要去参拜。

随后几天，德川家康越来越虚弱，到 5 月底，他已经无法进食。1616 年 6 月 1 日（元和二年四月十七），德川家康离世，享年 75 岁（实岁 73 岁）。

辞世前，他按照日本武士的惯例做了两首诗：

多么惬意，睡梦之后忽又醒来
浮生若梦，又恰似拂晓的天空……

先行一步者，与仍活于世者本无差别
我将不会与你们一同前行，那么就此别过吧

我们在金地院崇传的日记里找到一条简短的记录："四月十七中午，从一位帝国宰相源家康去世了，享年 75 岁。当晚，他入葬久能山。"

夜里，简短的仪式之后，家臣们将德川家康的遗体运往这座靠近大海的陡峭山坡上，那里可以看到三保之松原和富士山的壮美景色。"江户的两位奉行彦坂光政和黑柳寿学，以及大工头中井大和守（正清），先行前往，将一切准备就绪。接着，本多正纯、松平正纲、所司代板仓重昌和秋元安伦护送着棺材来了。土井利胜代表幕府将军，成濑隼人正（正成）、安藤直次和中山信吉分别代表德川义直、德川赖宣和德川赖房三位领主出席入葬仪式。僧侣天海、以心崇传和神龙院梵舜主持仪式。当时，下着小雨。棺材由级别较低的随从人员接力抬上山，他们一声不响地赶路。本多正纯穿着草鞋走在旁边，每当抬棺材的人停下来休息时，他就会蹲在棺材旁说：'主公，乐意效劳。'当他们再次起棺继续前行时，本多正纯会抬头看着棺材，并重复说：'主公，我们都在。'他忠心守护着德川家康，好像主公还活着一样。"德川家康在家臣们身上激发出了巨大的忠诚和无私奉献精神。他去世以后，他们还是会持续下去。

德川家康死前几个月，国外就已经谣传他去世了，因为 1616 年 1 月 24 日科克斯报道说："君主之死的消息已传至城中。但我相信这只是无稽之谈，我报道这条消息是想看看人们会如何看待这件事。这位老人向来狡猾。"他还说："有消息说，如果君主攻占大坂之后，不会履约将大坂的领土及城池赐予儿子高田城主大人（松平忠辉）。因此，等松平忠辉大人从岳父伊达政宗殿下那里回来之后，君主和这位儿子之间可能会发生战争。"在3月3日的日记中，他写道："伊顿先生告知我说，佐渡守殿下（本多正信）去世了。"随后，3月31日他又写道："有报道说，君主去世了，而且据江户到澳门的日本人所说，大领主或北部国君福岛正则被杀了。但我认为这是一则普通的日本小道新闻，最终证明是假消息。"4月17日则写道："此时，唐津领主来拜访我，告知有消息称君主在外出鹰猎时坠马，病得很重，已经不省人事了。当晚，一名骑兵来送信，说君主的确还活着，并且和平户领主及其他两位国君谈话，只为堵住谣传他去世的悠悠众口。只是在他们看来，君主还没有完全康复。"

德川家康入葬久能山后，神龙院梵舜、以心崇传和天海之间便产生了争执，争执的焦点在于如何确定德川家康的神道教名号。梵舜是吉田兼右之子，是丰臣秀吉丰国神社的神官，也是他所自称的吉田神道的狂热支持者，他认为德川家康应该被塑造为一位纯粹的吉田神道神，而以心崇传也支持他（主要是为了对抗影响力与日俱增的天海）。而天海则坚持认为，德川家康真正信奉的是比叡山的山王一实神道，并且应该授予他更加兼容的"权现"名号。

葬礼结束后，德川秀忠从江户赶来，接见了参加葬礼的人，并讨论了已故幕府将军的后事。以心崇传和天海各抒己见，双方争论激烈。据说，本多正纯也支持以心崇传，还威胁要将天海流放，天海则反驳道：丰臣秀吉使用的就是"明神"的名号，而丰臣家却很快灭亡，因此该名号并非吉祥之兆。最终，还是德川秀忠做出了决定：他希望能按照德川家康生前的愿望，让他同时作为神和佛双重身份存在，而"权现"正好是神道教和佛教调和的体现。因此，天海取得了最终的胜利。

不过，失败的以心崇传展示出了强大的适应能力，而且他十分精明，不仅保住了自己的地位，也在很大程度上维持了自己在幕府中的影响力，这种影响力从德川秀忠时期一直持续到德川家光早期。以心崇传一直活到了 1634 年，也许他的影响力没有德川家康统治时期那么大，但他还是避免了本多正纯那样的不幸。早在德川家康去世的第二年，本多正信便去世了，享年 78 岁，本多正纯接替了他的位置。虽然他得到了许多封地，但他的位置却逐渐被土井利胜取代。1622 年，本多正纯被指控谋反，随后被流放到北方的出羽国，1637 年死在那里。

确定名号后，就应该确定德川家康的神号了。在四个候选名号中，幕府最终选择了"东照大权现"："我们怀着崇敬之心，称东照大权现为药师如来佛的化身。因此，他照亮了东部地区的十一万八千方土地。"供奉神社的位置则根据德川家康的遗嘱选定为日光。在元和三年（1617年）的新年，天皇册封了"东照大权现"称号。3月，德川家康从久能山迁葬日光，迁葬队伍用了近一个月，才抵达了日光神社。在那里，朝廷特使宣读了天皇颁赐神号的旨意，并将其交给天海大僧正。经过庄重的仪式环节后，天海大僧正将圣旨存放于神社之内。随后，于17日举行了神道教仪式。在仪式上，人们抬着神轿游行，以纪念日光神社的三位权现：东照大权现、山王权现、摩多罗权现。

关于这三位权现，当时民间流传着一种谣言：东照大权现旁边的那两位权现是天海和藤堂高虎。虽然这只是一种传言，但这在某种程度上象征着两人当时的权势。在德川家康的晚年，藤堂高虎可能比本多父子更受信任。虽然藤堂高虎不是谱代大名，但老幕府将军临终时，藤堂高虎是最最得力的陪侍。据说，德川家康曾告诉他说，此生他确实是一位忠诚的仆人，但下辈子，他可能无法继续效忠了，因为他信奉另一个教派。藤堂高虎则领会了德川家康的意思，先是将信仰改为天台宗，然后向德川家康保证：哪怕死后，自己也会永远做他的家臣。

就这样，一种以"德川家康崇拜"为中心的新天台宗就被树立起来了。神格化幕府将军的影响力主要集中在江户东部，自德川家康去世后的260年时间里，东照大权现一直是整个帝国的守护神。

第三十四章
德川家康的家庭

德川家康一直在组建一个数量众多、对政治有用的家庭。丰臣秀吉的侧室都是有地位的贵族妇女，比如来自于浅井家族和织田家族的淀夫人、来自于京极氏的松之丸殿、来自蒲生氏的三条殿、来自前田氏的加贺殿等；而德川家康的夫人则没有什么特殊的政治地位。筑山殿是关口亲永的女儿、朝日姬是丰臣秀吉的妹妹，但这两位都是政治联姻，德川家康并不喜欢她们。在他眼中，女人只是附庸和获得便利的工具。

长子松平信康和女儿龟姬是德川家康正室筑山殿所生，松平信康出生时德川家康18岁，龟姬出生时德川家康19岁。龟姬嫁给了奥平信昌，从记录来看她颇有男子气概，且勇敢坚定，因为她曾协助丈夫保卫长筱。德川家康死后，她在打倒自己讨厌的本多正纯的过程中起了很大的作用。

第三个孩子结城秀康是德川家康正室筑山殿的侍女於万之方所生，没有特殊的家庭背景。结城秀康是一名优秀的武士，在关原之战中表现不错，在东部指挥军队对抗上杉景胜，并因此得到 75 万石的越前封地。遗憾的是，他 34 岁就去世了。他聪明但任性，不关心任何人。他偏向于丰臣秀吉的家族，德川家康对此非常反感。所以，有谣言说他是被德川家康毒死的，这显然是无稽之谈，因为结城秀康放荡不羁、沉溺酒色，在"中邪"后因昏倒而死。虽然经过了一段时间的治疗，但仍无法挽回他的生命。

在结城秀康病重期间，他曾派了一名父亲也认识的侍女於佐去骏河，秘密向德川家康报告说："我病得很重，恐怕无法康复了。"德川家康十分震惊，说道："我一直把结城秀康视作家督之位的继承人，他是名勇敢的战士，在战场上也屡立战功。我认为，他不应只是越前一国的领主，如果他病情好转，我就会把近江和下野的 25 万石赐给他，让他的封地达到百万石。你马上赶回越前，把这些话立刻转达给他。这样他就会振作起来。"随后，德川家康写了一封信，把自己的打算写了下来，交给了侍女。

这位侍女星夜兼程，但她刚刚抵达冈崎城时，就得知了结城秀康的死讯。于是，她又返回骏河，再次求见德川家康。那时，德川家康正在下围棋，当他听到自己的儿子去世的消息后，先是震惊，继而流露出悲伤之情。此时，侍女从怀中拿出那封书信，把信交还给德川家康。德川家康一边接过信，一边说："女人总是能注意到这些事情。"而越前的武士们在听到这件事后则批评她："别做那些多余的事。"后来，虽然结城秀康之子松平忠直继承了越前的封地，但德川家康再也没有提起过这 25 万石的赏赐。

然后是 1580 年出生的德川秀忠和 1581 年出生的松平忠吉。这两位都是西乡局所生的儿子。西乡局是三河一名乡士户塚五郎太夫忠春的女儿，后被西乡清员收养，取名於爱之方。松平忠吉也是一名优秀的武士，在关原之战中表现卓越。当时，他在岳父井伊直政率领的先锋军里作战，战后得到尾张 57 万石的封地。但是，他仅活到了 28 岁。

松平忠吉去世后，他的三名家老都选择了为主君殉葬。对此，德川家康十分不悦，并追问德川秀忠为何不阻止他们，眼睁睁看着他们殉死。"殉死虽是古老的习俗，但并非值得提倡之举。如果家臣想要展示自己的忠诚，那他就应该活着去辅佐主公的继承人。这才是我说的忠诚。这些人以献身表示忠诚，实际却是毫无意义。发生这种事，说明将军疏忽大意了，没能亲自禁止这种行为。"德川秀忠照办了。几个月后，结城秀康也去世了，德川秀忠随即给他的家老写了一份亲笔信，禁止任何自杀行为，而且特别指出骏府方面也是这么要求的。

幕府将军说，他理解结城秀康死后，可能会有一些人自杀。但是，他们必须记住，当一家之主去世时，往往很难确定继承人以便传宗接代。此外，越前都城北之庄是北方重要的战略要地，对帝国的稳定至关重要。因此，那些想对已故主公表忠心的人，必须珍重生命并保护他的继承人。他们决不能无谓地死去。如果有人违反这一命令，他的子孙后代将被剥夺继承权。这封信送到时，已经有两人殉死，而其他人则被及时阻止了。在幕府的这条禁令颁布后，有许多想殉死的人都被禁止了。

随后出生的是女儿振姬，她的母亲是於竹。於竹的父亲市川十郎左卫门昌永是武田家族的一名家臣。振姬先是在丰臣秀吉的安排下嫁给蒲生秀行，后改嫁给浅野长晟，两次都是政治联姻。

然后是下山殿的儿子武田信吉。他的母亲是武田家重臣秋山越前守虎康之女，在见性院的请求下，他继承了即将断绝的武田家血脉，并改名武田信吉。武田信吉先后成为几个小地方的领主，后来升为水户城主，领25万石。武田信吉死于1605年，年仅21岁。《德川实纪》有如下记载：

"见性院，武田信玄的女儿，穴山梅雪的妻子。在父亲与丈夫都去世后，穴山家的家人都依附于万千代丸（武田信吉幼名），他的生母是秋山越前守虎康之女。见性院则被德川家康招至江户，住在田安门内的比丘尼町。每当她到居城来看他时，他总是从高台上走下来，给予她最诚挚的问候。大家都说这是因为她是武田信玄的女儿。"

接下来是松平忠辉。他母亲茶阿局的家世不详。据说，她是远江金谷一位工匠的遗孀。茶阿局的美貌似乎吸引了当地代官的注意，这位代官诬陷她的丈夫，将他处死，企图霸占茶阿局。但她却偷偷溜走，带着三岁的女儿逃到了滨松城，并向德川家康申诉。德川家康查清了这个案子，惩罚了代官。尽管家康对代官的行径深感厌恶，却对茶阿局产生了好感。于是，他在家中为她安排了一席之地。

松平忠辉后来一直做到高田城主，领55万石，但他在大坂之战中的懈怠和拖延却激怒了他父亲。因此德川家康去世后，他被剥夺了封地，谪居于乡下的各个地方，先是伊势，然后是飞驒，最后是诹访。他似乎很适应隐居的生活，从23岁到91岁间的近70年中，他一直处于谪居之中。

然后是德川义直，他的母亲於龟是石清水八幡宫一名神道教徒的女儿。她先是嫁给一位名叫竹腰正时的人，丈夫去世后，她成了德川家康的侍女。当德川义直于1601年出生时，德川家康已经59岁了。义直后来成为尾张松平忠吉的继承人，领有61万石，是尾张德川家的家祖。

德川赖宣和德川赖房的母亲也叫於万，但这位女性并不是德川秀忠的母亲，她们只是恰巧同名而已。於万的父亲名为正木左近大夫平邦时，养父为小田原北条氏的家臣荫山氏广。1604年，她生下了德川赖宣，次年又生下了德川赖房。德川赖宣两岁时，哥哥武田信吉早逝且无子，他便继承了哥哥的水户城主之位以及25万石的封地。1609年，他转封到骏府，领50万石，水户则被封给弟弟赖房。1619年，他又转封到纪伊，领55万石。

德川家康最宠爱德川义直、德川赖宣和德川赖房这三个孩子。据说当年德川义直患了天花，病情好转后德川家康在信中提及此事时，多次提到"可喜可贺"和"开心"，可见他十分高兴。还有记载显示，有一次德川义直和德川赖宣在静冈参演一出能剧，德川家康和德川秀忠便亲自在台下观赏。这三个孩子出生得较晚，与丰臣家并无关系，更谈不上对丰臣家有什么好感。也许这是德川家康亲近他们的一个重要原因。

某日，德川家康带着他们三人来到主城的楼顶。当他们都在欣赏景色时，德川家康忽然问他们三人，有没有人敢跳下去。两位年长的儿子沉默了，但德川赖房说，如果父亲给予他想要的东西，他就会跳。"好，那你想要什么？"德川家康问道。德川赖房则语出惊人："我要整个帝国。"德川家康十分惊讶地追问："可是，如果你从这里跳下去你就摔死了，帝国对你又有什么用呢？""虽然我会摔死，"赖房继续说道，"但我也有那么一瞬间享受过成为帝国之主的不朽荣耀。"对他的发言，德川家康也在内心暗自赞叹——因为当时德川赖房只有11岁。还有一次,德川家康问他们三个,现在最想要什么时,赖房回答说:"我想要各种各样的人。""干什么用呢?""这样我就能深入了解整个国家了。"

德川赖房的继承人是著名的"水户黄门"德川光圀,后来的水户藩主也被人们称为"副幕府将军"。不过,德川赖房从未迎娶过正室妻子,只有众多的侧室。据说,在德川赖房还年轻的时候,有一次德川秀忠曾提起:"我该让你成为哪家的女婿呢?"而当时正好在秀忠身边的崇源院(德川秀忠正室)则说:"哪家姑娘会嫁给这种浪荡子!"对此,德川赖房非常生气,最终一生没有迎娶正室。

除去上面提到过的,德川家康还有许多没有生下男孩的侧室。鹈殿长持之女西郡局生下了督姬;於牟须随着德川家康一起在朝鲜之役时去了名护屋,由于难产,她和未出世的孩子均死在那里;於夏是长谷川藤直的女儿,长谷川藤广的妹妹;於六是黑田直阵的女儿,原是於梶的侍女,后来得到德川家康的宠幸,曾随德川家康一同参加大坂冬之阵;於梅则被赐予本多正纯为继室,本多正纯被流放后,她在静冈出家为尼。

由于丰臣秀吉家族的纷争源于正室和淀殿为中心的两派,所以德川家康非常谨慎,不会专宠任何一位妻妾,而是雨露均沾,以免他的家族重蹈覆辙。毫无疑问,这种"女人多,爱情少"的理论既符合他的本性,也符合他的策略，因此他的家庭中从没有出现过党派之争。不过，这并不意味着这些女性毫无作用。由于许多人会挖空心思去获取或巩固德川家康的信任，这些女性们也被视为一条接近德川家康的捷径：伊达政宗就曾送给五名侍女每人五锭黄金。而她们也会主动借钱给大名，并请神社的巫女充当中间人。1607年底，骏府城大火的资料就显示，许多侧室和侍女都在大火损失了数百锭黄金。

德川家康本人也十分信任她们，在大坂之战期间，这些女性负责了不少外交工作，也获得了相当大的权力。最为突出的是阿茶局，她获得了德川家康的信任，并被委托管理家中的许多内务。1621年，德川秀忠的女儿和子入宫，成为后水尾天皇的妃子，而阿茶局则作为和子的代理母亲一同入宫，最后被授予从一位位阶。这是一个平民女性能得到的最高位阶。

阿茶局生于1555年，卒于1638年，享年83岁。1578年，她成为寡妇，然后被德川家康纳为侧室。长久手之战中，她随德川家康一起出征，还因此而流产；德川秀忠和松平忠吉的母亲西乡局去世后，她负责担任这兄弟二人的养母；大坂之战时，她负责担任幕府的特使，与丰臣家进行谈判。在某些方面，她发挥的作用与本多正纯不相上下，但本多正纯却远不及阿茶局那样精明。

有这么一个故事，可以反映出阿茶局的老于世故：

一次，酒井家次从江户到骏府来谒见德川家康。因为觉得冷，他就在折乌帽子下又戴了一顶棉帽子。结果在行礼时，棉帽子不小心露了出来。德川家康见状，十分生气，觉得他有失体统；而本多正纯也责备说，老人这样打扮还情有可原，年轻人怎么能如此软弱，他就从不会在江户的任何一位大名面前戴上这样的帽子。此时，侍立在旁的阿茶局插话说：这位特使感冒了，本来不该来拜谒的，但他又不愿错过这次机会。于是我就建议说，你可以戴上一顶棉帽子，穿得暖和一些；失礼也总比根本不来要好。德川家康听到解释后，立刻转怒为喜。

另一个以聪慧能干闻名的是於梶。她13岁就成为德川家康的侧室（那时德川家康已49岁），由于於梶的女儿夭折，德川家康便让德川赖房认她为养母。於梶有这样一个故事：一次，德川家康与本多忠胜、大久保忠邻和平岩亲吉等家臣讨论什么东西最好吃，大家争论许久也没能得出结果。此时，侍立在旁的於梶说："最好吃的当然是盐了。没有盐，任何食物都索然无味，人们一天也离不开它。"听了这话，在场的人无不拍手赞同。随后，德川家康又问："那什么东西最难吃呢？"於梶回答道："也是盐。无论什么样的美食，只要加了过量的盐，都会变得无法下咽。"在场的人纷纷感叹说："若她是男子，想必能驱使大军，成为独当一方的大将。"

第三十五章
学问与出版

德川家康时期的一个特点是人们普遍对文学很感兴趣，这主要得益于德川家康本人和后阳成天皇的思想品味。这种趋势从足利幕府时期就已存在，只不过在战争年代没有足够的环境供它发展（当时朝仓义景、松永久秀及织田信长都是文学倡导者）。

有人说，德川家康的文学品味是受了今川义元的影响；但是今川义元偏爱的是和歌、中国古诗以及《源氏物语》等上古时期宫廷生活传记等宫廷风的文学。而德川家康在这方面毫无建树。据岛津义久说，当德川家康必须参加这种诗会时，他会找人代笔。

德川家康爱好的是伦理和历史著作，比如儒家经典和中国历史（司马迁的《史记》或《六韬》《三略》等兵法），还有《延喜式》《吾妻镜》等日本文献。德富苏峰认为，这很符合德川家康的秉性，因为他的一生所过的并不是诗情画意的生活。

他没有像丰臣秀吉那样的艺术品味。他最喜欢的是各种各样的信息，尤其是能派上实际用场的信息。

他所喜欢的是能启发才智的东西，比如教人如何履行
职责以及如何治理国家的文献，而不是能激发情感的
东西，因为他并不是一个情感丰富的人。在这方面，
他的子孙后代中有不少人都像他，比如他的两个儿子：
纪州的德川赖宣和尾张的德川义直；而他的孙子辈中
水户大学者德川光圀和德川秀忠的儿子保科正之也是
如此。当然，如果他能预见到研究历史会导致他的家
族被推翻的话，那么他是否还会专注于历史，就是另
一个问题了。

在关原之战的前一年，德川家康将成千上万的中
文活字送给了学者三要元佶，他曾是足利学校的庠主
（校长）。1594 年，他会见了伟大的儒家学者藤原惺
窝，随后在伏见听了他的讲座。当时，有人指责德川
家康没穿礼服，而他欣然接受了这些批评。1601 年，
德川家康安排印刷并出版了一部中国兵法经典；1606
年，他又安排出版了记载日本镰仓时期（1180-1266）
历史的书籍《吾妻镜》。这部作品的原稿本归小田原
的北条氏所有，后来丰臣秀吉攻陷小田原，此书落入
黑田如水之手，继而传给了其子黑田长政。1613 年，
德川家康命令藤原惺窝的传人林罗山为这部作品撰写
摘要，并在战争间隙孜孜不倦地研读这份摘要。他晚
上经常和朋友们在静冈的居城里讨论主人公源赖朝生
活中的各种事件。毫无疑问，德川家康在很大程度上
一直在效仿源赖朝。随着年岁渐长，他对这些研究的

兴趣愈发浓厚。关原之后，他没收了安国寺惠琼的文库，把它送给了三要元佶。他在伏见设立了一所学院，并在江户的富士见亭建立了一所文库。

也正是在这个时期，儒家程朱理学传入日本。程朱理学由 11 世纪和 12 世纪中国宋朝的程氏兄弟及朱熹创立，它将道教和佛教的部分元素融入孔子的道德体系，而且迎合了一些人希望建立一套融合天人关系理论的道德体系的需要。在这套哲学中，宇宙万物是"天理"阴阳变化的结果，而按照阴阳变化的法则，"气"随"理"而动。关于这些元素的性质，学者们则争论不休。此外，人的行为要符合自然法则，即君臣、父子关系，还有长幼、夫妻和朋友关系。忠孝仁义礼智信是对这一切的最好概括。因为这是一种家庭伦理，或多或少地与佛教的禁欲主义理想相抵触，所以在儒家学者和佛教僧侣之间就产生了一种天然的对立。但是，这就是德川家康的特点，他希望尽可能地利用这两个学派。在他的身边，既有以心崇传和天海等僧人谋臣，也有儒学大家藤原惺窝和林罗山。

我们还发现，1615 年，德川家康命令以心崇传出版了《大藏经》。这部作品印刷在木板上。德川家康数万块木板，很可能是从朝鲜带回来的。在 1614 年退居骏府后，他就立刻着手开始印刷这部经典。后来，这部经典在全国范围刊行，其中有 100 部是家康自费刊印并送给全日本的各大寺庙的。虽然德川家康很喜欢佛教，也很善于运用佛教理论和僧侣，但后来成为德川幕府官方哲学的却是儒家的程朱理学。这一决策是由德川家康和他的大师级幕僚林罗山所制定的，而幕府的政治哲学是由他在天海和本多正信的协助下建立的。林罗山是一位年轻有为的奇才，13岁时就能解读唐宋诗人的作品，因此他被称为智慧之神（文殊）的化身。他21岁开始讲学儒学，一年后成为藤原惺窝的弟子，又一年后他被召到京都二条城与德川家康会面。当时清原秀贤反对他的讲学，并向德川家康抗议，说他的教导不合正统，还说他应该为他与官方立场相悖的讲学受到训诫。而德川家康则对他们进行了关于中国历史的口试，林罗山是唯一能回答所有问题的人（他自己是这么记载的）。因此，林罗山成为了幕府的活字典。毫无疑问，他奉命起草了很多立法文件。

"从高祖到高宗有几代人？哪本书描述了一种叫作返魂香的熏香？屈原喜欢哪种兰花？"德川家康向这些学者提出了上述问题。其他人都不知道，而林罗山则是"应声而答"。

还有一次，德川家康请神道教僧侣梵舜解读一段《日本书纪》中关于钦明天皇和皇极天皇的记载，当他没能做出合理的解读时，林罗山却轻松地完成了任务。梵舜解释说，他能读懂这部文献的前半部分，因为它有假名抄，但后面的记载则没有，所以他很困惑。

林罗山活到了七十五岁，手不释卷。他将自己的家族打造成为幕府时代的经典研学世家。

德川家康也热衷于推动学术研究。他是一个书迷，喜欢文学讨论，也喜欢对佛教哲学进行辩论。他生活中最大的乐趣之一就是把几位博学的僧侣聚在一起，让他们进行辩论。这些活动持续的时间都不短，据说有一次是从早上8点持续到下午2点。与会者有时会获得丰厚的奖赏，比如说，有一次德川家康赠送了一百石大米，还有一次赠送了一百锭白银，像长袍这样的小礼物就更多了。除了佛学和哲学，他还对中医药也很感兴趣，会征集草药标本和有关草药的书籍。

德川家康对学问是如此的痴迷，以至于在攻下大坂城后的凯旋途中，德川家康也没有忘记研究学问。当时，由于暴雨，已经73岁的德川家康不得不在水口滞留了三天，于是他让林罗山讲授《论语》，并与他探讨孝道与忠诚等道德论题。

直到临终前，德川家康还在关注《群书治要》的印刷工作。这件事由林罗山和以心崇传负责，他们以静冈三之丸的能剧院作为印刷厂，并聘请中国人林五官为他们铸造铜活字，共计一万三千枚。在直江兼续整理好原稿后，在3月17日，也就是整个工程启动三个月后，印刷工作便开始进行；但遗憾的是，德川家康于4月辞世，没能亲眼见证整个工程的成功。

现在还能见到林罗山和以心崇传为印刷工人订立的规则：

1. 早上六点开始工作，下午六点结束。之后，就可以休息了。

2. 不准喧哗吵闹。

3. 所有人必须全力以赴，不得有误。

4. 任何人不得怠工，或以任何方式损坏房间或能剧舞台。

5. 任何人不得带友人参观。

足利学校是室町时代以来关东的最高学府，但是在 1590 年小田原征伐后，喜欢收藏古典籍的丰臣秀次带走了这里的大量藏书，使足利学校遭受严重打击。幕府建立后，德川家康将这批图书还了回来，还捐赠了一笔重建资金。此后，他又在伏见新建了一间修学院，为学校提供了许多中国典籍；他任命足利学校的庠主三要元佶来掌管这间修学院，并为他修建了圆光寺，封二百石，赠送了一万枚活字，用来印刷《贞观政要》《孔子家语》《武经七书》等图书。

自开启战国时代的应仁之乱以来，很多古籍都在战乱中被毁了。德川家康对此感到十分遗憾，便尽其所能开始收集书籍。有时他会自己出钱买下来，有时则会鼓励那些朝廷的公家将残余图书献出来；这样，他就获得了大量珍贵的典籍。据说，他甚至还找人向岛津氏索取琉球的典籍。

1602 年时，德川家康在江户城的富士见之亭建立了一座文库。他将许多从前金泽文库的书籍转移到这里，并调来足利学校的庠主寒松来编集目录。此外，他还调集京都的许多僧侣，由林罗山和以心崇传统筹，负责抄写古代原稿的副本。他们每天早上六点就开始工作，直到晚上八点才能休息，抄写的书籍则主要是《古事记》《日本纪》《日本书纪》《续日本书纪》等日本古籍。据说，大部分僧侣甚至没听说过这些古籍的名字，因为它们已经被埋没了太久。在这些古籍的帮助下，德川家康对历史进行了大量的研究，并根据研究成果来制定法令制度，帮助自己施政。在外出鹰猎时，德川家康则会利用晚上的时间举办一些讲座，听其他人讲述镰仓时代以及他最喜欢的英雄源赖朝的故事。

德川家康还收集了一些《百人一首》编者藤原定家的诗作，并把这些作品展示给许多朝臣，以陶冶他们的情操。尽管德川家康通常对《源氏物语》这类文学作品不感兴趣，但他也没有忽略它，据说他曾在静冈的茶室中展出了这些作品的节选，还让侍女们也进来听他阅读。德川家康非常好学，喜欢刨根问底，曾不止一次地向那些华而不实的公家们提出一些关于古代诗人的问题。公家们往往不愿意回答这些，推脱说这些事情难以理解，三言两语说不清楚；此时林罗山便为他讲解了这些问题。虽然公家们对这些行为感到十分反感，但德川家康本人则十分高兴——在他看来，知识不分贵贱。

在德川家康让位给德川秀忠前，有一次，他从江户前往骏府视察，在路上对本多正信说："年轻的时候，经常要打仗，没时间学习。现在老了，才发觉自己学问浅薄。不过，老子有两句话，我从年轻时就一直记在心里。它们是'知足常乐'和'以德报怨'。当然，将来的那位幕府将军不像我，他有大量时间去看书。他肯定知道许多古代圣贤的名言，所以我没有必要提醒他。我说这些，只是为了让你知道。"本多正信按他的吩咐将这两句话牢牢记在心中，回到江户后，他便向德川秀忠转告了这番话；而德川秀忠则立刻将这两句话亲手写了下来，后来还吩咐以心崇传将字放大，挂在自己的起居室里，随时警醒自己。

德川家康曾经说过："正是因为人们的思想不理性、不开明，帝国才会混乱不堪。治国不善，叛乱不止。如果有人想知道如何妥善治理国家，他只能从书中找到答案。因此，出版书籍是仁政的开端。"

第三十六章
个人习惯和观点

德川家康曾强调："日本人一直坚信必须培养军事精神，如果我们因为天下太平而荒废了军事训练，那其他国家就会想攻打我们。当其他国家同样放松警惕时，我们和鞑靼人就会攻击他们。当我是冈崎城主时，我必须对附近的城池保持警惕。当我成为整个三河的藩主时，我必须防范来自周边藩国的攻击。当我成为关东八国的领主时，我必须密切注意东海道、东山道、北陆道三个地区的动向。现在我是一国之君，我必须了解其他国家的一举一动。"

"说到忠诚，"他解释说："我忠于上天，因为我珍惜松平家的忠臣。因此，上天赋予我治理日本帝国的权力。但如果我统治不当，上天就会收回这份权力。幕府将军须时时以帝国的安宁为念，令帝国真正属于帝国，藩国真正属于藩国，家族真正属于家族。如果当局治国有方，武家就会顶礼膜拜。反之，他们就会反叛。这是常事，也是天道。

"国家安宁是否能延续下去，取决于统治者的仁德，这就是所谓的'仁治'：以'仁'为一切的基础，摒弃一切傲慢，并以此治理国家。因此，藩国或帝国的统治者必须带着这种仁德之心来制定政策，同时，他还必须对可能发生的叛乱或骚乱防患于未然。这是他的第一职责。第二职责是考虑他自己家族的繁荣，审视自己的德行，辨别谋臣的优缺点，公平公正地管理臣民事务。

"这些都是祖宗之法。当初，我只管理三河的部分地区。如今，我统治整个帝国。我的原则始终如一，只在细节方面可能有所不同。每一位成功的领主或统治者必须按照人民的意愿行事，就像当初源赖朝占领藤原秀衡在陆奥的领土时那样，他在那里继续实行仁政，那时他发布的命令文件直到今天还都有留存。

"每一届政府都必须像木匠一样按部就班。首当其冲是要消灭社会各阶层的铺张浪费。政府必须仔细调查，将它扼杀在摇篮中，否则社会就会陷入混乱。我的首要原则是敬重上天，而上天的首要原则是反对铺张浪费。如果节俭和积累是为了帝国的繁荣，那么人们就不该随意扔掉任何一件旧衣服。"

德川家康不喜欢他所谓的"无效娱乐"。他有时会去看能剧，也知道如何参与演出，但即使他身在其中，心里还是想着军务。有一次他在二条城观看能剧时，突然对京都所司代板仓重宗说："我此刻在想，现在正是砍竹子做旗杆的时候。"

德川家康有时用象棋和围棋来消磨时间，但他从不像某些将军那样沉迷于它们。唯一能令他产生乐趣的是鹰猎，无论是少年时期还是晚年隐居，他都会将闲暇时间投入到鹰猎中。在有些家臣看来，有时他似乎过于沉迷了。比如在进攻上杉景胜时，他放飞了他的鹰，此时在身边的本多忠胜批评说："这不是现在应该做的事情。"而德川家康则回应说："你过于担忧了。我这样打发时间，对你们来说其实是件好事。"

但是，德川家康经常说，喜欢鹰猎并不仅仅是一种娱乐。"当你到乡间进行鹰猎时，你会领悟到什么是军魂，并了解下层阶级的艰苦生活。你锻炼了肌肉和四肢，对冷热变化也不再敏感，因此你几乎不会得病。此外，你还需要早起，这对你的消化功能有好处，让你在吃早餐时胃口大增；在运动了一天后，你会睡得很香，也不会有精力去考虑让谁侍寝。总之，这是一项对健康很有好处的运动，比一般的娱乐活动都好。"

德川家康每次鹰猎，都带着妻妾们一同前往。品阶最高的人坐轿子，其余的人则骑马。她们坐在染成鲜红色的衬垫上，戴着乡村妇女的宽边帽子，把自己的脸遮住。在启程去鹰猎之前，负责准备事宜的本多正纯悄悄对他的主公说："以前，侍女们都是骑马出门。但现在天下太平了，这样骑马恐怕有失体统。我认为，她们都坐轿子去会好一些。"

"你说得也许有道理，"德川家康回答道，"但人的行为因身份的不同而不同。地位低下的人往往是不拘礼节的，但在必要的时候他们也应当庄重一些。同理，重要人物虽然平时必须保持庄重，但也应该适时放松一些。每个人都该学会见机行事，不要墨守成规。而且，鹰猎的目的不仅仅是获取猎物。在这样的和平时期，各阶级都容易懈怠，变得软弱无力，以致在紧急情况下无法迅速采取行动。参与鹿猎和鹰猎的人都必须训练有素，徒步前往。在这一过程中，他们需要爬上陡峭的地方，趟过溪流，竭尽全力才能达成目标。这是一个很好的观察家臣强弱的机会，艰苦的锻炼能使他们都变得强壮起来。这样，他们才能更好地履行职责。虽然不能带女人参加战斗，但狩猎在某种意义上是一种运动。没人会反对她们参加运动，她们也应该在自己的位置上发挥更大的作用；在这种场合，骑马的人必须步行，而坐轿子的女人也应该骑马：每个上流社会的人都会在此时不拘礼节。这样的道理，你也应该明白。"为了节省时间，在鹰猎途中，他们会提前安排好就餐地点，有时就干脆去普通百姓家中，吃一些简单的农家菜，力求方便快捷。

作为一名武士，德川家康不仅精通传统的射箭、剑道和马术，还擅长游泳和火枪射击。从少年时期开始，他便不断修炼这些技艺，后来还带上德川赖宣一起练习。他常说，在这些方面，普通人都不是他的对手。

剑道方面，他曾向奥平久贺斋学习奥山流剑术，并修炼成为一位优秀的剑术家。不过，他十分明白剑术对自己的意义。据说他曾评论剑术大师疋田景兼是"匹夫之剑"："他精于剑道，但他并不能分辨哪些人需要剑道，哪些人不需要。比如，一国之主或者大名就不需要亲自挥剑杀敌，如果他在战斗中陷入困境，他可以号召部下为他杀敌。因此，国主或大名首要的能力是判断部下的战斗能力。"当他听闻德川秀忠沉溺于剑道训练时，立刻加以劝阻："幕府将军不该学习这些，他最需要明白的是如何避险。身为领袖，不应该把体力浪费在如何与敌人肉搏中。我一生中参加过许多战斗，但从未亲手杀过一名敌人。原因很简单：我的部下已经完成了这些工作。"

不过，德川家康也曾说：那种坐在床几上，手拿着采配，以为只需要发号施令就能赢得战争的想法也是错误的。指挥官如果只是盯着将士的背影，是无法取胜的。想要取胜，最好的办法是以最大的精力和勇气冲锋陷阵，但胜利要靠运气。当你觉得你肯定会赢的时候，反而可能轻易陷入败局；当你觉得失败已注定时，胜利的机会却可能悄然降临。

旗帜方面，德川家康一直使用着当年自己亲笔写下的"厌离秽土，欣求净土"旗帜，大坂之战时，他一直将这面旗帜放在身边。此外，他还有七面十八英尺长的旗帜，都是白底上面纹着三朵黑色葵纹。他的马印是一面金色的扇子，据说是当初从牧野康成那里要来的。在关原之战后，他把所有的马印都送给了德川秀忠。

盔甲方面，德川家康说："有装饰的盔甲毫无意义，重甲也一样。井伊兵部少辅（直政）非常强壮，且穿着厚重的盔甲，但总是会受伤；本多中务（忠胜）从来不穿重甲，但他从不受伤。所以，穿上之后能灵活行动的盔甲才是好的盔甲。下级士兵可以直接戴薄铁皮打造的钢盔，情况紧急时，就可以直接用它来煮米饭了。"在士兵中，这种钢盔被称为"小野木帽"，因为丹波国福知山城主小野木重胜是第一个给属下配备这种头盔的人。

德川家康的高超骑术远近闻名，但他从不会做鲁莽的事。即便是年轻时，在那些不适合骑行的地方，他也会下马步行。他曾对家臣说："大坪骑术流就经常强调，绝不能在危险的地方骑马。虽然富人会觉得无所谓，马出了问题再换一匹就好；但对只有一匹马的人来说，他们必须尽可能节省。喜欢骑马，却又不懂得爱惜马的人，到头来只会把自己的马弄伤；等到他们真正需要用马的时候，马已经无法正常前行了。"

小田原征伐时的一件事很好地证明了德川家康的这一观点。当时丹羽长重、长谷川秀胜和堀秀政走到路边的一个小高地上看德川家康率领的先头部队走过。此时，恰好有一群普通士兵也聚了过来，嘴里还说："现在我们可以去看第一骑手在东海道的表演了。"而他们面对的，正是一座架设在峡谷上的窄桥，此前经过的每个人都选择下马步行。

很快，德川家康也走到了桥边。但是，他不仅下了马，还让几名马夫把马牵到五十码远的地方，然后自己再坐轿过桥。见到这一幕，士兵们忍不住大笑起来："那就是东海道的第一骑术，对吧？"但是，丹羽长重等三人却说："对，这才是第一骑手应该做出的选择，最好的骑手从不冒无意义的风险。果然名不虚传。"

有一次，马厩坏了，加贺爪隼人正政尚请求维修。德川家康说："把漏雨的屋顶补一补，倒掉的墙修一下，其余的就不用管了。"正政回答说："明白，不过我最近在京都看到一些大名的马厩，不仅夏天会有蚊帐，冬天还会有棉被。他们对马的照顾无微不至，而我们只有一个草帘。您不觉得我们应该稍微改善一下吗？"听闻此言，德川家康回答："武士的马是用来骑的，不是用来炫耀的。你觉得哪种马能适应各种困境、耐得住冷热呢？是我的只有一个草帘的马，还是他们有蚊帐和被褥的马呢？这种华而不实不值得学习。"

德川家康十分擅长火枪射击。有一次在滨松，他看到一只鹳停在一座塔楼上，就问一名家臣这里离它有多远。"大约一百到一百二十步。""那么普通的枪就达不到这么远的射程了。"家康说完，便命令手下拿来一支稻富佑直制作的火枪，然后一枪击中了鹳。当家臣们接过枪后，惊讶地发现：这把枪竟是如此之重，以至于没有人能拿的稳。

即使在晚年，德川家康的技术也没有变得生疏。1612 年，年逾七旬的德川家康在浅间山上打猎，先后射中了三只白鹭；两年后的围猎会上，他更是射中了一只鹳、三只天鹅、四只野鹅和九只野鸭。

德川家康十分热衷最新的火炮技术。他听说大友氏的家臣渡边宗觉曾去中国学习石火矢相关的技术，并在回到日本后试制成功后，便立刻将他招致麾下。

大坂冬之阵前，他奉命在骏河铸造火炮，并随德川家康一起来到大坂。战后，他还为德川家康做了冶炼铜和铁的实验。

像许多日本人一样，德川家康热爱游泳。盛夏时，他总会到冈崎的河里游泳，他的家臣们也会随他一起去。据德川家光说，在德川家康晚年时，他还曾到江户的护城河里游泳。

在刀剑方面，德川家康十分热爱收藏刀剑。他曾让藤堂高虎转告德川秀忠："所有军人都必须佩刀。更重要的是，他们应该善于鉴定刀剑的品质。一个人如果不能按照新旧流派的标准来鉴定刀剑的品质，那他就一无是处。"他最珍爱的日本刀有两把，一把是"义元左文字"（又称宗三左文字），是织田信长在桶狭间之战时从今川义元那里缴获的；一把是"菖蒲正宗"，是一位名叫野中的身份低微的人献上的。他专门令世代以刀剑鉴定护理为业的艺术家本阿弥光悦来负责保管这两把刀，为此，本阿弥光悦还特别为每把刀都做好几个备用刀鞘。在关原之战中，德川家康带的是菖蒲正宗，大坂之战时则是义元左文字。除了这两把刀外，德川家康还特别钟爱三池刀，临终前还特别下令让都筑九太夫景忠使用罪犯试刀，并在遗嘱中下令，要把三池刀保存在久能山的神社里，刀尖指向西方。此外，本庄正宗也得到了德川家康的关注，这把刀本属于上杉家的家臣本庄繁长，但由于穷困潦倒，本庄繁长不得不将它卖掉，后来辗转到了德川家康手上。再后来，德川家康将它赐给了德川赖宣，然后又回到了第四任幕府将军德川家纲手上，并作为幕府将军权威的象征，只在将军之间代代相传。

在三河时，牧野康成从商人那里拿来了一把刀。德川家康仔细检视了这把刀后，便让牧野康成买下来，然后拿着它去试刀。牧野康成闭着眼，一边祈祷，一边挥刀砍下，而结果也令他十分满意。在听了牧野康成的报告后，德川家康笑着说："那就把它命名为'目眠'（闭眼）吧。"于是，这个名字就传开了。

有一次，德川家康外出鹰猎。在路上，一名油贩不仅挡了他的路，表现得也十分无礼。愤怒的德川家康便将自己的佩刀解下，交给一旁的西尾吉次，让他砍倒那家伙。西尾吉次便奉命追上了那人，一刀斩下，而那名油贩走了几步才身首异处。德川家康惊异于刀的锋利，便将它命名为"油贩"，后来赐给了西尾吉次。

1606 年，内藤清成和青山忠成忽然被革职。当初，他们在本多正信的举荐下担任关东总奉行，管理整个关东的行政事宜，权力极大。一次，德川家康出门鹰猎，却发现他指定的猎场里有捕鸟兽的陷阱（幕府曾严令在这些猎场里严禁捕猎），脸色随即变得阴沉起来，便询问附近的农民："这是谁干的？"当他得知这些行为得到了两位奉行的许可时，变得更生气了："难道将军不知道此事吗？"

德川秀忠听到消息后十分惶恐，便立刻派人找到阿茶局，希望她能打探一下德川家康的想法。但是，德川家康一言不发。德川秀忠无奈，只好找到本多正信，让他帮忙想想办法。本多正信回应说："您能顺利继位，是因为您恪守孝道。因此，绝不能做出任何违逆您父亲的事情。内藤清成和青山忠成做了他最讨厌的事情，他们的死是理所应当。不过，我还是打算自己去看看情况。"

见到德川家康后，本多正信说："殿下猎鹰时发生的事，确实应该受到谴责。幕府将军听说此事后非常生气，决定立即处死内藤清成和青山忠成。他们确实很不幸，因为就算是让现在的我来办这样的事，我也不确定能否避免让殿下不愉快。但是，这不是免除死罪的理由。现在，请殿下稍微移步，我马上将两人的首级献上。"德川家康听了这番话后，心情突然变了："哦，幕府将军生了这么大的气吗？"随后，他留下了本多正信，让阿茶局立刻赶往幕府将军那里，请他不要处决这两人。这样，就在头号"德川家康研究学教授"本多正信的斡旋下，这件事顺利解决了。

当有人抱怨说，鹰猎者和养鹰人的傲慢行为可能会引发农民暴乱时，德川家康只是笑着回答："他们在百姓中立威没什么坏处，因为这样人们就会意识到应该对比他们地位更高的官员保持敬畏之心，然后才会彻底尊重他们，不会再有反叛之心。之所以会引发骚乱，是因为放任农民为所欲为。因此，对他们最好的政策就是限制这些鹰猎者和养鹰人以及代官的傲慢态度，只要他们不给农业人口造成实质性的困难即可。"这一直是德川幕府对农民的政策：对待农民就像对待鸬鹚一样，必须严格控制饮食，因为如果他们吃得过多，他们就会吃得太饱而不能狩猎，但如果他们得不到足够的食物，他们就会太虚弱而不能狩猎。差别在于，幕府在小心保护农民财产的同时征收了税赋。幕府担心，一旦农民积累了足够的资本，他们就会像他们的上级——封建地主一样，有了获取权力的手段。

土井利胜曾这么形容过德川家康管理农民的方式。德川家康过世后，有一次，土井利胜请假回到他在古河的居城，在巡视时，他对自己的家老们说："权现大人还在世时，我常和他一起到代官管理部门去，听他说，最好的管理办法是让农民保持勉强糊口，能够交税。从前我刚被封到这里时，附近的村庄里没有一所像样的房屋；现在，许多农民们都盖了新房。我想，他们可能过得太好了。因此，你们必须要告诉代官和奉行们，让他们认真核查，无论如何都要确保所有农民按时纳税。我还记得，过去曾有这样的收税方式：在七十多年前的秋收时节，代官的房间里总会有一个水桶和一匹木马。如果有农民不愿缴税，那么他要么会被按进水桶里，要么就被捆在木马上，直到他们受不了痛苦而缴税为止。当然，现在的农民们已经变得温顺而正直了，因此这种惩罚已经没有必要了。"

德川家康曾说，代官就像是系在绳上的瓶子，有一天很可能会被套住脖颈。他们就像是狂言里的演员，穿着官服，戴着官帽，身边还有一群随从，远远望去就像领主一样（虽然在演出结束后，他们又会变回普通的"某某兵卫"或"某某卫门"）。他们自己也会像领主一样巡视领地，农民们会称他为"殿下"，他的妻子则称他为"御前大人"。结果，在他们开始履行职责后，慢慢地就会形成习惯，在家中真的开始以贵族自居，然后，开始挪用代领主征收的赋税，虽然每三年就会有一年出现亏空，但他们还是会觉得自己将来能以某种方式把漏洞填上。结果在结账时，他忽然发现自己已深陷泥潭，不得不跑到亲戚朋友那里求援，甚至变卖家产，但还是无法补足金额。就这样，他的脖子彻底被绳子套住了。

德川家康不止对一个佛教宗派感兴趣。虽然他的家族是净土宗世家，并建立了增上寺和大树寺，且对其抱有浓厚兴趣，但据说他常常研究和讨论宗堂（禅宗）、真言宗和天台宗教义。在博学而忠诚的天海影响下，他也学习了许多天台宗的教义；虽然这并不影响他作为净土宗信徒的立场，但净土宗僧侣还是颇为不满。有这样一段记录："1613年9月2日，增上寺的玄洋国师来访居城，并讨论佛理，但他才不堪任。他辱骂天台宗寺庙，对此殿下颇不赞同，因为他非常敬重天台宗。"

但德川家康绝不会忽视神道教。就在这次来访之前，还有如下记载："1613年6月4日，殿下召见了吉田神龙院梵舜，命其宣讲神道教，并安排在初六进行。神龙院到了之后，被带进了南会议厅。然而，殿下派人通知他，时间不合适，于是，神龙院和金地院（崇传）就开始讨论佛理了。"

毫无疑问，在权衡了所有教派之后，综合性最强的天台宗似乎对政治最有用。它与神道教相结合，在建立"德川家康崇拜，并将其视为未来时期的保护神"这一社会意识的过程中起了最大的作用。此后，天海一直致力于巩固这一社会意识。

但是，德川家康对各种神佛及超自然现象完全没有兴趣。有一年夏天，德川家康正在骏河和家臣们坐在一起，忽然天空乌云密布，随后便是暴雨倾盆。德川家康说："很多事情是可以预防的，比如地震，虽然发生的很突然，但通过适当建设，你仍然可以脱离危险。而闪电就是另一回事了，你无法预料到它会击中哪里，也不知道会如何到来，因此你也无法逃避。你们有什么办法吗？"

家臣们回答道："正如殿下所言，我们是无从躲避的。"

对于这个回答，德川家康似乎并不满意。"好吧，我来告诉你们。大名们往往有很宽敞的宅邸，他们自然不用讨论。但是，更多的是住在小房子里的人。遇上今天这样的雷雨，他们就只能四散奔逃，让全家分散开。对他们来说，这是最好的预防措施，如有人命中注定要被闪电击中，那么受害的将只有他一个；但如果全家聚在一起的话，那么整个家族都会因此遭难。去年在京都就发生过这样的事，一家人都待在家中，结果房子被闪电击中，全家人非死即残。这太可怕了！但是，我非常反感那种'上天惩罚''前世罪业'之类的说法，那都是无稽之谈。难道闪电还会挑人吗？"此时，正巧德川义直、义宣、赖房也在，德川家康便告诉他们，下雷雨时，一定要避免待在同一个地方。

德川家康十分重视生活节俭。一次，於梶向德川家康抱怨说，侍女们说他的白色衣服太难洗了，甚至会弄伤她们的手；既然您有如此多的新衣服，为何不只穿新衣，让她们不用再洗衣服，这不是更好吗？对此，德川家康十分生气："这些愚蠢的女人，似乎不明白我为什么要这样做，我想我必须解释一下。"等他把所有侍女都叫来以后，他说道："我认为敬重天道是我最大的责任。天道最反对铺张浪费。我想，你们觉得我在骏河的财产相当可观吧？"她们都点头称是。"也许是吧，但它们绝不是我全部的财产。我在京都、大坂和江户也都有大量的物资和黄金。我可以向你保证，如果我每天都穿新衣服，以我所拥有的财富不会有任何压力。但是，我必须把部分财产分给百姓，部分留给我的后代，以备帝国之需。因此，我一件衣服都不能浪费。"

在骏河城的侍女房间里，有两个装日本式厚底短袜的箱子，一个用来存放新袜子，另一个用来存放破旧的袜子。当存放破旧袜子的箱子装满时，她们就会把它送到德川家康面前。德川家康会把几双不太破的袜子放回去，然后把剩下的分给级别较低的侍女。他从来没有下令扔掉任何一双袜子。他还建议把腰带染成浅蓝色，而不是留成白色（甚至连侍女们也抱怨说："殿下连我们的腰带也不放过！"）

德川家康十分痛恨铺张浪费的行为。一次，德川家康见到随从里有一个人穿着一套与他身份十分不相称的华丽服装，便立刻斥责了他："如果我家里的人都穿这样的衣服，那么外面很快就会流行起来。这样，铺张浪费之风就开始盛行了。"随后，他立刻下令将这个人关起来并处以罚款。他还说："不节省，你就不可能管理好国家。因为如果上层的人挥霍无度，税收就会增加，下层的人就会陷入困境，军费也要被迫缩减。但是，很多人到现在还不能理解节俭这个词的含义，只会觉得这会让你忽略了你本应关注的事情。"

德川秀忠就任幕府将军后，便令人在江户城的和田仓塔楼上搭建了一些镀金的金属支架。德川家康听说此事后，便派人一夜之间将其全部拆掉。此外，江户城本丸周边采用的是木栅栏，重臣们居住的二之丸附近却只有竹栅栏，许多人便向德川家康反映说：这样的栅栏看起来不得体，他们愿意自费将这些栅栏换掉。但德川家康却回应说："维持现状即可。"就这样，这些栅栏一直留存了几百年。

有人曾送给德川家康一个金漆装饰的便壶。对于这件礼物，德川家康表现得十分愤怒："如此污秽的东西都要涂上金漆，那么平时的家用器皿又该怎么装饰？"他立刻叫来侍从，将它砸碎了。

庆长十年（1605 年），德川家康前往京都，正式辞去将军之职，并推举德川秀忠接任。当时，许多身在京都的大名纷纷前往迎接。不巧的是，当时雨下得很大，大家便分散到四周的大树下躲雨。此时，德川家康的队伍已经抵达，整支队伍不过三十人，包括两名长枪兵、一名戟兵、两名挟箱、十二名步兵和十名骑兵。这支队伍规模是如此之小，而德川家康的轿子为了防止淋雨也捂得严严实实，以至于在场的所有人都误以为这是本多正纯带领的引路部队。结果，队伍就这么过去了，随后大家才意识到那就是幕府将军的队伍。他们不得不连忙赶往伏见，绕到德川家康的前面，在那里重新迎接将军的到来。

德川家康有着极强的自控力，而且非常擅长在需要的时候扮演各种不同的角色——他自小就已经开始训练这种能力了。甚至有人评论说，他的一生都在扮演各种角色，而且教育自己的儿子也要这样做。据细川忠兴说，当初丰臣秀吉在大庭广众下吹嘘自己一生从无败绩时，德川家康却立刻站起身："您忘记了小牧之战了吗？人在军务上应该实事求是。"在场的人都被这突然的指责震惊了，纷纷议论德川家康过于耿直、不懂变通。但是，丰臣秀吉并没有如他们所想的那样大发雷霆，而是在离开了一会儿后便返回了，此后一直表现得十分友善。事实证明，德川家康的应付是恰当合理的：丰臣秀吉一直在怀疑他，那些吹嘘也是在试探德川家康的态度。如果德川家康真的"变通"了，反而会证实丰臣秀吉的怀疑；而现在，德川家康不仅成功扮演了一个耿直的武士，还成功避免了给丰臣秀吉留下任何把柄或借口。这种谨慎的态度，让丰臣秀吉始不得不继续维持着双方的关系。

有时，德川家康似乎表现得有些"铁石心肠"了，这正与他的偶像源赖朝相反。源赖朝有过多次流泪的记载，而德川家康唯一一次流泪，是关原之战前与鸟居元忠的告别。鸟居元忠从德川家康七岁起就一直留在他身边，对他来说，鸟居元忠不仅是他的家臣，更是他的朋友；他也了解，这位朋友绝不会放弃自己的职责。除此之外，无论女人还是孩子，他都不会浪费多余的感情。处死自己的长子当然不会是一件令人愉快的事，但在后来的表现中，我们看不出他对此事有过任何的情感波动。在关原之战中，当他发现战况不利于东军时，他忽然说出这样一句话："我已经老了，但我依然不能休息。如果我的长子还在，很多事情都会变得容易许多。"但是，他从没有表现过任何害怕或忧虑之情。也许，他根本就不知道什么叫"害怕"。

相比起以特立独行闻名的织田信长，德川家康的人格似乎"平平无奇"。但是，他将这种"平平无奇"的人格发展到了极致。织田信长总会做出一些引人注目或是令人意想不到的事情；丰臣秀吉有时会独辟蹊径、有时又会循规蹈矩而显得难以捉摸；而德川家康则从不会做任何独创的或惊人的事情。因此相比这两人，德川家康往往更容易被人理解和信任，也更容易产生自信，并因此取得成功。这并不是说他比另外两人更值得信赖，不过，他确实有一种强大的能力，能让人们在不该相信他的时候相信他。

只要德川家康判断形势对自己有利时，他随时都会选择叛变。他从今川氏转投织田氏，从织田氏转投北条氏，又从北条氏转投丰臣氏。最后，他抛弃了丰臣家族，站在丰臣氏的肩膀上迅速崛起。但无论对他自己还是对其他人来说，他总是能让这些选择看起来合情合理。他总能站在公共利益一边，告诉所有人他的所作所为是为了全民的福祉。他是个保守的人，但

德川家康

306

并不是一成不变。相反，他处事极其灵活，适应性极强。他已经习惯了保存能量和资源，直到他看准机会，他就会以猎鹰的爆发力量和速度冲进去并抓住它。这也是他喜欢猎鹰的原因之一。

只有当他的生命受到威胁时，德川家康才会破例主动出击，而不是像往常一样等着"熟透的梅子"自己掉进嘴里。不过，那些"熟透的梅子"也都是他事先安排好的；在熟透之前，他总是有信心，相信自己能比别人活得更久，但也绝不会轻易放过任何机会。为了实现他的目标，他十分关注自己的健康状况，热衷研究医学，并将仔细编号过的药盒随身携带。

德川家康明白，力量才是一切。他非常清楚，没有力量和权力，就不可能有稳定的政府与和平。政府与和平需要依靠军队和金钱来维持，并使用军队和金钱来建立坚城，以便控制国家的战略要地；而这些又会为各地大名提供信心，令他们甘愿把自己的命运交给德川家族，从而为德川家康省去了征服他们的麻烦和花费。德川家康非常喜欢通过后一种方式来征服各地，因为这样做代价显然更小；而且，相比织田信长和丰臣秀吉，德川家康更像一个普通人（那两位看起来更像是无所不能的超人），这反而让其他人更容易亲近他、信任他。

他的外表也能在一定程度上帮他伪装。在欺骗别人时，他却总是能装出一副受骗者的姿态。同时代的人曾多次指出这种印象："没有人能像德川大人那样了。他的肚子胖到连腰带都系不上，以至于需要侍女来帮他系腰带。他简直就是一个典型的心地善良、慷慨大方的贵族。"在大部分人眼中，他都是个"真诚自然、无人在意的贵族"，但并不是所有人都这样认为。丰臣秀吉就十分明白德川家康的强大之处。丰臣秀吉曾评价道："德川家康有三种本领，所向无敌。一是有勇有谋，二是精明，三是善于聚财。"

有一次，丰臣秀吉举办了一场能乐大会。在会上，织田信雄表演了《龙田舞》，赢得了全场喝彩；德川家康表演的则是《船弁庆》中年轻而英俊的源义经，由于他实在太胖，又跟不上音乐的节奏，导致这场演出变成了一部滑稽剧，在场的人都笑得前仰后合。但是，丰臣秀吉却十分严肃地说："的确，织田信雄非常擅长能剧，但他已经失去了所有领土。我觉得这不是什么值得骄傲的事。相反，德川大人不太在意参演能剧这些小伎俩，但他却是我们国家最强的武士。因小失大，绝非明智之举。"当时在场的加藤清正、黑田长政、浅野幸长、石田三成、岛津义弘也看穿了德川家康的伪装。有一个人当时就指出："你们看那只老狸猫，为了欺骗太阁而出尽洋相！你们瞧他那幅姿态！这是个危险的家伙。"蒲生氏乡也说："在无关紧要的时候，他会装傻；在紧要关头，他又会很精明。"

虽然德川家康充分利用了他那笨拙的身材，但他几乎又本能地掩饰了自己的缺陷，因为这两者多少有点联系。大坂之战获胜后不久的一天早上，藤堂高虎来看他，发现他穿着一件普通的裙袴和羽织，于是问他为什么没有穿盔甲。德川家康回答说："既然那位年轻的丰臣秀赖战败了，就没必要再穿了。"但是，等藤堂高虎退下后，他转身对在场的松平正纲说："藤堂高虎是京都人，所以我没告诉他真正的原因。事实是，现在我老了，又胖，穿着盔甲会无法上下马。"

当然，这决不是说德川家康不信任藤堂高虎。相反，藤堂高虎是德川家康晚年最信任的朋友之一，在他看来，藤堂高虎就像一名管家一样，他们之间几乎无话不谈。尤其是在晚年，德川家康最喜欢和他坐在一起聊天。但随着年岁的增长，藤堂高虎的视力变得越来越差，为了避免让德川家康难堪，藤堂高虎准备告老还乡。此时，德川家康让土井利胜转告说：我现在老了，喜欢和藤堂高虎一起回忆往事，如果藤堂高虎不来，自己会很无聊；还说，藤堂高虎的视力不好不要紧，他可以坐着轿子径直来到自己房间的接待室（这是只有最受信任的家臣才能得到的特权）。

德川家康是个意志坚定而又沉默寡言的人。他一直信奉一句话："如果你想说别人会相信的谎言，就不要说别人不会相信的真话。"他总是言行一致。他并没有学过什么雄辩术，也不擅长书法，但他自己并不认为自己不爱说话，也不会在各种娱乐活动中表现的特别寡言少语。

德川家康不喜欢耍小聪明。当丰臣秀吉宣称要去拜访他时，本多正信和榊原康政都提出，用一些不同寻常的方式来"招待"这位太阁大人。但德川家康说，他不想让丰臣秀吉觉得自己在和他进行智力竞赛。在他看来，在丰臣秀吉面前表现得像个普通的、诚实的人，不耍任何花招，这比所谓的"不寻常的招待"要明智得多。

就连他那出了名的吝啬也不完全是别人表面上看到的样子。他在各方面都很精明，比如在摔跤比赛前，他会让随从把地垫反过来以免损坏；当他看到侍女们因为太咸会少吃廉价的腌萝卜时，他会告诉厨师腌菜时少放些盐。不过，如果能看到花钱的好处，他也绝不会吝惜金钱，比如他曾及时借钱给细川忠兴，让他摆脱与丰臣秀次的关系。他是一位理财大师，因为他十分了解金钱的力量，并且将它们用得恰到好处。

德富苏峰认为，德川家康可能天生就有点神经质，因为他的家族中有好几位成员脾气暴躁，寿命也很短。德川家康的父亲英年早逝，儿子们也有人表现出了十分狂躁的性情，孙子德川家光、曾孙德川纲吉也都有颇为不正常的表现。当然，这也可以理解，毕竟身处乱世，好斗的人才会是幸存者；因此，与其说他"神经质"，倒不如说是高度敏感。

关原之战时，有这样一件事：有位名叫野野村的人打马前行，撞到了德川家康身上，德川家康立刻暴跳如雷，拔出刀来砍他。这一刀砍偏了，野野村溜走了。但是，德川家康怒不可遏，便砍断了一名侍从门奈长三郎的三角旗。当时，这面三角旗正好插在旗杆上，德川家康没有伤到他。他并不是真想砍中他，只是想发泄一下自己的情绪。

在战时，德川家康不仅意志坚定，还表现地十分勇敢。"在战场上，他就像一位战神。起初，他会平静地用采配指挥他的将士，但当战斗变得越来越激烈时，他就会一边用拳头敲打鞍桥，一边喊道：'突击！突击！干掉他们！干掉他们！'直到手上开始流血。尽管战斗结束后，他会在伤口涂上药膏，但在伤口愈合之前，他肯定还会敲打鞍桥。最后，他手指的中间关节结了老茧，变得僵硬起来。到了晚年，他的手指就很难弯曲了。"据德川家康自己所说，他一生中参加了近九十场大大小小的战斗。他还说，将军不可能靠观察士兵的背影来取胜，这是他的经验之谈。而别人则评论他说，听起来他胆小怕事，实际上却无所畏惧。他的"胆小"实际上是行事谨慎，从不低估任何对手，并且尽可能地避免战争。这样，他就有充足的时间来采取一切预防措施，收集一切情报，以尽可能地确保自己稳操胜券。

德川家康

第三十七章
德川立法

　　德川立法使日本秩序井然的状态维持了大约两百五十年，期间没有发生任何叛乱或动乱。法律条文并不复杂，而且也没什么新意，主要来源于源赖朝时期流传下来的法典和丰臣秀吉的修正案，新的内容并不多。不过，这些内容已经足够有效了。立法的主要目的是维持德川家族对帝国的统治，并将从前皇室、大名和公家可能对政策产生的任何干涉全部否决掉。为此，德川家康和秀忠父子颁布了三条专门的法令：第一，所有大名都要宣誓遵守一些条款；第二，皇室和公家也要遵守专门的法令；第三，各地大名及武士都要遵守一部专门法令。

　　1611 年，大名们必须宣读的誓词如下：

　　　　右近卫大将源赖朝曾在镰仓建立幕府。因为镰仓幕府几代将军设立的法律体系符合我们的利益，我们将严格遵守他们的所有法令。

　　　　如果有人违反这些法律或者违背幕府将军的命令，

他们将无法在任何藩国得到庇护。

如果任何武士、任何家臣，或者他们的下属犯了谋逆或杀人罪，而且有人向我们举报，我们绝不再起用这样的人。

如果我们有人违反了任何一条法令，在查明真相、证据确凿后，他将被依法严肃处理。

接下来是《武家诸法度》。1615 年 8 月，大坂夏之阵后，德川秀忠以幕府将军的名义在伏见颁布了这套规章制度。德川家康那时正在二条城，他利用这个合适的机会，让大名深刻意识到未来需要承担的责任。

该法典共有十三条规定：

1.潜心修练文武弓马之道。

自古以来，文物兼备，不可偏废。将士们必须弓马娴熟。兵者凶器，不得已而用之。治不忘乱，那么为何不勤于修炼？

2.饮酒聚会和娱乐消遣必须有所节制。

在执行这条法令时，必须宽严得当。沉迷女色、嗜赌成性是亡国的主因。

3.任何封地不得藏匿违法者。

法律是礼仪和社会秩序的基础。法律可能与理智相悖，但理智绝不是违法的借口。因此，违法之人无可宽宥。

4.大小封建领主和其他封臣麾下，如有犯谋逆或杀人之罪者，应逐出封地。

野蛮和不守规矩的家臣是推翻帝国的威胁，也是摧毁百姓的致命武器。他们必无容身之所。

5.从今以后不得与本封国以外其他封地的人来往。

各封地的风俗往往各不相同。向别人透露自己封地的秘密，或者向自己的封地报告另一个封地的秘密，都是暗中勾结、阴谋谄媚的表现。

6.即使修缮城池，也必须向幕府报告。更重要的是，所有新城建设都必须停止。

超过百尺的城墙是国家的威胁，高耸的城墙和深邃的护城河是乱世的根源。

7.如果邻近封地有生事或结党者，应立即向幕府报告。

人们总是喜欢结党，这些党派几乎无一成事。不过，总是有人违抗君父之命，并因此引发邻里之间的冲突。如果不遵古制，他们可能会有不轨之心。

8.不可擅自缔结婚姻。

婚姻是阴阳之道的和谐结合，这一点不应轻易更改。《易·睽》说："匪寇婚媾。"表明意愿后万一成了敌人，便会失去机会。《诗·周南·桃夭》说："男女以正，婚姻以时，国无鳏民也。"但若通过婚姻结党，便是阴谋的源头。

9.有关诸大名参觐的规定。

《续日本纪》里写道：除公务外，任何人不得在京城内召集宗族，也不得有二十名以上的骑兵随行。因此，外出不得携带大量随从。百万石以下二十万石以上的领主参觐队伍不得超过二十名骑兵。十万石以下的领主可按比例调整。但是，执行公务时，领主可自行调遣军队。

10.衣裳品级，不可混杂。

领主与封臣、上级与下级必须有明显的区别。白花布、白棉丝大衣、紫袿、紫里、练、无纹小袖，未经允许不得随意穿着。近来，普通家臣和士兵都喜欢穿花布和锦缎做的服装，这与古制背道而驰，令人反感。

11.百姓不得坐轿。

有些人自古以来就有坐轿子的权利，也有人后来才获得这种权利。但最近，普通家臣和士兵也都坐轿。这是公然违抗命令。从此以后，只有各国领主和他们家族的重要成员才可不经允许而坐轿。除了他们之外，大夫、占卜者、60岁以上的老人和病人也可以坐轿。如果普通家臣和士兵也坐轿，将视为领主管教无方。但这些规则不适用于公家和僧侣。

12.所有封地的武士须厉行节约。

富人喜欢炫耀，因此穷人会因这种不平等而感到羞愧。这是一种常见的恶习，必须强烈谴责，并严厉禁止。

13.藩主必须择良才而用之。

德川家康

治国之术在于各得其所，人尽其才。各领主必须优劣有别，赏罚分明。国有贤士，必定繁荣。反之，则国必破败。古代圣贤早有明告。

以上法令，严格遵守。

庆长二十年（1615年）七月

这些规章制度是为了控制武家，并通过他们来控制整个国家。这部法令的意义十分重大，即使是那些看起来最没有杀伤力的条款，比如推行节俭和禁止过度娱乐等，也都会被幕府拿来作为惩罚大名的借口。这些大名在幕府都有不良记录，因为他们也许有一天会对幕府构成威胁；而幕府也能轻而易举地夺取他们的地位，将他们禁锢，减封、改封甚至完全剥夺封地——只要有一条"奢侈"或"轻浮"的指控就能让他们万劫不复。

随后是针对皇室和公家的《禁中并公家诸法度》。对于皇室和公家，德川家康和丰臣秀吉的态度大相径庭。丰臣秀吉以一位公家自居，并且像其他公家那样对待皇室。他是军事政府的首脑，但作为朝廷贵族之一，他把天皇视为自己的领袖。在他看来，公家和武家没什么区别。但德川家康并不赞同，他认为自己只是军事长官，公家与武家是两个完全不相同的群体，前者应归后者管理。因此，他需要为公家制定法度，没有幕府的同意，朝廷什么都不能做，只能专注于仪式和艺术（就连这些也需要按江户规定的方向去做）。

据记载，德川家康曾说："公家如金银，而武家如铜铁。金银固然珍贵，但不如铜铁有用。这些有用的金属可以制成农具、手工艺用具、兵器和家庭主妇的针。金银确实具有很强的装饰性，但过分依恋它们会带来麻烦。武士绝不可为了钱财而忽视刀剑。"这部法令再一次证明了德川家康的深谋远虑。他做出决定：武家应该享有对国家的统治权，而且任何人或机构都不能干涉这种权力。自武家建立政权以来，朝廷的权责简化了很多。不过，朝廷的职能并未受损，公家的俸禄还得到了增加，如果再不以立法限制，就不能保证帝国的安全：一旦公家和势力强大的大名勾结，就有可能再次爆发内战。帝国已经承受不起新的内战了，只有通过立法的方式，才能保证帝国秩序井然，从而孕育出独特的文化；只有通过立法，日本才有实行"王政复古"的环境，才有让天皇重新出任国家元首的机会，才有机会一跃而成为与现代强国同等的地位。

德川家康应允每年给朝廷一万石的俸禄，虽然规模不大，但已经比丰臣秀吉时多了很多。而且，平时还会有各种捐赠。比如说，德川和子入宫时，带来了一万石嫁妆；重建宫殿时各家大名也都有捐献（这种捐献是幕府赐给大名的一种代价高昂的特权，并非每个人都有资格）。

第一部针对公家的法律颁行于 1613 年，包含五条法令。后阳成天皇的抱怨可能为这部立法提供了一个机会。1609 年，后阳成天皇向德川家康抱怨，部分公家和妃嫔品行不端。于是，德川家康给予了他们相应的惩罚。关于此事，《德川实纪》有如下记载：

"据记载，花山院忠长、飞鸟井雅贤和难波宗胜、猪熊教利等几位年轻的公家与牙医兼康备后守赖继一起，引诱几位妃嫔和侍女去寻欢作乐。期间，他们歌舞升平，酩酊大醉之后大行苟且之事。随后，兼康备后守赖继遭到逮捕和审问，他的供述被记录在一份详细的报告中上呈给了朝廷。天皇看后怒不可遏，下令严惩。"随后，京都所司代板仓胜重介入，立刻将天皇敕令送往骏河，交由德川家康定夺，然后又转送到江户。

经过商议后，幕府令板仓胜重向天皇转达了幕府的意见："自古以来，宫中骚乱并不罕见，而与之相关的刑罚也多种多样。本案中，如果朝廷以一种异乎寻常的仁慈和宽宏大量的态度来处理此事，今后人们必将对自己的所作所为感到羞愧，从而克制自己，避免行差踏错。"最终，天皇接受了幕府的建议，没有将他们全部处决，而是将犯罪的公家和妃嫔流放。不过，猪熊教利和兼康赖继作为主犯，必须严惩，因此这二人被处决了。

随后，幕府利用这个机会，颁布了《公家众法度》，全文内容大致如下：

1.公家须潜心研习学问，昼夜不息。

2.公家之中，不分老少，但有违法，必遭流放。流放年限视犯罪轻重而定。

3.无论老少，皆须当值，不可忽视。除此之外，他们还须按照朝廷的要求，在规定的时间内进宫侍奉，并保持他们应当保持的仪容仪表。

4.无要事之人应被全天候禁止在城内的大街小巷闲逛。

5.除了公共娱乐场所外，他们不得恣意沉迷于不正当的竞技游戏。他们也不得在家中豢养无用的年轻武士或类似的人。

如前款所述，如有犯者，必遭流放。

特此颁行上述条款。五摄家或武家传奏担任幕府在朝中的联络官。如果公家违反上述法令，五摄家或武家传奏须立即向幕府将军呈报，幕府应予以处置。

两年后，在《武家诸法度》颁布后，德川家康、德川秀忠以及朝廷代表二条昭实在二条城召集公家代表，并由武家传奏广桥兼胜宣读了《禁中并公家诸法度》，共计十七条法令。法令由以心崇传起草，并参考了三条西实条、日野辉资等公家的建议。

法令如下：

1.关于天皇的主业。天皇应以研习学问为先。《贞观政要》明言：不学不明古道，也无以致太平。虽然《宽平遗诫》没有涉及太多经典和历史，但要仔细研读《群书治要》。自光孝天皇以来，皇室就有研习和歌的传统。虽多为绮语，但它是我国的古老习俗，因此不应弃之不顾。应该对《禁秘抄》开展专门研究。（幕府限制天皇只能欣赏花、鸟、雪、风、月。其实，他和所有人的命运一样，幕府希望他们远离政治。）

2.亲王位列三公①之下。这是因为右大臣藤原不比等比舍人亲王地位高。舍人亲王和仲野亲王死后被追封为太政大臣，穗积亲王被追封为右大臣。这些人都是正一位亲王，但他们后来才升任大臣。因此，毫无疑问，亲王位列三公之下。亲王之下是前任三公。他们在任时，地位高于亲王，但他们退休后，他们就次于亲王了。前任三公之下是所有其他的王②。但皇太子例外。当前任三公或关白再次执政时，他们将与五摄家并列。（似乎只有在宫廷节日、和歌会之类的场合才会涉及这种地位高低的问题。平时，品阶完全不重要，因为他们不参与任何政务。不过幕府将军还是设置了这些职位。）

3.清华家的大臣辞职后，应排在普通皇族之后。

4.即使是五摄家的成员，如果他们才不堪任，也

---

① 三公即太政大臣、左大臣和右大臣。
② 天皇的直系子孙称号各不相同。直系三代以内的皇子、皇孙称"亲王"，皇女称"内亲王"；直系三代之外的皇孙称"王"，皇孙女称"女王"。

不得担任摄关或三公职务。其他家族更是如此。

5.精明能干的人，即使年事已高，也不得辞去摄政或三公职务。即使他们请辞，也可再任。（当然，幕府是判断能否胜任的唯一标准。）

6.可以靠收养养子保持家族的连续性。但他们必须来自同姓家族。（这将阻碍皇室成员成为三公，因为他们没有姓氏。女性无法成为继承人，古往今来一直如此。）

7.拥有朝廷品阶和官职的武家成员，应与拥有相同官职的公家区分开来。（也就是说，这些武家不得接近朝廷或与朝廷有任何关系。他们的职务纯粹是名誉职务。）

8.改元时，须从中国的年号中选取吉祥的年号。但是，如果选定的年号有悖于风俗或常识，则遵循日本先例。

9.天皇、太上皇与朝臣的礼服应符合规定。（详细规定此处略去）

10.关于公家晋升。各家族须遵循自家的既定惯例。但是，鼓励着重参考学问、古代习俗的知识和和歌技巧等因素。此外，对于有特殊功绩的人可以破格提拔。下道真备（吉备真备）虽然只是一名从八位朝臣，但最终却晋升为右大臣。这种提拔既正确也适当。治学勤奋，不容忽视。

11.任何朝臣胆敢违抗关白、武家传奏和奉行的命令，不论品阶高低，一律流放。

12. 违法轻重将按照名例律来进行评判。

13. 摄家门迹的品阶须低于皇室门迹。之所以如此规定，是因为虽然摄家担任三公时品阶高于亲王，但他们退任之后品阶低于亲王。除皇子外，亲王品阶不得赐予任何门迹。门迹妻妾的地位取决于她自己的品阶。担任神祇官的亲王不宜过多。现在人数繁多，于礼不合。除皇室门迹和摄家门迹外，所有其他门迹仅为虚衔。（日本历史上曾有摄家门迹获得准三公品阶或与三公命妇同等待遇的先例。这样一来，他们比亲王的品阶还高。今后应该不会再出现这种情况了。）

14. 至于三阶僧正（大僧正、正僧正、权僧正）、门迹和院家，其晋升方式参照古代惯例。才华横溢的平民也可以担任这些职位，但仅为虚衔。然而，本条并不适用于皇室成员或三公的戒师。

15. 门迹可以晋升为僧都（大僧都、正僧都和少僧都）或法印。院家也可以遵旧制获得僧都（大僧都、正僧都、少僧都、权僧都）、律师、法印、法眼等品阶。平民则只能经由所在寺庙推荐后量才而用。

16. 关于赐予寺庙住持紫衣袈裟。过去很少出现赐予紫衣的情况，但近年来，天皇多有不当赐予之事。这种扰乱年资和藐视僧侣品阶的行为，应该受到最严厉的谴责。今后，只有那些能力卓著、学识渊博、资历深厚的人才可获此殊荣。

17. 关于"上人"的称号。饱学之士经所在寺院推举可获封此号。经天皇许可，获封之人有正、副之分。"正上人"称号只授予年资达二十年的杰出僧侣，而那些尚未达到这一年限的僧侣只能获得"权上人"称号。如果有人搅弄风云，采用不正当手法获得这一称号，将遭流放。

除去在《禁中并公家诸法度》中对神职的规定外，德川家康还针对不同教派发颁布了不同的法令。德富苏峰说，没有哪位军事统治者像德川家康那样对宗教拥有如此浓厚的兴趣。足利尊氏可能是个例外，但他感兴趣的是如何自我救赎，而德川家康认为宗教是政府的一种工具。

德川家康认为，司法审判应该迅速而严厉，要像熊熊燃烧的火，而不是静静流淌的水。因为当人们看到烈火时，他们躲得远远的，所以不会被烧伤；而当人们看到暗流时，他们无法判断深浅，所以常常被淹死。所以，执法一定要先严后缓，这样人们就会害怕法律而循规蹈矩，从而不犯法也不受罚。但是，如果一开始表现得宽容，后来却采取了严厉措施，就会导致比预期多得多的死刑。

德川家康不愿意处死收入超过一万石的领主，认为将他们流放的效果更好。在点评当时的政治环境时，他指责今川义元把鸡蛋都放在了临济宗僧侣太原雪斋这一个人的篮子里，而将自己的家族谋士排除在外。结果太原雪斋死后，所有事乱作一团。

德川家康十分尊重宗法，不到万不得已，他不会轻易改变地方的祖制。在他看来，足利义政、武田胜赖和斋藤义龙都是不尊祖制，导致领土沦丧的例证。在德川家的领地内他是如此做的，在其他后来占据的领土上也是如此。比如甲斐，他就继续沿用武田信玄时代的法令；关东的北条氏领地也是如此。不过，他会适当减税，从而获得民众的拥戴。他不会做太多的改变，因此民众也很容易适应。

第三十八章
德川家康遗训

德川家康将关于如何有效治国理政的观点，作为遗产留给了幕府的继承人们。这些观点几经修订，形成了一份文件：《御遗状百条》。显然，它的内容后来又得到了增补，里面包括了17世纪中叶以后的最新成果，因为内容中明显包括一些在德川家光和德川家纲时代才出现的制度。虽然这引发了人们对这份遗训真实性的质疑，但它确实简明扼要地记载了这位幕府创始人关于如何延续统治的原则和打算。这些原则和打算，少不了本多父子、林罗山、以心崇传和天海等亲信的助力。由于天海和春日局一直到德川家光继位时还在世，因此他们能够对幕府将军的决定产生很大影响。而且，天海还经常说，他能在梦中与神君德川家康沟通（德川家光后来也学会了这样的伎俩），借着德川家康的名义，他们完全可以选择所有对德川家族有利的方式来编校这份遗训。

因此，这份文件大体上与其他宗教和伦理教义毫无二致，因为这些教义也声称源自某位伟人，并控制着他创立的某个团体。这份文件相当于其他氏族首领的家法，两者包含折不少相同的内容。它们都来自氏族管理和军事统治的经验，这些经验是从源赖朝往后的几个世纪中积累起来的。德川家族也和从前一样，像封建氏族一般治理国家，因此他们自然要继承这些经验。

截止目前，这份文件已经被翻译了好几个版本，一个是默多克《日本史》（*A History of Japan*）的附录，还有一个是格宾斯（Gubbins）所著的非常完整的学术版，在《伦敦日本社会学报》（*Transactions of the Japan Society in London*）上有不同版本的各种解读。有志于研究全部文件的学者可以参考这些资料。本书给出的译文是一个独立的部分，这部分很可能是德川家康时代的产物，而那些一看就知道是后世添加的内容则没有给出。其强烈的理性主义和民族主义色彩是其最鲜明的特点。文件中恰当地引用了儒家典籍来强化各种论述，而德川家康也容许这些引文的存在。与此相对的是，整份文件并不包括太多佛教的影响。可以看出，他否定了佛教哲学，虽然偶尔能排上用场，但它并不具备应有的民族性。从这些文本中，我们可以看出作者性格的多面性：有时他只是纯粹地说教，观点也很保守；有时则展示出了对人性的敏锐洞察，并以理性来对人性加以适当利用。他大肆鼓吹仁政，甚至宣称自己是一心一意的利他主义者，是爱民如子的典范，值得后人敬仰和效仿。

德川家康遗训

一国之君的职责是让百姓安居乐业，而不是光宗耀祖，荫泽后代。商汤周武之所以流芳百世，是因为他们将社会安宁放在首位。不可轻视皇家尊严，也不可扰乱天地君臣秩序。

文治武功都以仁政为基础。不管有多少典籍可以参考，有多少大计有待实施，万变不离其宗。因此，治国者切记，这就是治国之道。

帝国属于帝国本身，不属于任何一个人。治国者务必深入研究该如何施行仁政。

仁政之道应成竹在胸。治国者应多读《九经》和

《四书》，将其中道理烂熟于心。日本无疑是一个神圣的勇武之国，但在文艺方面，我们不如外国人。因此，我们应该大兴书院，在文艺方面展示我们国家的能力。

如果君主不怜悯他的百姓，百姓也不顾念君主的恩情，那么，即使政治清明，也还是会发生叛乱。如果君主奉行仁政，则所向无敌。

如果帝国仁政当道，则再无内外贵贱之分，因为太阳和月亮会普照大地的每一个角落。基于这一原则，圣贤制定了法律。此后，国家就有了固定不变的规则，适用于不同的亲疏关系、地位等级，例如三皈依和八戒法。如果某个人在整个帝国至高无上，那么所有的武士都是他的家臣，但他不会让全体百姓都成为家臣。这才有外样大名和旗本之分。外样大名只会权倾一时，但谱代大名则与我们有血缘和历史联系，他们的祖先对我们的家族忠心耿耿。这些在他们的史料记录中显而易见。由于谱代大名比外样大名对我们家族更加忠诚，更有感情，所以外样大名无须对谱代大名受到优待而心生不快。毕竟，他们之所以受到优待，也正是因为他们更加忠诚。

在识才用人方面，如果忽视谱代大名而重用外样大名，就会产生内忧外患，而忠臣自然就会弃之而去了。"并非所有人都是圣贤"，务必牢记这一点。

所有的封臣，无论是谱代大名还是外样大名，都须在一定年限后进行改封，因为如果他们长期待在一个地方，习惯了自己的地位，这些领主就会自立为王，变得贪婪和任性，最终会压迫他们的臣民。改封应视这些领主的表现而定。

如果幕府没有直系继承人，那么继位人选必须由井伊氏、本多氏、酒井氏、榊原氏等元老家族深思熟虑后召开会议来确定。

如果有人违背我所设立的律法，哪怕是儿子或继承人，也不能继位。此时大老和老中将开会进行商议，从旁系家门中选择一个合适的人来担任家督。

刀不离鞘便能克敌制胜才是上策。如果刀已离鞘，则为用刀不当。同理，不战而屈人之兵才是正确的用兵之道。带兵上阵是不懂用兵之道的表现。幕府将军们务必谨记这一点。

不懂武士精神的武士，充其量只能称为愚将或小将，绝不是上将。普通人可以只擅长兵法，但幕府将军必须明白，自己应不止于此。

如果你们按照我的指令来修缮防御工事，即使有叛徒，他们也不知道该如何破解。但即便如此，如果有一个家族想要推翻这个帝国，那也只有在那些维护帝国的人沉迷酒色时才能得逞。一旦出现这种情况，那些因放纵而丧失行为能力的人必遭革职并勒令自裁。

在一般事务上，如果能严格遵守我的这些指令，那么，即便他不是圣人，也不会犯很大的错误。

从年少时起，我便不再看重金银财宝。我唯一看重的是美德。这是我现在取得这些成就的原因。如果我们始终牢记这句金玉良言——书中自有黄金屋，那我们终会有所建树。

大丈夫必须要懂得忍耐的重要性。忍耐意味着克制自己的欲望。人有七情：喜、怒、忧、爱、哀、惧和恨。如果人不向这些情绪屈服，就说明他有耐心。我可能并没有想象中的那么坚强，但我早就学会并践行了忍耐。如果我的后代想要达成我的功绩，除了要了解"五伦"和熟读《九经》外，还得学会忍耐。

居安思危。时刻与谱代大名商议，不可荒废兵法研习和军事训练。生活习性要有所节制。

刀剑是武士的灵魂。将其遗忘或丢失者，不可宽宥。

箭术、步枪、剑道以及矛和戟的使用是武士的必备技能，但这些微不足道的技能并不能代表完整的武士之精神。指挥官更应具备这些技能。他必须努力效仿伊尹和吕尚的作为。

那些效忠我们祖先的家臣后代，即使行为不端，也不得没收其封地。叛变除外。[1]

如果下层阶级的人超越了武士应有的待遇，或者任何二级封地的武士对直属上级敷衍塞责，立即处死。

武士之间无须争论座次先后，按职位高低来确定即可。同等品阶的人之间也无须任何竞争，因为这种场合应该根据收入高低、先来后到，或年龄大小来决

---

[1] 所有谱代大名，不论封地大小，都是忠心耿耿的家臣。他们跟随我南征北战，历尽艰辛，早已证明了他们的忠心。

定座次。让他们争先恐后地将位置让给别人。但是，老年人应该老成持重才好。

所有的军事著作中都有这样的记载：要培养忠诚的武士，就要从小就把他们区分开来，因材施教。但是，不应死板地按照某些定式来训练，必须教会他们"仁义"之道。如果上以"仁"驭下，则下必爱岗敬业。

天皇下旨授予幕府将军治理整个帝国的权力，幕府将军下达的命令就是国家的法律。然而，每个藩国和地区都有其特定的风俗习惯。例如，东部藩国的风俗习惯很难在西部推行开来，北部藩国的风俗习惯也很难在南部推行开来。因此，这些风俗习惯就必须原封不动地保留下来。

在偏远藩国的乡村地区，农民享有平等的地位。但在乡村又总是会有一些拥有古老血统的家族，他们平时看起来和农民并无二致，但又有一些不同，他们可以担任公职。无须将地位低下的人捧得高高在上，这是帝国的基本原则。为此目的而下达的命令，不仅要告知外样大名和谱代大名，而且还应告知国司、领主和代官。

按照旧制，幕府将设立裁判所。根据我所拟定的这些条款，裁判所将都将不分贵贱地、公开地为所有人伸张正义。

现在，在裁判所主持正义的官员是我国政府的中坚力量。幕府应当慎重审查他们的品格，并由元老会商后任命合适的人选。这并非易事，不可草率而行。

如果奉行收受贿赂，颠倒黑白，那他们就是不法分子。这种罪行等同于叛国，一律处斩。

法律可能推翻理性，但理性永远不会推翻法律。因此，圣人先研究人们的推理方式，然后再制定法律，确定治理方式。如果没有颁布法令，人们可能会误入歧途。简而言之，法律可以用来挫败理性，但理性肯定不能用来推翻法律。

肥前的长崎是外国船只停靠的港口。幕府须从谱代大名中挑选一位最值得信任的家臣来管理该港口。周边地区的大名也应奉命向该港口派驻卫队，以便向所有国家展示我们的军事力量。严禁外国船只进入长崎以外的其他港口。

前来拜谒的外国人士，其招待规格遵循旧制，既不能粗茶淡饭，也不能缺衣少食。相反，幕府应借此机会，向外国展示皇恩和君威。

除了士农工商四个阶层以外，还有秽多[①]、乞丐和巫师。这些人我们未曾提及，但幕府必须赐予他们谋生手段，彰显仁义。谨记：自古以来，仁政始于社会底层。

城镇和其他闹市区肯定会有娼妓和舞女出没。虽然她们会引发很多不良行为，但如果将她们全面禁止，这将造成更大的社会问题。赌博、酗酒和纵情声色者，

① 秽多指从前在日本被隔离的游民阶级。秽多、非人是日本的贱民阶层。他们被压在社会的最低层，受尽侮辱，生命也无保障。——译者注

按重罪论处。

唱诵是音乐的起源，始于古代圣贤。五行的变化必然产生声音。先贤们研究这些变化，制作了乐器，从而减少了人们的戾气。器乐在中世纪十分兴盛，士族多听多奏器乐，可以驱散忧郁，庆祝吉祥，安定人心。

舞乐有很多种。有天皇、贵族享用的音乐，也有适合武士、各级官员和下层阶级的其他类型。每个阶层必须在规定的范围内进行表演。

儒教、神道、佛教虽是不同的体系，但总体上无非是惩恶扬善。按照这种说法，人们可以信奉不同教派，遵循相应的教义，幕府无须阻碍，但要严禁他们互起争端。按照历史经验来看，宗教争端对帝国来说显然并非幸事。

庙宇、神社等对社会来说都是闲散的寄生虫，但自古以来一直都是帝国的一大特色。如果它们为了特权和地位而争吵，而幕府必须将其镇压时，那它们将再次给国家造成巨大的麻烦。因此，幕府必须为它们制定规章制度。一旦再起争端，幕府须将其召至朝廷来解决相关事务。但是，用于天皇祭祖的庙宇和神社，则不能随意行事。

好运与厄运，福与祸，都是天意和自然规律使然。别妄想通过祈祷或偷奸耍滑来左右它们。

每个人的性格大不相同。因此，任命某人担任某一职务时，应该审查其性格，观察其倾向，评估其能力，从而确保其能胜任该职务。锯子不能代替锥子，锤子不能代替刀，人也是这样。利器和钝器在适当的时候都有用处。如果幕府将军不能领会个中道理，那么君臣关系就会陷入混乱。幕府将军须仔细斟酌这一点。

一般来说，坏人也有优点，就像好人也有缺点，必须取其精华，去其糟粕，或者在不损害优点的情况下摒弃缺点。切记：不存在可以轻易抛弃的、一无是处的废物。

各大小国家的藩主，以及江户内外的封地领主和官员，都可以领取官方津贴。但是，他们只有在遵纪守法的情况下才能获赐官阶。如果他违法了，即使是最大的藩主或最高的官员，哪怕是我们家门的亲戚，也必将受罚。因此，他们每个人务必办好幕府将军交代的使命。

各国的外样大名藩主与我们家族的宗法和祖先的教导毫无关系。但是，如果他们违反了作为社会纽带的武士准则，压迫百姓，那么，即使他们不造反，也将被剥夺领地，以儆效尤。这是幕府将军的职责。

每个月的初一①、十五和二十八都是祭祀日。年初、年末、五大节日、纪念日以及十月的第一个亥日，幕府将军都需要斋戒沐浴后觐见天皇。事毕，幕府将军将接受各封臣的朝拜。这样的仪式将按照我们的指令来进行。如果幕府将军身体不适，那么将由大老或老

---

① 每月初一那天，所有封建领主都要来拜谒幕府将军。

中代为主持，以免该有的仪式难以为继。

西城的红叶山供奉着源氏宗族武士首领的灵魂，而这支源氏可上溯至清和天皇六男贞纯亲王。因此，红叶山是该城的主要守护神社。后代子孙必须敬重它，永远不要忘记庆祝传统节日。

我出生在三河国的松平家，属于清和源氏的血统。不过，由于邻国纷争，我长期流落民间。但现在，我很高兴地说，蒙上天眷顾，我已经复兴了世良田、新田和得川祖脉。从此以后，我的家族世世代代都将使用这四个姓氏。我遵照了（孔子的）说法才做了这一决定：孝敬父母，遵循祖先的习俗。

圣贤的各种教义已经为我们打下了治国理政的基础。不研读圣贤教义却想领会武士的内涵，无异于缘木求鱼、井中求火。你们必须避免这种极其愚蠢的行为。

男女卦师、游僧和行者、巫师、乞丐和浪人，以及所有这些非生产者，有相应的官长来管理他们。但是，他们若彼此相争，或是不安本分，犯了律法，那么，他们也该当受罚，勿使遗漏。

妻妾数目和地位宜参照领主和封臣的标准。天皇有十二名嫔妃，大藩有八名，高官有五名，而普通武士有两名。普通百姓只有一名。古代圣贤在《礼记》中对这些标准早有明确规定，并且一直沿用至今。但是，不懂《礼记》的蠢材却不尊正室，抬举宠妾，所以破坏了这些标准。这一直是居城失陷和国家衰亡的重要原因。幕府将军须时常予以警告，同时也要知道，那些沉溺女色的人不会是忠诚的武士。

丈夫的职责是在外保护家人，而妻子的职责是在家照顾家人。这就是世界的秩序。反过来，如果妻子是保护家庭的人，那丈夫就失去了他应有的功能。这是家族必然衰亡的征兆。牝鸡司晨，大为不祥。所有武士都要小心。这种秩序的存在会帮助你们评判人们的优劣。

我年轻的时候，我只想征服那些敌对的藩国，向我父亲与家族的敌人复仇。但是，圣聪上人①曾教导我，拯救黎民、安定国家才是顺应自然法则该有的作为。自从我了解了他的教义之后，我就一直遵循它，直到现在。我的子孙后代须延续我的方针政策。如果他们拒绝这么做，那他们就不配做我的后代。幕府将军要时刻牢记：国以民为本。

男女结合是人类得以延续的基本原则。任何人年满十六岁以后都不得保持独身。媒人的职位应予保留，婚礼也要及时举行。但同一家族的人不得通婚。只有调查清楚了双方的家世和血统之后，才能缔结婚盟。子孙代代相传是人类的首要法则，也是告慰祖先的有效方式。幕府须将本条法令公布出来，免得有人忘记。

自古以来，君臣好比鱼水。幕府将军想让这种关系延续下去并不难。只要记住"己所不欲，勿施于人"

① 室町时代的净土宗僧人，也是增上寺的开山之祖。他的孙弟子势誉愚底则是大树寺的创建者。

这条金科玉律，下级就会群起效仿。如此一来，不仅是大名们，整个帝国也会像水一样温顺。

我们自己的家族和所有其他人的肉身都来自这个众神之国。如果我们偏爱儒、释、道等外国学说，并且全盘接受，那就是数典忘祖、崇洋媚外。这难道不是否认我们自身的起源吗？在这些问题上，我们应该清楚而冷静地考虑如何去粗取精。无须全面禁止妄想和诅咒这些习俗，不过，也不应完全接纳它们。

如果将士自作主张，并不一定意味着藐视上级，但需要对藐视王权、以下犯上的倾向保持警惕。以前有很多这方面的例子。如果我们无视这个众神之国的起源，任由私欲泛滥，那么我们就会犯下大错，上天的惩罚将会随之而来。

御三家名古屋、和歌山和水户①，以及紧随其后的 15 个家门，其封地由长子继承，而且次男和三男不得从这些封地获得收入。他们须与有权势的家族联姻，并以养子身份入赘这些家族。此后，这些家族须与我们家族结盟，地位仅次于家门。但是，他们不能与"十八大家族"相提并论。

不务正业、沉迷赌博和酗酒的人是在虚度光阴。很难将他们的行为定为刑事犯罪，但如果在这些问题

---

① 如果幕府将军没有直系继承人，将从御三家中选择子嗣继位。御三家的封地分别在纪伊（德川赖宣）、水户（德川赖房）、尾张（德川义直），称纪伊德川家、水户德川家和尾张德川家。后来，名古屋城建成后，尾张德川家第十七代家督将其作为居城，并一直使用到明治时代。而和歌山城为纪伊德川家的居城。
家门是指德川家康其他儿子的后代。他们以松平为姓氏。

上量刑宽松，下层社会的人就会仿效他们。如此一来，他们的家庭和生活都将受到毁灭性的打击。如果老师不教学生，那学生无知就是老师的错；但如果老师教了而学生不学，那就是学生的错了。因此，惩罚应该视情况而定。

如果拥有大量收入的藩主或城主，无意中犯了国法或与当局意见相左，无须受罚。但是，如果所犯之事不容忽视，可命他承担一些力不能及的艰巨任务，以示惩戒。

天皇爱民如子，而我的家族负责管理他的帝国，更应该表现出这种态度。这就是所谓的仁政。仁政包括五伦，且有尊卑之分。据此，我在与谱代大名和外样大名相处时，也亲疏有别。这才是按照世界自然规律运作的政府。如此区分并不是因为偏袒或一己私利。这种规律不能因口头或笔头流传而遭玷污。无论与家臣的亲密程度深还是浅，你都必须懂得如何深藏不露。

自从我担任幕府将军以来，我起草了许多法令，既强化又精简了源氏家族的古老法规。但是，我这么做，目的只是为了传承，而不是创造，因为它们并不是按我的意愿颁布的新法律。因此，我把它们写成这种形式，作为后世的范例。它们有时候可能词不达意，但也不会偏离太远。总的来说，治国理政与其说是一个细节问题，不如说是一个了解过去历史的问题。我言尽于此，你们好自为之。